交通版高等学校交通工程专业规划教材
教育部首批虚拟教研室建设试点——交通工程专业虚拟教研室系列教材

交通大数据处理与分析

林培群　主　编

马昌喜　张　健　副主编

徐建闽　主　审

人民交通出版社股份有限公司

北　京

内 容 提 要

《交通大数据处理与分析》全书共 8 章,内容围绕"行业背景→理论基础→技术工具→数据管理→数据可视化→数据处理→数据分析→实验"这一结构思路展开,旨在为交通运输类专业学生和相关从业人员介绍交通大数据处理与分析领域的基础理论和实用技术工具。

该教材入选教育部首批虚拟教研室建设试点——交通工程专业虚拟教研室系列教材。本书可作为高等院校交通运输类专业本科生、研究生的教材,也可作为交通工程师、交通数据分析师及其他相关从业人员的参考书。

图书在版编目(CIP)数据

交通大数据处理与分析 / 林培群主编. —北京：
人民交通出版社股份有限公司, 2022.3
ISBN 978-7-114-16570-2

Ⅰ. ①交⋯ Ⅱ. ①林⋯ Ⅲ. ①数据处理—应用—交通运输管理—研究 Ⅳ. ①U495-39

中国版本图书馆 CIP 数据核字(2021)第 268775 号

交通版高等学校交通工程专业规划教材

书　　名：	交通大数据处理与分析
著 作 者：	林培群
责任编辑：	闫吉维
责任校对：	孙国靖　卢　弦
责任印制：	刘高彤
出版发行：	人民交通出版社股份有限公司
地　　址：	(100011)北京市朝阳区安定门外外馆斜街 3 号
网　　址：	http://www.ccpcl.com.cn
销售电话：	(010)59757973
总 经 销：	人民交通出版社股份有限公司发行部
经　　销：	各地新华书店
印　　刷：	北京建宏印刷有限公司
开　　本：	787×1092　1/16
印　　张：	17
字　　数：	418 千
版　　次：	2022 年 3 月　第 1 版
印　　次：	2024 年 7 月　第 2 次印刷
书　　号：	ISBN 978-7-114-16570-2
定　　价：	49.00 元

(有印刷、装订质量问题的图书由本公司负责调换)

交通版高等学校交通工程专业规划教材
编审委员会

主 任 委 员：徐建闽(华南理工大学)
副主任委员：(按姓氏笔画排序)
      马健霄(南京林业大学)
      王明生(石家庄铁道大学)
      王建军(长安大学)
      吴　芳(兰州交通大学)
      李淑庆(重庆交通大学)
      张卫华(合肥工业大学)
      陈　峻(东南大学)
委　　　员：(按姓氏笔画排序)
      马昌喜(兰州交通大学)
      王卫杰(南京工业大学)
      龙科军(长沙理工大学)
      朱成明(河南理工大学)
      刘廷新(山东交通学院)
      刘博航(石家庄铁道大学)
      杜胜品(武汉科技大学)
      郑长江(河海大学)
      胡启洲(南京理工大学)
      常玉林(江苏大学)
      梁国华(长安大学)
      蒋阳升(西南交通大学)
      蒋惠园(武汉理工大学)
      韩宝睿(南京林业大学)
      靳　露(山东科技大学)
秘　书　长：张征宇(人民交通出版社股份有限公司)

序

目前，国内针对交通运输类大学生学习交通数据管理、分析的教材仍较少，本人十分荣幸能够为《交通大数据处理与分析》一书作序。

近年来，大数据技术对交通规划、建设、管理、运营产生了极其深远的影响，发展大数据技术也上升为国家战略。2019年国务院发布了《交通强国建设纲要》，明确提出要"构建综合交通大数据中心体系"，随后交通运输部印发《推进综合交通运输大数据发展行动纲要（2020—2025年）》，明确以数据资源赋能交通发展为切入点，全面推动大数据创新应用。

面对迅猛发展的大数据产业，为培养专业化人才，教育部在2016年设立了"数据科学与大数据技术"大学本科新专业。目前，国内许多高校交通运输类专业开设的交通数据处理分析类课程一般为32~64学时。如何在有限的学时内讲授"大数据"知识并让学生较好地掌握相关技能，具有挑战性。本书从行业需求出发，较完整地讲述了交通大数据的概念和知识体系，并从应用层面重点介绍了交通数据管理、处理、分析、可视化的知识与技能，此外，书中提供了大量的实验案例（包括实验数据、操作流程和代码）帮助学生培养一定的动手能力。本书所采用"行业背景+知识体系+实操技能"的内容结构符合目前国内大多数高校开设相关课程的要求。

在"新工科"改革的大背景下，科学高效地管理、分析交通数据是交通运输类大学生应该掌握的基本技能。相信本书能够为交通运输类学生打开交通大数据领域的一扇窗户，为交通运输工程从业人员提供有益的参考。

徐建闽
2021年12月

前 言

信息技术广泛、深入地渗透到社会各领域，是当前大学各类专业共同的技术背景。数据是 21 世纪最重要的战略资源之一。

随着大数据时代的到来，交通运输业发生了巨大变化，机遇与挑战并存。就现阶段而言，大数据技术被广泛应用于交通数据实时采集、存储、分析、分类、查询等工作，有助于相关部门精确地分析、预测交通状况，并及时洞察影响交通系统的潜在因素、做出科学的决策。因此，掌握大数据技术对交通领域海量数据进行灵活处理与分析是"新工科时代"交通专业学生必须具备的知识和技能。

目前，国内介绍大数据技术的教材多属于计算机学科，所用实验数据主要是从互联网获取的各类开源数据，不利于交通专业学生有针对性地理解和学习交通行业特有的数据处理与分析方法。针对上述问题，本书紧密结合交通专业学科特点，在常规大数据技术基础上，融入交通行业数据特征，结合大量应用案例深入介绍了面向交通领域的典型技术方法，旨在提高读者处理与分析交通大数据的能力。

本书的主要特色是强化交通大数据的技术性与应用性。首先，在理论阐述和技术介绍上尽量做到简明扼要、深入浅出、通俗易懂，用大量的实际案例和可视化图表帮助读者理解相关知识与技术；其次，各章配备一定数量的课后习题，便于读者通过做题进一步巩固理论知识；最后，针对常见的交通数据处理与分析问题提供了 20 个实验教程，所有代码范例均可直接使用，方便读者快速再现案例中的数据处理分析过程，为读者利用大数据技术解决实际交通问题提供了具体思路和方法。

本书将交通大数据处理与分析的研究内容划分为三大模块：一是行业背景与理论知识，包括第 1 章绪论、第 2 章理论基础和第 3 章技术工具；二是大数据技术原理及其应用，包括第 4 章数据管理、第 5 章数据可视化、第 6 章数据处理和第 7 章数据分析；三是实验教程，主要在第 8 章实验。

本书可作为交通运输类专业本科生、研究生、交通工程师、交通数据分析师及其他相关人员的教材和参考书。其中，本科生根据学时情况，可对学习内容进行适当的选择。

本书由林培群主编,负责全书整体框架设计及全书的修改、总纂和定稿工作,马昌喜、张健为副主编,罗芷晴、周楚昊、黄鑫、徐进、赵永鹏参编。在成书过程中,庞崇浩、何艺涛、陈泽沐、刘宣谊、曾维嘉、姜夏、刘子懿、周开城、乔乙桓等也参与了相关内容的编写,同时人民交通出版社股份有限公司给予了大力支持,为全书进行了细致的审校。全书由徐建闽教授主审。

本书参阅了国内外众多专家、学者的文献与著作,引用了其中的观点与结论,在此一并表示衷心的感谢!引用和理解不当之处,敬请谅解。

限于作者水平,书中的缺点和疏漏在所难免,殷切期望有关专家和广大读者批评指正。

作 者
2021 年 11 月

目 录

第1章 绪论 ... 1
- 第1节 背景 ... 1
- 第2节 基本概念 ... 2
- 第3节 国内外研究进展 ... 6
- 第4节 国内外典型案例 ... 9
- 第5节 如何使用这本书 ... 11
- 课后习题 ... 13
- 参考文献 ... 13

第2章 理论基础 ... 15
- 第1节 工程大数据与信息论 ... 15
- 第2节 计算理论 ... 17
- 第3节 数据内容与结构 ... 17
- 第4节 统计学基础 ... 18
- 第5节 人工智能与机器学习 ... 26
- 课后习题 ... 27
- 参考文献 ... 28

第3章 技术工具 ... 29
- 第1节 数据库的分类 ... 29
- 第2节 关系型数据库 ... 29
- 第3节 MySQL 数据库安装 ... 31
- 第4节 非关系型数据库 ... 32
- 第5节 Python 简介 ... 35
- 第6节 Python 库函数 ... 38
- 第7节 Hadoop 简介 ... 42
- 第8节 正则表达式 ... 45
- 课后习题 ... 50
- 参考文献 ... 51

第 4 章 数据管理 ... 52
- 第 1 节 常见交通数据存储格式 ... 52
- 第 2 节 SQL 语言 ... 56
- 第 3 节 数据库创建 ... 57
- 第 4 节 用户权限和资源管理 ... 58
- 第 5 节 数据类型 ... 61
- 第 6 节 数据表 ... 62
- 第 7 节 数据导入和导出 ... 65
- 第 8 节 数据视图 ... 70
- 第 9 节 存储过程和触发器 ... 74
- 课后习题 ... 76
- 参考文献 ... 76

第 5 章 数据可视化 ... 78
- 第 1 节 数据可视化概述 ... 78
- 第 2 节 地理信息系统 ArcGIS ... 81
- 第 3 节 ECharts ... 87
- 第 4 节 常用交通数据指标可视化 ... 99
- 第 5 节 时间数据可视化 ... 103
- 第 6 节 空间数据可视化 ... 106
- 第 7 节 时-空静态数据可视化 ... 108
- 第 8 节 时-空动态数据可视化 ... 109
- 课后习题 ... 113
- 参考文献 ... 113

第 6 章 数据处理 ... 115
- 第 1 节 数据排序 ... 115
- 第 2 节 数据滤波 ... 117
- 第 3 节 数据抽样 ... 124
- 第 4 节 数据插值 ... 127
- 第 5 节 数据特征缩放 ... 130
- 课后习题 ... 132
- 参考文献 ... 132

第 7 章 数据分析 ... 133
- 第 1 节 交通数据统计 ... 133
- 第 2 节 交通数据概率分布验证 ... 136
- 第 3 节 相关性分析法 ... 142
- 第 4 节 回归分析法 ... 148
- 第 5 节 Bayesian 算法 ... 153

第6节　随机森林算法 ……………………………………………………… 155
第7节　神经网络 …………………………………………………………… 158
课后习题 ……………………………………………………………………… 168
参考文献 ……………………………………………………………………… 169

第8章　实验

第1节　数据库创建实验 …………………………………………………… 170
第2节　数据导入导出实验 ………………………………………………… 176
第3节　数据查询和视图制作实验 ………………………………………… 179
第4节　数据库编程实验 …………………………………………………… 186
第5节　交通参数指标统计实验 …………………………………………… 188
第6节　数据排序实验 ……………………………………………………… 193
第7节　数据滤波实验 ……………………………………………………… 196
第8节　数据抽样实验 ……………………………………………………… 200
第9节　数据插值实验 ……………………………………………………… 204
第10节　数据概率分布验证实验 ………………………………………… 207
第11节　相关性分析实验 ………………………………………………… 209
第12节　一元线性回归分析实验 ………………………………………… 212
第13节　多元线性回归分析实验 ………………………………………… 213
第14节　交通状态分类实验一(Bayesian) ……………………………… 214
第15节　交通状态分类实验二(随机森林) ……………………………… 221
第16节　交通量时间序列预测实验(一:MLP) ………………………… 223
第17节　交通量时间序列预测实验(二:RNNs、LSTMs) ……………… 226
第18节　交通量时间序列预测实验(三:CNN) ………………………… 229
第19节　基于GPU并行计算的多OD最短路计算实验 ………………… 232
第20节　基于Hadoop+Hive的分布式数据库搭建实验 ………………… 236
参考文献 …………………………………………………………………… 258

第1章 绪　　论

第1节 背　　景

近年来,"大数据"(Big Data)成为一个热词,在世界范围内被广泛关注。所谓大数据,是数字、文本、声音、图像及视频等一切有价值信息的统称,是以海量性(Volume)、高速性(Velocity)、多样性(Variety)、价值性(Value)、真实性(Veracity)为主要特征的数据集合,也是信息时代发展到一定阶段的产物。随着移动互联网、物联网、数字化和虚拟化建模等技术的发展,人们所有与物联网、互联网相关的行为都被记录,并产生海量的数据资源。

目前,各国政府纷纷将发展大数据技术置于国家战略高度加以推动。美国于2012年发布《大数据研究与发展计划》,率先将大数据战略上升至国家战略,并积极联合企业、高校和非营利机构,建立"大数据高级指导小组"加快推动大数据发展。随后,欧盟牵头组织法国、德国等各成员国采取开放数据、加大资金投入、推进信息平台建设、保障数据安全等措施促进大数据技术发展。日韩等亚洲发达国家则从人才培养、数据共享、数据安全等方面推动大数据战略实施。我国在"十三五"规划中也明确提出实施大数据战略,并将其上升至国家战略,旨在全面加快建设数据强国,推动数据资源开放共享,促进经济转型和产业升级。

大数据时代的来临,对各行业领域都产生了深远的影响,交通运输工程领域的发展也因此面临重大的转型与变革。国务院于2019年9月印发了《交通强国建设纲要》,明确指出我国将大力发展智慧交通,推动大数据、互联网、人工智能、区块链、超级计算等新技术与交通行业深度融合,促进交通发展由依靠传统要素驱动向更加注重创新驱动转变;同时还将培养一批具有国际水平的战略科技人才、科技领军人才、青年科技人才和创新团队,培养交通一线创新人才,支持各领域各学科人才进入交通相关产业行业。"交通强国"战略目标的提出进一步印证了推动信息技术与交通运输工程的深度融合、做好交通行业人才培养工作是交通行业的发展趋势,更是新时代做好交通工作的总抓手。

如今,智能交通技术逐步成熟,各类交通信息采集系统不断得以开发应用,交通数据规模快速扩张,公路、水运、航空、铁路等综合运输数据积累由TB级别快速增加到PB以上级别。交通运输数据具有数量大、种类丰富、来源繁杂、结构化数据和非结构化数据分布不均、数据关联性强等特点,完全具备"大数据"的特征。根据数据规模的大小,可将交通运输数据划分为两大类:第一类为交通运输系统自身的数据,包括各类基础设施(道路、桥梁、铁路、航线、机场、航道、码头等)数据、各类交通流数据、运载工具本身及其运行数据、政务数据和其他图片、视频、音频数据等。据不完全统计,目前省级交通运输行业的业务数据类别超过

1000 种,且数据规模大多达到 PB 级别。以广东省为例,重点营运车辆联网联控系统每天接收 60 多万辆营运性客货车的超过 10 亿条的 GPS 轨迹数据;高速公路运营企业采集传输的视频数据日均数据量也在 PB 级别以上;联网收费数据和门架数据月均数亿条。第二类为交通运输相关行业和互联网企业所产生的数据,例如气象、环境、人口、土地、手机信令等数据以及出行者通过网络平台提供的各类交通状况信息。

随着云计算、物联网等信息技术的快速发展,交通运输行业早已摆脱数据匮乏的困境,所积累的海量数据资源蕴含着大量可揭示交通发展规律的潜在信息,可为企业和政府带来巨大的商业利益和社会价值。然而,面对交通数据规模和复杂性的暴增,传统数据库技术、数据分析技术已无法满足需求,如何从海量数据中挖掘有效信息已成为近几年交通领域的热点问题。

第 2 节 基本概念

1. 大数据

"大数据"是一个较为抽象的概念,单从字面上看,它表示数据规模的庞大,但这显然无法判断"大数据"这一概念和以往的"海量数据"(Massive Data)、"超大规模数据"(Very Large Data)等概念之间的区别。在"大数据"现有定义中,比较有代表性的是 3V 定义,即认为大数据需满足 3 个特点:海量性(Volume)、多样性(Variety)和高速性(Velocity)。此外,还有所谓的 4V 定义,即尝试在 3V 基础上增加一个新的特性。关于第 4 个 V 的说法尚未明确,国际数据公司(International Data Corporation,IDC)认为大数据还应当具有价值性(Value),且大数据的价值往往呈现出稀疏性的特点;IBM 则认为大数据应具有真实性(Veracity)。经过多年来的发展和沉淀,尽管大数据仍未形成全球统一的定义,但人们对大数据已经形成基本共识:大数据现象源于互联网、物联网及其延伸所带来的无处不在的信息技术应用。大数据泛指无法在可容忍的时间内用传统信息技术和软硬件工具对其进行获取、管理和处理的巨量数据集合,具有海量性、多样性、时效性及可变性等特征,需要可伸缩的计算体系结构以支持其存储、处理和分析。[1] 但需要特别指出的是,"大数据"包括了"小数据",传统的数据管理分析技术是大数据技术的基础,因此本书在大数据的框架下,也对一些传统理论和方法进行了介绍。

数据就在我们身边,当我们预订一次网约车出行,就产生了一组包含当前位置、目的地位置、出发时间、车辆类型的数据;在高速公路出口缴费,就产生了一系列流水数据;给连续式交通量观测站增加一天的小时观测记录,就会在数据库中增加 24 条数据……这些数据都是零散的,单独看来或许只能获得交通系统的局部信息,但如果将全省、全国、全世界的数据都汇集在一起,就会形成海量的数据资源,且数据类型多样,分布庞杂。

大数据的来源直接影响着其应用效益与质量,依照数据获取的直接程度一般可分为三种。

第一方数据(First Party Data):为己方单位和消费者、用户、目标客群交互产生的数据,具有高质量、高价值的特性,但易局限于既有顾客数据,如企业搜集的顾客交易数据、追踪用户在 App 上的浏览行为等,拥有者可将此类数据广泛应用于分析研究、营销推广等领域。

第二方数据(Second Party Data):取自第一方的数据,数据拥有者通常与第一方具有合作、联盟或契约关系,因此可共享或采购第一方数据。如网约车公司与航空公司共享数据,当出行者购买机票后,网约车公司可为其推荐相关的接送机服务;或是已知某单位具有己方想要的数据,通过协定采购,直接从第一方获取数据。

第三方数据(Third Party Data):提供数据的来源单位并非产出该数据的原始者,该数据即为第三方数据。通常称提供第三方数据的单位为数据供应商,其广泛搜集各种数据,并贩售给数据需求者,其数据可来自第一方、第二方与其他第三方数据,如爬取网络公开数据、市场调研公司所发布的研究调查、经去识别化的交易信息等。

大数据的典型应用包括天文学、大气学、交通运输、基因组学、生物学、大社会数据分析、互联网文件处理、制作互联网搜索引擎索引、通信记录明细、军事侦察、金融海量数据、医疗海量数据、社交网络、通勤时间预测、医疗记录、照片图像和影像封存、大规模的电子商务等。不同数据量单位所能表征的内容如图1-1所示。

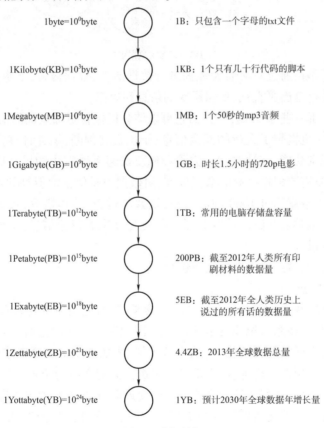

图 1-1 数据划分

2. 交通大数据

交通系统每时每刻都会产生蕴含人、车、路、环境变化信息的数据记录,如路网基础数据、旅客数据、高速公路的收费流水数据、车辆行驶过程中发送的 GPS 数据、交通观测站记录的交通量数据……这些数据的集合便称之为交通大数据(图1-2)。所谓的"大"是指数据的记录数已经超过了数万、数十万行,而且高达数千万、数亿行甚至更多。

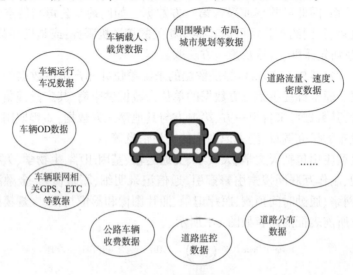

图1-2 交通大数据组成

交通数据分析是指通过对交通大数据进行数据清洗、数据修复、数据挖掘等操作后,从海量数据中提取并整合出更直观、更深层次的信息和规律。

大数据的"大"是一把双刃剑,一方面它可以使数据包含更加全面的信息,囊括交通系统的各项特征,但同时也携带了大量的冗余信息,干扰直观判断,消耗计算资源。数据清洗是指依靠计算机的识别功能,有针对性地去除和修复交通大数据中的异常数据,例如缺失值、无效值等;数据修复需要根据已有的数据标准,对数据中看似正常但是却不符合行业实际的数据进行修正,例如载重超过1000吨的货车、轴数超过30的车辆等;数据挖掘则是对处理过的数据有针对性地整合、筛选、计算获得一些更为直观的行业信息,例如时间维度上的客货运量和客货周转量等。

以道路交通为例,常见的大数据资源包括:

(1)地理信息数据

地理信息是地理数据所蕴含和表达的地理含义,是与地理环境要素有关的物质的数量、质量、性质、分布特征、联系和规律的数字、文字、图像和图形等的总称。地理信息技术与空间位置、交通设施、交通空间密切相关,从用地规模、用地性质对交通需求的影响,到交通路径、轨迹的连续性、平顺性分析等,地理信息技术都占据着突出的位置。目前,地理信息技术被广泛应用于交通领域,典型代表如高德发布的交通运行评价AI系统"明镜"。该系统涵盖交通领域8个类别的多种交通数据的数据底盘,并从空间、时间、强度三个维度的十余个指标对城市交通状况进行评价。而三大维度均由基础数据、特征指标、决策指标三部分构成,如"空间"维度涵盖了路网缓行里程比、常发拥堵路段里程比等。

地理信息数据的归宿是应用,对用户的触达能力成为交通优化与客户端联动的关键。数据显示,在所有获取交通信息方式中,通过手机地图App获取交通信息的占比高达72.3%;部分城市的交警也正在通过手机地图的导航功能,对车流人流进行"超视距分流"。

(2) 公路大数据

高速公路大数据是最为全面的公路数据资源,目前已开放的国有高速公路大数据覆盖全国范围(西藏、海南除外)逾13万公里高速网络,超过20000个高速公路出入口站点实时数据。从2017年6月1日起至2019年底,积累了共超过2.19亿辆车产生的188.3亿条高速行驶记录,其中客车超过1.82亿辆,货车超过3700万辆,活跃货车超过1204万辆,数据字段包括进出高速时间、进出站点、行驶里程、车辆载重、车型、车辆轴数、支付方式等。

高速公路大数据现被广泛应用在保险、物流、经济分析等领域,未来还会应用于更多领域。在保险领域,基于高速大数据已开发出高速里程保、货车信用宝等模型产品,即车主购买保险时保险公司会根据车辆的行驶里程、违法记录等信息制定保价,做到"一车一价",这对于很多货车驾驶员而言是个福音。而在经济分析领域,通过分析各城市的高速公路车辆进出情况,可以判断该城市的经济活力强弱,分析该城市的发展情况和发展模式。例如,通过分析粤港澳大湾区各市县的高速公路数据可以发现,佛山、东莞等城市进出高速公路的车辆中,货车占比更大,表明这些城市的工业实力较强;广州、深圳等城市春节期间的高速交通量下降明显,表明这些城市的外来人口众多,是一个外向型发展的城市。此外,在2020年新冠肺炎疫情期间,高速公路大数据也应用于疫情防控中,例如,基于高速公路大数据蕴含的时空信息来判断车辆近期是否去过疫情高发区,是否应重点排查等。

(3) 车辆大数据

目前,我国已开放共享的车辆大数据涵盖了2013年之后全部乘用车及商用车的车辆信息,即车辆上所有零部件的数据。在商用过程中可查询部分数据字段,包括车牌号、车辆识别号码(Vehicle Identification Number,VIN码)、车辆配置等。车辆配置详情里包括:总质量、整备质量、核定载质量、出厂日期、最大功率、轴数、轴距、发动机号、发动机型号等信息。

车辆大数据由国家部委直接对外开放,从更新速度、颗粒度、覆盖面、连续性和信息丰富度等方面均比4S店和主机厂的数据质量更高。

车辆大数据同样被应用于多个领域,其中在二手车交易过程中的应用最为普遍。通过分析车辆大数据,既可核查车辆信息、评估车辆价值,使二手车交易价格更加透明,同时也可用于保险登记、理赔、费率浮动等信息查询方面。未来共享汽车、自动驾驶车辆进一步普及时,还可以实现基于车辆大数据对车辆进行管理维护。

(4) 旅客信息

① IC卡数据

IC卡(Integrated Circuit Card,集成电路卡),也称智能卡(Smart Card)、智慧卡(Intelligent Card)、微电路卡(Microcircuit Card)或微芯片卡等。它是将一个微电子芯片嵌入符合ISO 7816标准的卡基中,做成卡片形式,具有体积小、便于携带、存储容量大、可靠性高、使用寿命长、保密性强、安全性高等特点,早已广泛应用于金融、交通、医疗等行业。

随着科技的不断发展,我国公交IC卡在发挥公交、地铁刷卡消费功能的同时,也逐渐参与到出租车消费、市政水电缴费、商场打折消费、轻轨消费、停车场消费、便利店消费当中,所产生的数据量越来越多,涵盖的数据信息也愈发丰富。其中,部分城市的公交IC卡甚至充当着城市一卡通的角色,如羊城通、深圳通、榕城一卡通、洪城一卡通、金陵通等;不同城市的公交IC卡还实行联网互通,便于消费者实现异地刷卡。

②人脸信息

人脸信息在现代交通中的应用十分广泛,高铁的"刷脸进站"、地铁的"刷脸支付"都离不开人脸信息的参与。"刷脸"进站利用的是人脸识别技术,自动检票闸机上都安装了摄像头,旅客走近机器时,系统会抓取旅客脸部信息,与身份证芯片里的照片进行比对,票证信息相符、人脸与证件照比对通过,闸机自动放行。这种利用摄像机或摄像头采集含有人脸的图像或视频流,并自动在图像中检测和跟踪人脸,进而对检测到的人脸进行识别的一系列相关技术,通常也被称为人像识别、面部识别。

人脸识别技术涉及模式识别、图像处理、计算机视觉、统计学习、神经网络、小波分析、子空间理论和流形学习等众多算法。其中,"特征脸方法"是最典型、最常用的识别算法之一。

(5) GPS数据

目前,部分重点货运车辆和客运车辆的全球定位系统(Global Positioning System, GPS)或北斗数据已被纳入监管范围,每辆车一天可产生成百上千条GPS/北斗记录,这些记录包括时间、车辆所在位置的经度、纬度、海拔高度、行驶角度、瞬时速度等字段,掌握这些数据可以实现对重点客货运车辆进行有效的监管,保障运输安全。利用GPS/北斗数据,在宏观层面上可以探究一个区域的运输及物流情况,为物流园区规划、加油站或充电站布点提供数据支持;在微观层面上可以探究个体驾驶行为,尤其是大型客货车驾驶员与小客车驾驶员的驾驶行为差异等方面的研究。

(6) 手机信令数据

手机信令数据是手机用户在发生通话、发短信或移动位置等事件时,被电信运营商的通信基站捕获并记录的信息,最后经过脱密、脱敏、扩样等处理后可用于居民行为偏好、移动轨迹分析、城镇空间布局等研究。手机信令数据的空间分辨率多为基站,时间分辨率则可精确到秒。手机信令数据字段中包含时间、所在基站经纬度、通话记录等信息,通过挖掘信息间的关联性可以反推用户的出行轨迹,常用于研究城市居民行为与空间分布。然而,手机信令数据存在个人隐私泄露的风险,因此做好脱敏和数据保护非常重要。

手机信令具有如下特征:①全覆盖性:指只要是携带开启的手机,电信系统就会自动捕获用户的信息,其捕获范围可覆盖全国,而对于使用全球通的用户而言,其捕获范围则扩展至全球;②高精度性:指手机信令数据的空间信息精确到经纬度,而时间则精确到秒,高数据精度有助于获取用户的实时位置与连续轨迹;③实时动态性:指用户在不同时刻发生位置变换时,其空间信息就会实时变化;④信息关联性:指手机信令数据除了包含手机通话属性,如通话时间、短信的发送时间、通话对方的号码信息等,还蕴含了如通话实时地点等空间信息,两类信息之间具有很强的关联性;⑤海量存储性:指手机信令数据的规模十分庞大,电信用户每天都会产生大量的数据,存储空间需求巨大。

第3节 国内外研究进展

大数据应用已延伸到交通、通信、金融、教育、医疗、体育、制造、零售、影视等各行各业,所带来的巨大商业价值是毋庸置疑的。可以说,谁能掌握和合理运用用户大数据的核心资源,谁就能在接下来的技术变革中进一步发展壮大。

1. 大数据的发展进程

从人类文明之初的"结绳记事",到文字发明后的"文以载道",再到近现代科学的"数据建模",数据都是人类认识世界的载体,一直伴随着人类社会的发展变迁。然而,直到云计算、物联网等新兴信息技术的出现,为数据处理提供了自动化的方法和手段,人类掌握数据、处理数据的能力才实现了质的飞跃。信息技术的广泛应用,推动数据成为继物质、能源之后的又一种重要战略资源。

大多学者认为,"大数据"这一概念起源于 2008 年 9 月,由美国《自然》杂志正式提出。到 2011 年 2 月 1 日,美国《科学》杂志通过社会调查的方式,第一次分析了大数据对人们生活的影响;同年 5 月,麦肯锡研究院发布报告并提出:大数据是指其大小超出了常规数据库工具获取、存储、管理和分析能力的数据集。2012 年,牛津大学教授维克托·迈尔-舍恩伯格在其畅销著作《大数据时代》中指出,数据分析将从"随机采样""精确求解"和"强调因果"的传统模式演变为大数据时代的"全体数据""近似求解"和"只看关联不问因果"的新模式,从而引发商业应用领域对大数据方法的广泛思考与探讨。

大数据于 2013 年达到其宣传高潮,2014 年后概念体系逐渐成形,人们对其认知亦趋于理性。大数据相关技术、产品、应用和标准不断发展,逐渐形成了包括数据资源与 API、开源平台与工具、数据基础设施、数据分析、数据应用等板块构成的大数据生态系统,并持续发展和不断完善,大数据技术的应用也从计算机领域逐渐延伸到科学和商业领域。各国政府和企业都积极寻找更加有效的大数据处理与分析方法以期望从大数据中获得更多的社会效益和商业价值。对此,2014 年图灵奖获得者迈克尔·斯通布莱克认为企业必须将各类数据孤岛联结在一起,才能更好地挖掘大数据的潜在价值,即能否从大数据中获益取决于数据无缝集成的程度。

2019 年,以"创新发展数说未来"为主题的数博会在贵州举办,图灵奖获得者、美国计算机科学家惠特菲尔德·迪菲在开幕式上发表讲话,他认为大数据、人工智能、网络安全这三要素,将是未来网络治理中的关键。中科院梅宏院士在此次论坛中也重点谈到了大数据对计算体系带来的挑战并提出相应的解决方法。梅宏院士强调大数据推动了信息技术体系的重构进程,未来的信息体系将以高时效、低时延、多计算模型融合为追求目标,旨在打造出更多核心、关键、原创的技术。中国工程院高文院士则认为随着深度学习的重燃、海量大数据的积累、计算能力的不断提升,人工智能应用将在未来 3~5 年得到快速普及。

回顾大数据发展历程,大数据的价值本质上体现为:提供了一种人类认识复杂系统的新思维和新手段。就理论上而言,在足够小的时间和空间尺度上,对现实世界数字化,可以构造一个现实世界的数字虚拟映像,这个映像承载了现实世界的运行规律。在拥有充足的计算能力和高效的数据分析方法的前提下,对这个数字虚拟映像的深度分析,将有可能理解和发现现实复杂系统的运行行为、状态和规律。可以说,大数据为人类提供了全新的思维方式和探知客观规律、改造自然和社会的新手段,这也是大数据引发经济社会变革最根本性的原因。

2. 交通大数据的研究和应用情况

大数据技术在交通领域中的应用不仅可以提高交通运输效率,还可以大幅提升交通运输的安全性。近年来,交通大数据吸引了许多从事交通或信息技术的研究者的关注。

现阶段,大数据在交通领域中主要应用于交通规划、智能交通、公共交通、交通拥堵治理、交通需求预测及综合交通运输体系优化等多方面。随着技术的不断成熟,学者们的研究重点已逐步延伸至更广泛的数据应用层面。

(1)大数据在交通规划中的应用

交通规划研究中的大数据来源广泛,种类多元化。其中,手机信令数据是规划领域最常用的数据类型之一。关志超等[2]基于深圳市的手机信令数据定性分析了人群在各区域活动总量的时空分布规律,然后依据人的出行活动常识和交通特性完成交通土地单元的划分与合并。林群等[3]通过分析手机数据实时掌握公众的出行活动和分布规律,有助于实现城市交通规划的动态决策。刘彤[4]认为通过分析手机信令数据可获取手机用户的出行轨迹信息,并将其进一步应用于公交线路的规划与优化中。李俊升[5]则认为从手机数据中提取的用户出行信息,能有效应用于客流集散分布分析、客流特征分析、出行习惯分析等工作中。此外,还有不少学者将其他类型的交通大数据应用于规划领域,譬如,陈天然[6]通过挖掘城市出租车 GPS 轨迹数据、城市路网结构数据和地理静态数据、交通动态数据的潜在信息,设计了城市最优路径规划方案。苏跃江等[7]基于广州出租汽车 GPS 数据进一步挖掘车辆和乘客的出行规律与时空分布特征,并将其应用于交通管理与路网规划等方面的研究。陈兵等[8]从海量船舶自动识别系统(Automatic Identification System,AIS)数据中挖掘船舶交通特征信息,并将其应用于水上交通规划中。

(2)大数据在智能交通中的应用

智能交通是交通领域的重点发展方向,而大数据显然是未来智能交通发展的重要依托,因此学术界和各级交通主管部门都十分重视大数据与智能交通的研究。

不少学者将关注重点放在智能交通大数据平台的研究上。例如,周锋[9]通过研究发现大数据分析技术有助于推动智能交通产业的发展。彭兴刚[10]研究发现将大数据技术应用到现代高速公路管理中,能为其带来很好的管理效果。张滔[11]重点研究了智慧交通大数据平台的设计开发及应用,旨在更准确地掌握城市的实时交通状态,挖掘海量数据的潜在规律。林群等[12]深入研究了深圳市智能交通大数据的建设与发展。于志青等[13]基于大数据技术完成了智能交通综合信息应用平台的设计与构建。张红等[14]研究了大数据支撑下的智能交通体系架构。倪志云[15]设计了以交通大数据为支撑的智能信息服务平台,并针对平台的实际应用问题及其相应的解决方案进行了有益的探索。

大数据技术的不断发展使得智能交通在智慧城市应用当中的潜在价值得到有效挖掘,同时也为智能交通系统的构建提供了有力的技术支撑。

(3)大数据在公共交通中的应用

公共交通是大数据技术应用的重要领域。其中,公共交通支付活动中产生的运营记录(即公交 IC 卡数据)是公共交通领域最常用的数据之一,众多学者利用此类数据开展了大量研究工作。龙瀛等[16]总结出数据处理与 OD 推算、公交系统运行和管理、城市空间结构分析、出行行为与社会网络分析等是公交 IC 卡数据在城市交通问题中的重点研究方向。陈锋等[17]使用公交 IC 卡数据和 GPS 数据估算乘客上下车站,并将其进一步应用于公交网络优化以及公交运营调度。高永等[18]利用北京市公交电子支付数据获取乘客的乘车信息,据此提出了一种乘客出行特征大数据分析方法,并验证了该方法的可行性。张晓春等[19]基于公交 GPS 数据和 IC 卡数据开展了乘客人均候车时间估算方法研究。郑维凤[20]基于公共交通运营大数据构建了一体化公共交通系统。Devillaine 等[21]提出了利用公交 IC 卡数据研究居民出行活动的方法,并利用智利的圣地亚哥和加拿大的加帝诺两大城市的智能卡数据库以及其他有关土地使用和用户行为的可用信息来检测、估算公共交通用户的出行行为,包括活动的地点、时间、持续时间和目的等。

3. 交通大数据发展及应用趋势

大数据技术在交通运输领域的应用可划分为三个阶段[22]:一是特征提取研究阶段;二是关联分析和数据融合等大数据技术应用阶段;三是与复杂系统控制、交通决策有机融合的阶段。虽然经过多年的信息系统建设,交通领域已初步形成大数据技术环境,部分研究工作已从第一阶段逐步向第二阶段过渡,但第三阶段的工作,仍处于探索的过程中。

交通大数据的应用,为交通管理、综合规划以及公众出行服务提供了更全面、更合理、更实时的参考依据。随着数据采集系统的不断完善,以及数据隔阂的逐步消除,交通大数据应用将呈现出如下的发展趋势[23]:

(1) 以全样本客观数据代替人工抽取的小样本数据,较大程度地解决了传统数据分析的弊端。过去由于交通运输信息采集、存储和处理技术的局限性,通常基于统计学原理和抽样理论得出分析结论,旨在从较少的数据里提取最多的信息。而随着信息技术水平的不断提升,所积累的数据量激增,交通运输数据将遵循"小样本分析→大样本分析→全样本分析"的技术路线,最终进入全样本数据时代。

(2) 出现海量多源异构数据,数据混杂性更强,并对处理结果产生一定的影响。据不完全统计,交通运输数据中有 90% 以上都是图片、视频等非结构化数据。此外,因为数据的多源化,在数据定义、处理和交换等方面尚未形成统一标准,所以在数据处理分析过程中极易出现矛盾。

(3) 数据规模不断扩大,传统数据分析算法的弊端日益凸显。随着数据量的不断增加,简单算法的计算精度随之增加,但复杂算法运算结果的精度反而降低。

大数据在交通领域中的应用,有助于人们充分利用现有数据资源,深度挖掘现阶段的交通需求以及交通发展的客观规律。为进一步推动大数据技术在交通领域的应用,有必要构建标准化的、完整的数据体系,打通跨区域、跨部门、跨领域的数据隔阂,促进各级交通运输主管部门间、政府与企业间、企业与企业间的协作共赢。

第 4 节 国内外典型案例

如何运用大数据技术从海量交通数据中挖掘出有价值的信息,是目前乃至今后行业发展所面临的关键技术问题。本书将通过介绍国内外典型案例来展现交通大数据的应用情况。

1. 国内：百度地图的大数据实践实例

百度作为中国的互联网巨头，不仅拥有丰富的大数据应用产品（如搜索引擎、百度翻译、百度语音等），还建立了大数据实验室，为大数据技术的研究奠定了坚实的基础。其中，百度地图被称为百度大数据实践的桥头堡。

2014年，百度地图基于海量LBS（Location Based Services，基于位置的服务）轨迹数据，开发了"人流预测技术"，实现了人流移动的预测、追踪和可视化展现。2015年，百度在此基础上又开展了"预防踩踏事故"研究，通过路径搜索数据与目标地点人口密度数据的关联计算，实现了特定时空下人群集聚情况的准确预测。此外，上述技术还被应用于商业领域，如帮助商家预测人流聚集和流动情况、帮助店铺选址、帮助公交选站、帮助政府了解区域房屋空置率等。

目前，政府部门拥有的交通数据资源十分丰富，因此百度积极加强与政府部门的合作，旨在获取更多的公共交通数据，为社会带来更大的价值。具体来说，体现在以下方面：

（1）提高用户的出行体验。百度地图与江苏省、成都市等地的交通运输部门合作，通过接入当地的实时公交数据和最新路网信息，在百度地图客户端为用户提供快速查询公交信息、交通管控信息等功能，提供了更高水平的出行服务，大大提升了用户的出行体验。

（2）提高交通疏导效率。基于百度地图，交通部门可实时发布交通信息，有助于实现云端调度，提升道路资源的使用效率、降低路网拥堵程度。另外，当某路段发生交通事故，用户可根据百度地图的定制化导航绕行。

（3）辅助宏观交通规划决策。基于海量大数据的分析结果，可为交通规划决策（如公交路线、地铁班线、公共交通资源配置等）提供数据支撑，进一步提升系统的整体决策效率。

（4）为共享出行提供技术支持。共享单车、共享电动车、共享汽车等出行方式已逐步大众化，正在深刻改变着人们的出行习惯，利用交通大数据有助于共享出行平台实现科学、实时地派单、计费、导航，还能定量评价专车的出现对城市交通拥堵产生何种影响，以及优化专车的路线规划方案，为共享出行提供更好的技术支持。

2. 国外：Uber的大数据实践实例

Uber是一款提供出租车预订服务的智能手机应用，为需要搭车的用户和想要载客的驾驶员搭建了对接渠道。从建立之初仅在旧金山开展业务，发展到如今除了南极洲之外已覆盖所有大陆的许多主要城市，这家公司对数据的运用远比传统出租车公司要更高效，而这正是促使它成功的关键因素。

Uber将服务覆盖范围内所有城市的驾驶员信息储存在一个数据库中，一旦有用户请求乘车，系统就会考虑车主的载人意愿，从数据库中自动为每一位乘客匹配最适合的驾驶员。此外，车费是根据GPS定位以及街道数据来自动结算，再配合Uber开发商设计的算法，根据路程常用时间进行调整，计算出最终的乘车费用。这与传统出租车根据出行距离来付费大不相同。

Uber应用大数据所提供的最出色的策略和服务分别是：①峰值定价策略。Uber公司基于大数据运用预测模型来评估实时需求，根据搭车需求和交通情况来调整乘车价格，譬如在交通繁忙时,同样的路程所用时间也更长,定价也会更高。这种定价策略会激励驾驶员在高峰期载客,更好地平衡供需关系。②UberPool 拼车服务。UberPool 允许使用者根据 Uber 的数据库,找到具有相似出行习惯(包括出行时间、出行线路等)的其他用户,并向其提供拼车服务,旨在改变出行者的订车方式。

Uber 其他计划发布的项目还有为富人提供直升机出行的 UberChopper,为杂货店提供交付服务的 UberFresh 以及提供包裹快递服务的 UberRush 等,这些服务都是基于对交通大数据潜在价值的充分挖掘才得以实现的。

第5节 如何使用这本书

本书主要从交通大数据应用的角度出发,深入介绍了交通大数据处理与分析领域的基础理论和实用技术工具。读者可通过 QQ 群(群号:922710948)获取本书源代码、实验数据、学习课件,并进行相关技术交流。本书的结构框架详见图 1-3。

1.作为教材进行学习

将本书作为教材使用时,建议读者基于"纵览全书→自我提问→阅读→复述→联系→复习"这六大步骤进行学习。具体来看:①有效阅读第一件事就是纵览全书,即读者要对本书的封面、内容提要、前言、目录、绪论几个部分迅速通览,以便快速了解书籍背景,建立起相关知识框架,分清主次内容;②纵览之后,阅读之前,读者应尽量向自己多提问题,带着目的去读书,可以激发求知欲,减轻读书乏味、精神分散等状况;③在阅读的时候,要学会寻找主要信息,减少对次要信息的过多停留;此外,相对于大段的纯文字描述,读者应先配合最少量的文字去看懂案例和图表以实现对知识的基本理解,接着去看例题了解知识运用场景,再通过反复地做题目或做实验,进一步掌握各知识点的具体应用;④本书涉及的知识面极为广泛,读者可根据学习需求或学时安排自主调整单次学习内容的多少,但每次学习完都应该从头至尾温习一遍刚刚学习过的内容,并通过口头复述、编程或记笔记等方式来做小结;⑤学习过程中,读者要学会有意识地思考那些新的思想和观点对自己专业有什么意义,建立起一种信息间的联系,有助于加深对知识点的理解;⑥最后,建议读者将理论知识与实验相结合并制作个性化的思维导图,运用思维导图将整本书收入自己的资料库,作为平时查阅的有用工具,学以致用。

2.作为工具书进行学习

若读者把这本书当作普通工具书使用,在时间充裕情况下可按照教材的阅读方法进行学习;反之可把它看作字典,即在了解本书背景和相关术语定义后,读者基于自身兴趣或需求进行选择性学习,遇到不懂的内容再通过查阅书中其他章节或者上网搜索等方式进行扩展学习。在学习过程中,当读者觉得思路有点混乱的时候,应根据目录快速略读,运用"看目录回忆"或者"从一个点发散到整本书"的方法,在脑内或者借助思维导图之类的工具把整体结构理顺,把以前已经了解到的知识点进行整合。慢慢地,积少成多,读者就会发现书中的大部分知识都已经掌握了。

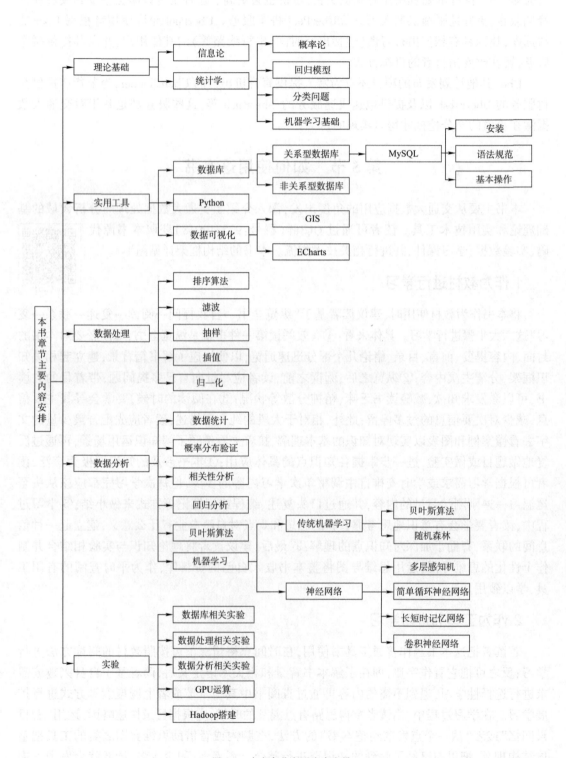

图 1-3 本书章节主要内容安排

课后习题

1. 大数据的定义是什么？
2. 交通大数据的定义是什么？
3. 为何要把大数据技术应用到交通领域？有何意义？
4. 交通大数据的来源和种类有哪些？
5. 交通大数据的应用方向有哪些？
6. 如何运用交通大数据解决城市道路的拥堵问题？

参考文献

[1] 孟小峰,慈祥.大数据管理:概念、技术与挑战[J].计算机研究与发展,2013,50(1):146-169.

[2] 关志超,李夏,胡斌,等.基于手机数据的城市交通信息采集技术研究[C]//第九届中国(国际)城市智能交通论坛.2012.

[3] 林群,关志超,杨东援,等.基于手机数据的城市交通规划决策支持系统研究[C]//国际节能与新能源汽车创新发展论坛.2009.

[4] 刘彤.用大数据把握城市交通——手机大数据在济南公交的应用[J].人民公交,2014(10):43-45.

[5] 李俊升.探究手机大数据在城市综合交通规划中的运用实施[J].建筑工程技术与设计,2018,000(004):11.

[6] 陈天然.基于时空大数据的城市最优路径规划的研究与应用[D].成都:电子科技大学,2020.

[7] 苏跃江,龙小强,吴德馨.大数据在交通规划和管理中的实践探索——以广州为例[J].交通工程,2018,18(06):59-66.

[8] 陈兵,赵显峰,王辰.AIS数据在水上交通规划研究中的应用与系统设计[J].中国水运:2018,018(011):53-54.

[9] 周锋.大数据分析技术助推智能交通产业[J].信息与电脑(理论版),2015(2):82-83.

[10] 彭兴刚.智能高速公路中交通大数据的应用探析[J].低碳世界,2018,000(002):216-217.

[11] 张滔,凌萍.智慧交通大数据平台设计开发及应用[C]//2014第九届中国智能交通年会大会论文集.2014.

[12] 林群,李锋,关志超.深圳市城市交通仿真系统建设实践[J].城市交通,2007,005(005):22-27.

[13] 于志青,李俊莉.基于大数据的智能交通综合信息应用平台设计[J].河南师范大学学报(自然科学版),2019,047(004):37-41.

[14] 张红,王晓明,曹洁,等.基于大数据的智能交通体系架构[J].兰州理工大学学报,2015

(02):112-115.

[15] 倪志云.交通大数据下的智能信息服务平台研究[J].人民交通,2020(1).

[16] 龙瀛,孙立君,陶遂.基于公共交通智能卡数据的城市研究综述[J].城市规划学刊,2015,000(003):70-77.

[17] 陈锋,刘剑锋.基于IC卡数据的公交客流特征分析——以北京市为例[J].城市交通,2016,14(01):51-58.

[18] 高永,褚琴,翟雅峤,等.公共交通乘客出行特征大数据分析[C]//2014第九届中国智能交通年会大会论文集.2014.

[19] 张晓春,高永,于壮,等.基于公交GPS和IC卡数据的乘客人均候车时间估算方法研究[J].交通运输系统工程与信息,2019,19(05):240-245.

[20] 郑维凤.基于公交一体化的公共交通运营大数据应用研究[J].建筑工程技术与设计,2017(18).

[21] Devillaine F, Munizaga M, M Trépanier. Detection of Activities of Public Transport Users by Analyzing Smart Card Data[J]. Transportation Research Record Journal of the Transportation Research Board, 2012, 2276(2276):48-55.

[22] 杨东援,段征宇.透过大数据把脉城市交通[M].上海:同济大学出版社,2017.

[23] 杨琪,刘冬梅.交通运输大数据应用进展[J].科技导报,2019,37(6):66-72.

第 2 章 理 论 基 础

第 1 节 工程大数据与信息论

信息论是运用概率论与数理统计的方法研究信息、信息熵、通信系统、数据传输、密码学、数据压缩等问题的应用数学学科。它主要是研究通信和控制系统中信息传递的共同规律以及研究信息的获取、度量、变换、储存和传递等问题的基础理论。[1] 香农被称为"信息论之父";人们通常将香农在1948年10月发表于《贝尔系统技术学报》上的论文《A Mathematical Theory of Communication》(通信的数学理论)作为现代信息论研究的开端。这一文章基于哈里·奈奎斯特和拉尔夫·哈特利先前的研究成果。

大数据的本质是信息,因而具有信息的一般特征,并遵循信息的一般规律。大数据是由诸多数据单元构成的复杂系统,具有结构性、功能性以及环境关联性等特征,大数据的变化遵循系统的生命周期规律。

人类生存和发展是离不开信息的。如农民种庄稼需要掌握气候、地力、水源、种子、肥料等信息,工人做工需要掌握原料、工具、技术等信息,中医治病需要通过望闻问切等手段掌握患者的脸色、气味、声调、脉象等信息,科学研究则需要掌握研究对象、研究方法、实验手段等信息,如此等等。但在以往社会中,由于认识和实践对象比较简单、手段也比较单一,所掌握的信息形式和数量都比较少,因而信息的重要性难以为人们所认识。随着社会生产力的发展和科学技术的进步,人类接触到的客观对象日益复杂,因此掌握的信息形式和信息量不断增多和增大,其中最为重要的变化是从模拟信息发展到数字信息,而大数据信息则是在数字信息的基础上,由小数据逐渐发展而来的一种复杂信息形式。所谓大数据信息就是指标示复杂系统各方面状况的数据组合,例如春节黄金周期间全国交通部门发送旅客的人次数据就是大数据,气象预报所需要的数据也是一种大数据,此外如车辆调度系统所需要的数据信息、流行病调查所获得的数据信息、发射航天器所需要的数据信息以及大企业管理所需要的数据信息等都是大数据信息。随着现代社会的不断发展和科技飞速进步,人类对大数据的需求越来越普遍和迫切,从而推动大数据获取和研究,并逐渐形成产业。现在所谓"大数据时代"的称呼,乃是对这一发展趋势的最新概括。

既然大数据的本质是信息,那么它必然具有信息的一般特征。主要表现在以下几点:

(1)具有标示性。即可以标示大数据源的存在方式或属性,这是利用大数据认识事物的客观基础。

(2)具有确定性。这里的确定性,是相对于主体认知的不确定性而言,即当人们获取了关于某物的大数据时,对该物(信息源)的不确定性认知状态(或无知状态)也就消除了。

(3) 重复不增值性。对于特定主体而言,特定大数据的信息量是固定的,并不会因为重复获得该大数据信息而增值。

(4) 可存储性。即可以把大数据存储在特定介质中。大数据存储有内存储与外存储之分,不同存储方式各有利弊。

(5) 可提取性。即通过一定方法可将存储介质中的大数据提取出来,恢复原状。

(6) 可处理性。即可以把大数据由一种形式变换为另一种形式,并在这一变换中保持一定信息量。

(7) 可传递性。即可以将大数据由数据源(信源)经数据通道(信道)传递到大数据接受者(信宿)。

(8) 非守恒性。即指大数据在传递过程中由于噪声干扰会发生量的变化,而且无法复原。

(9) 共享性。即同一大数据可以为不同主体所利用。

(10) 可计量性。大数据可以依据信息量的计算公式加以计量,信息量计算公式为: $I = -\log P(i)$,通用单位是比特。信息熵则表示整个系统的平均消息量,计算公式为 $H = -\sum_{i=1}^{n} P(i) \log_2 P(i)$。通俗地讲,熵代表事物的"混乱"程度,熵越大,不确定性越大。

大数据信息可分为语法信息、语义信息及语用信息三大类型。大数据信息除了具有上述一般信息的共性以外,当然也有自己的特性,这主要表现在其规模大、复杂性高、传递时间长、非守恒性突出、适用解决复杂系统的识别和管理等方面的问题。人们在利用大数据方法处理问题时,应当充分注意这些特性,以取得更好效果。

大数据作为一种信息形式,其遵循信息的一般规律。首先,大数据的产生遵循信息产生的一般规律。信息论认为,任何信息的产生都是主客体相互作用的结果,没有这种相互作用,信息就不可能生成。例如宇宙中的陨石不撞击月球表面,月面就不会形成陨石坑这一信息。大数据信息则是客观系统作用于人的认知系统(人脑+辅助系统)的产物,例如全国某年农业产量大数据就是各地农业产量数据作用于国务院统计机构的结果。当然大数据的生成不是自发的,而是人类主体通过一定方式主动作用于客观系统的产物。其次,大数据的传递也遵循信息传递的一般规律,即遵循由信源经过信道再到信宿的规律,大数据在传递过程中会经过一定形式的转换,例如由纸质大数据转换为电子大数据,然后在信道中传递,最后再转换为纸质大数据(如果信宿可以识别电子大数据则无须转换)。最后,大数据的应用也遵循信息应用的一般规律。

大数据应用主要表现在认识世界和改造世界两个方面。在认识世界方面要遵循如下程序:确定认识对象—大数据获取—大数据处理—大数据传递—找出大数据与数据源的对应关系—确认数据源的存在方式和属性。在改造世界(包括控制世界)方面则要遵循如下程序:确定实践目标—找出导致目标对象变化的数据特征—获取和生成相关对象大数据信息—发出大数据指令—实施对目标对象的控制或改造。例如汽车自动驾驶信息系统和航天发射指挥信息系统就都是成功应用大数据方法的案例。在利用大数据方法认识或改造客观对象时,要注意收集反馈信息,并根据反馈信息不断修正认识和实践过程。

在实际工程中获得了很多数据后,分析哪些数据是有用的,怎样才能把这些有用的信息提取出来,把无用的信息抛弃掉? 这个问题就应该用信息论的方法来解决。[2]

第2节 计算理论

在大数据领域,大部分数据存储和高速计算都离不开分布式计算(Distributed Computing)。日常生活中,一台电脑即可完成所有计算和数据存储。当觉得空间不够用时,通常是更换更快的 CPU 和更大硬盘来解决。但当计算速度和存储要求越来越高时(如大数据环境下对 TB 甚至 PB 级数据进行管理计算),这种通过提升单台服务器性能的集中模式会导致服务器成本变得极为昂贵,且最终可能仍然无法满足要求。另外一种思路,则是将大的计算需求分摊到多台计算机一起来完成(如同一个大载货汽车的载货被分到很多台小载货汽车来运输一样)。相应的分布式计算(包括存储)就是通过多台(成千上万甚至百万)廉价的、低性能的服务器来实现超高的计算存储能力。在分布式计算系统中,任何计算和存储请求,都被自动分为多个小的任务,分摊到各服务器上并行完成。同时,数据分布在多个服务器节点都有备份,这样即使部分服务器损坏也不影响系统运行。

相比集中模式,分布式计算的成本和门槛更低,具有易扩展和可靠性高的特性。分布式计算成为近 10 年来 IT 体系架构最重要的技术,支撑起了整个互联网的数据和业务,也是云计算和大数据的支撑技术之一。[3]

在计算机科学中,算法的时间复杂度(Time Complexity)是一个函数,它定性描述该算法的运行时间。时间复杂度一般通过计算算法执行基础运算的数量进行估计,并且假设每个基础运算花费时间相同,因此算法的执行时间与执行基础运算的数量仅相差一个常数因子。通常来说,我们更关心输入大小逐渐增加时的复杂度情况,这时,时间复杂度可被称为是渐近的,亦即考察输入值大小趋近无穷时的情况。例如,如果一个算法对于任意大小为 n 的输入,它至多需要 $5n^3+3n$ 次运算,那么它的渐近时间复杂度是 $O(n^3)$,这里不需要关心 n^3 的系数 5,因为它是常数。但通常计算时间复杂度时,考虑的是串行计算,即不对任务进行拆分。而对于某些任务,可以采用并行处理来缩短计算时间,相关实验可以参考第 8 章第 19 节。

第3节 数据内容与结构

按照数据类型划分,大数据可以分为结构化数据、非结构化数据及半结构化数据。

(1)结构化数据是指数据记录通过确定的数据属性集定义,同一个数据集中的数据记录具有相同的模式。结构化数据具有数据模式规范清晰、数据处理方便等特点。结构化数据通常存储在关系型数据库或某种规范的格式化文件中,例如传统的智能交通信息系统采集、加工过的数据。线圈等传感器产生的数据一般都具有固定的比特流格式,各字段的比特长度和含义固定,可以将其视作为比特尺度下的结构化数据。

(2)非结构化数据是指数据记录一般无法用确定的数据属性集定义,在同一个数据集中各数据记录不要求具有明显的、统一的数据模式。非结构化数据能够提供非常自由的信息表达方式,但数据处理相对复杂。非结构化数据通常以原始文件或非关系型数据库的形式保存,例如摄像头采集的视频、公众发布在微博上的图片或是微信上的语音信息等。

(3) 半结构化数据是指数据记录在形式上具有确定的属性集定义,但同一个数据集中的不同数据可具有不同的模式,即不同的属性集。半结构化数据具有较好的数据模式扩展性,但需要数据提供方提供额外的数据之间关联性描述。半结构化数据通常以可扩展标记语言(Extensible Markup Language,XML)文件或其他用标记语言描述数据记录的文件保存,例如在超文本标记语言(HyperText Markup Language,HTML)文件中以 < table > 标签形式保存的数据、资源描述框架(Resource Description Framework,RDF)格式的本体库文件等。[4]

第4节　统计学基础

机器学习的数学工具就是概率论和统计学。使用概率论可以使我们深入了解机器学习是如何工作的,进而改进算法。

1.模型拟合

假设有两个相互关联的数值 x 和 y,其中,x 是交通量,y 是行程时间。目标是用 x 预测 y,用数学术语来说,就是在寻找一个函数 $f(x)$,使得 $\hat{y} = f(x)$ 与真实值尽可能接近。可以简单假设模型是线性的,即 $f(x) = ax + b$,其中 a、b 为常数。示例数据集如图 2-1 所示。

假设数据集由数据点和观测值组成:

$$\{(x_i, y_i)\}_{i=1}^n \quad (2\text{-}1)$$

因为数据是有噪声的,所以不可能完全像公式(2-2)这样用线性模型来描述数据:

$$f(x_i) = y_i, i = 1, \cdots, n \quad (2\text{-}2)$$

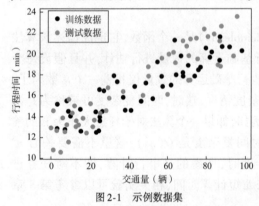

图 2-1　示例数据集

但是可以确立一个度量方法,用于评估模型与数据的拟合程度,旨在寻找最佳拟合形式。常见度量方法是计算每个数据点的预测误差,然后得到所有点的误差平均值,该误差平均值就可作为衡量指标。误差越小,表明模型拟合效果就越好。其中,最简单的方法就是用均方误差来评估,其定义如下:

$$\text{MSE}(a,b) = \frac{1}{n}\sum_{i=1}^{n}[y_i - f(x_i)]^2 = \frac{1}{n}\sum_{i=1}^{n}(y_i - ax_i - b)^2 \quad (2\text{-}3)$$

最佳拟合结果是均方误差最小时的结果,可用如下公式描述:

$$a, b = \arg\min_{a,b} \text{MSE}(a,b) \quad (2\text{-}4)$$

其中,$\arg\min_{a,b}$ 表示当 $\text{MSE}(a,b)$ 取最小值时,a 和 b 的值为多少。对于该数据集,拟合结果如图 2-2 所示。

2.回归模型拟合

从图 2-2 可以看出,数据点间有一定的线性关系,但是用线性模型似乎并不能够完全描述该数据集。为了捕捉到更强的数据关系,常用方法是使用一个更复杂的函数来拟合数据,比如一个高阶多项式。假设函数定义如下：

$$f(x) = \sum_{i=0}^{m} a_i x^i \tag{2-5}$$

希望通过高阶多项式，能更准确地描述数据。然而事实并不如愿，结果如图 2-3 所示。

当试图暴力拟合数据，过分地增加模型对训练数据的拟合程度时，可以看到，在某种意义上，效果更差，因为该模型过度依赖于训练数据中的噪声，并不能够很好地对新数据进行预测。为此，应该寻找一个模型来解释结果的概率，而不是寻找一个单一的预测值。

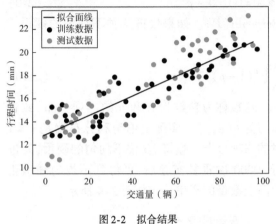

图 2-2　拟合结果

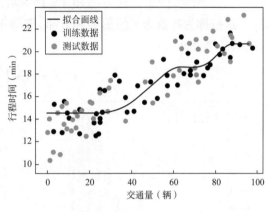

图 2-3　用 15 次多项式拟合数据集的结果

3. 概率的概念

假设有一枚硬币，在掷硬币时有 1/2 的概率出现正面，1/2 的概率出现反面。如果把硬币掷 100 次，能得到多少次正面？很多人可能会不假思索地回答 50，但现实并非如此简单。虽然可以得到 0～100 任何次数的正面，但这些次数的可能性都不是相等的。一次实验可能得到 34，在下一次实验可能就得到 52。正面的概率是 1/2，这意味着趋近于无限次地抛硬币时，正面出现次数与所抛硬币次数的比值将越来越接近 1/2。

以抛硬币 n 次为例，假设 X 表示正面的次数。其中，X 是一个随机变量，并不知道它的确切值，只知道它假设给定值的概率。X 是 k 的概率，用 $P(X=k)$ 表示，$P \in (0,1)$。此外，我们知道掷硬币可以得到 0、1、2、…、n 次正面，这些概率加起来等于 1，也就是说：

$$\sum_{k=1}^{n} P(X=k) = 1 \tag{2-6}$$

每次实验都可以用一个长度为 n 的 H（正面）和 T（反面）序列来表示，为了计算给定 k 的确切概率，需要计算 n 次投掷中 k 次正面的排列组合有多少种。这在数学上等同于从一组含 n 个元素的集合中选择 k 个元素的子集，可以按公式（2-7）来计算组合方式有多少种：

$$\binom{k}{n} = \frac{n!}{k!\,(n-k)!} \tag{2-7}$$

由于序列任意位置出现 H 或 T 的可能性相同，且每次投掷独立，因此任意序列出现的概率都为 $(1/2)^n$。所以得到以下结论：

$$P(X=k) = \binom{k}{n} \frac{1}{2^n} \tag{2-8}$$

这一公式被称为实验的概率分布(即掷 n 枚硬币,观察正面向上的数量)。

总而言之,概率分布包含了关于实验结果的所有信息。

4.普通的伯努利分布和二项分布

假设扔了一个不均匀的硬币,它出现正面和反面概率并不相等。其中,正面向上的概率是 p,和前面一样仍用 X 表示出现正面的次数,可以得到:

$$P(X=1)=p, P(X=0)=1-p \qquad (2-9)$$

这被称为参数为 p 的伯努利分布,简称 Bernoulli(P)。如果投掷这种不均匀的硬币 N 次,其概率分布为:

$$P(X=k)=\binom{k}{n}p^k(1-p)^{n-k} \qquad (2-10)$$

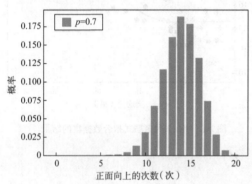

这被称为参数为 n 和 p 的二项分布,或者简写为 $b(n,p)$。实际上伯努利分布就是 $n=1$ 时的二项分布。投掷 20 枚不均匀的硬币,并进行 50000 次重复实验后,可得到不均匀硬币正面向上数量的概率分布如图 2-4 所示。

5.连续概率分布

在前面的抛硬币例子中,概率分布完全由所有可行 k 值的 $P(X=k)$ 来描述,这个特定的随机变量只能假设整数作为其值,其数量也是有限可数的,这种随机变量称为离散变量。一

图 2-4 投掷 20 枚不均匀硬币正面向上数量的概率
　　　　分布(50000 次重复实验)

般来说,随机变量也可以假设所有实数作为其值,在这种情况下,它们被称为连续的。假设 X 可以是介于 0 和 1 之间的任意随机数,而且概率相等,它的概率分布是什么?

可以认为对于 0 和 1 之间任意的固定值 x 有:

$$P(X=x)=0 \qquad (2-11)$$

为了描述该分布,这里引入所谓的概率密度函数(Probability Density Function,PDF),它描述了 X 落入某一范围的概率,如 $a \leqslant X \leqslant b$ 概率本身可以通过测量 PDF 曲线下 a 和 b 之间的面积来计算。譬如,选择一个介于 0 和 1 之间的随机数,其密度函数如下:

$$P_X(x)=\begin{cases} 1 & \text{if } 0 \leqslant x \leqslant 1 \\ 0 & \text{otherwise} \end{cases} \qquad (2-12)$$

注意,密度函数曲线下的总面积始终为 1,因为它表示所有结果的概率,具体如图 2-5 所示。

6.正态分布

一个非常重要的连续分布就是所谓的正态分布(或者叫高斯分布)。若随机变量 X 服

从均值为 μ 和方差为 σ^2 的正态分布,记为 $X \sim N$。则它的概率密度函数如公式(2-13)所示:

$$P_X(x) = \frac{1}{\sigma\sqrt{2\pi}} e^{-\frac{(x-\mu)^2}{2\sigma^2}} \tag{2-13}$$

由于正态分布的概率密度函数曲线呈钟形,因此又常称为钟形曲线。

从符号上看,$N(\mu,\sigma^2)$ 的概率密度函数 PDF 通常表示为 $N(x|\mu,\sigma^2)$,均值 μ 描述的是钟形曲线的中心,如图 2-6 所示。

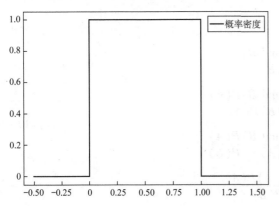

图 2-5 选择 0~1 之间一个随机数的概率密度函数　　图 2-6 均值 μ 为 0 的正态分布的分布函数

7. 条件概率

现在投掷一个均匀的六面骰子,用 X 来表示投掷的结果,那么可以认为每一面出现的概率都是相等,即:

$$P(X=1) = P(X=2) = \cdots = P(X=6) = \frac{1}{6} \tag{2-14}$$

假设甲和乙两个人想打个赌,由乙掷骰子,若结果小于或等于 3,甲就赢了。在正常情况下,甲获胜的概率是 0.5。然而,当乙在掷骰子后告诉甲投掷的结果是偶数,那么甲现在赢的机会有多大?直觉上,甲赢的机会变小了,因为只有结果为 2 时,甲才能赢,如果是 4 或 6,甲就会输。由此可见,实验的附加信息改变了潜在的概率分布。

这个情况可以用条件概率描述。假设有两个事件,A 和 B。在具体例子中,A 表示投掷的结果小于或等于 3,而 B 表示投掷的结果是偶数。在事件 B 已经发生的前提下,事件 A 的发生概率称为在 B 的条件下 A 的概率,用 $P(A|B)$ 表示,可用下式计算:

$$P(A|B) = \frac{P(A \text{ and } B)}{P(B)} \tag{2-15}$$

在上述例子中,$P(A \text{ and } B) = 1/6$,而 $P(B) = 1/2$,所以获胜机会是 $P(A|B) = 1/3$。

8. 机器学习的统计学基础

机器学习与统计学习都是为了支撑数据建模,不同的是,机器学习是数据建模的计算机视角,侧重技能;统计学习是数据建模的数学视角,侧重推断。为了进一步了解条件概率对机器学习问题的影响,本节同样采用抛硬币的例子进行说明,但这次我们并不知道硬币的均匀程度，可以假设：

$$P(H) = p, P(T) = 1 - P(H) = 1 - p \qquad (2\text{-}16)$$

式中：p——掷硬币实验中的一个参数，属于$[0,1]$。

由于我们不知道它的确切值，只能从数据中猜测，换句话说，我们需要估计它的概率分布。

假设抛十次硬币的结果是 HHTHTHHHHT，即三反七正。用 E 来表示事件"十次有七次正面"，则 $P(p|E)$ 被称为后验概率。注意，这是一个连续的概率分布，因为可以假设 p 是 $0\sim1$ 之间的任何值。

如果 A 和 B 是普通的事件，那么：

$$\begin{aligned}P(A|B) &= \frac{P(A \text{ and } B)}{P(B)} \\ &= \frac{P(A \text{ and } B)P(A)}{P(B)P(A)} \\ &= \frac{P(A \text{ and } B)}{P(A)}\frac{P(A)}{P(B)} \\ &= \frac{P(B|A)P(A)}{P(B)}\end{aligned} \qquad (2\text{-}17)$$

换言之，以事件 B 为条件的事件 A 的概率可以用以事件 A 为条件的事件 B 的概率来表示，这就是贝叶斯(Bayesian)定理，它同样适用于概率密度函数。现在知道：

$$P(p|E) = \frac{P(E|p)P(p)}{P(E)} \qquad (2\text{-}18)$$

下面介绍这个公式中的三个部分：

(1) $P(E|p)$ 被称为似然，它很容易计算出来。在前文的七次正面的例子中，$P(E|p) \propto p^7(1-p)^3$。因为似然不要求满足归一性，即不需要 $\sum P(E|p=p_i)=1$，所以似然乘以一个正的常数，仍是似然。

(2) $P(p)$ 被称为先验概率，用于表征在观察到任何数据之前对硬币的认知。可以合理地假设各种情况都是等可能的，所以：

$$P(p) = \begin{cases} 1 & \text{if } 0 \leq p \leq 1 \\ 0 & \text{otherwise} \end{cases} \qquad (2\text{-}19)$$

(3) $P(E)$ 是 E 的边缘概率。此系数对所有可能的假设(p 值)都是定值，因此在判断不同假设的相对概率时，不会用到这个系数。

由此，我们可以很容易地估计出 p 的后验概率分布，它描述了一次抛硬币正面向上的概率分布，如图 2-7 所示。

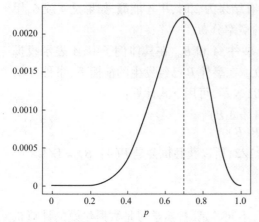

图 2-7 抛硬币 10 次得到 7 个正面和 3 个反面后，p 的后验分布曲线

9.最大似然估计

现有一个概率分布，想要一个参数来估计硬币出现正面的概率，这个参数要怎么确定呢？虽

然贝叶斯理论很容易解决投币问题,但无法进行分析计算。为此,鉴于观察到的结果,可选用似然函数来描述:

$$P(E|p) \propto p^7(1-p)^3 \tag{2-20}$$

其中,E 描述的是 HHTHTHHHHT 这一投掷的结果事件,通过将所有观察到的事件的概率相乘来计算它。

一般来说,有一系列观察事件:

$$\vec{Y} = (Y_1, Y_2, \cdots, Y_n) \tag{2-21}$$

每次的观察结果以向量的形式表示如下:

$$\vec{y} = (y_1, y_2, \cdots, y_n) \tag{2-22}$$

那么似然函数定义为:

$$P_{\vec{Y}}(\vec{y}|\theta) = \prod_{i=1}^{n} P_{Y_i}(y_i|\theta) \tag{2-23}$$

这是关于参数 θ 的一个函数。θ 表示概率分布的所有参数,因此它可以是一个标量甚至一个向量。在反复抛硬币的例子中,Y_i 表示第 i 次抛硬币试验,y_i 表示结果。其中,y_i 定义为 1 代表正面,0 代表反面;Y_i 可以是离散的,但也可以是连续的。

直观地说,在似然函数取得其最大值的情况下,特定的 θ 值是参数估计的最佳选择。这种方法简称为最大似然估计(Maximum Likelihood Estimation,简写为 MLE)。用数学公式来表达:

$$\hat{\theta}_{\text{MLE}} = \operatorname{argmax}_{\theta} P_{\vec{Y}}(\vec{y}|\theta) \tag{2-24}$$

其中,$\arg\max_{\theta}$ 表示当 $P_{\vec{Y}}(\vec{y}|\theta)$ 取最大值时,θ 的取值为多少。在上面的三反七正的具体例子中,这个值是 0.7。虽然最大似然估计的结果不像完全的贝叶斯方法那样令人满意,但它的合理性更强。注意,当先验分布均匀时,MLE 等价于通过最大化后验分布 $P(\theta|\vec{Y}=\vec{y})$ 来估计参数,简称最大后验估计(Maximum A Posteriori Estimation,简写为 MAP)。

10.再看回归问题

现有观察结果 $\{(x_1,y_1),(x_2,y_2),\cdots,(x_n,y_n)\}$,如何通过 x 去预测 y?简单的解决办法就是去寻找一个函数 $f(x) = ax + b$,使得 $\hat{y}_i = f(x_i)$,令预测结果尽可能接近真实值。

从概率的角度来看,现有一系列数据 $\vec{x} = (x_1, x_2, \cdots, x_n)$,它们的概率分布是 $\vec{X} = (X_1, X_2, \cdots, X_n)$,对于每个数据,都有一个真实的观测值 $\vec{y} = (y_1, y_2, \cdots, y_n)$,它们的概率分布是 $\vec{Y} = (Y_1, Y_2, \cdots, Y_n)$,可以合理地假设所有 Y 都可以建模为正态分布 $N(\mu(x), \sigma(x)^2)$。为了简单起见,假设方差是常数,并且 $\mu(x) = ax + b$ 是一个线性函数。在此情况下,可以尝试拟合这样一个模型:

$$P_Y(y|X=x,a,b) = N(y|ax+b, \sigma^2) \tag{2-25}$$

根据观察结果,似然函数可以写成:

$$P_{\vec{Y}}(\vec{y}\mid \vec{X}=\vec{x},a,b) = \prod_{i=1}^{n} P_{Y_i}(y_i\mid x_i,a,b)$$

$$= \prod_{i=1}^{n} N(y_i\mid ax_i+b,\sigma^2) \tag{2-26}$$

$$= \prod_{i=1}^{n} \frac{1}{\sigma\sqrt{2\pi}} e^{-\frac{(y_i-ax_i-b)^2}{2\sigma^2}}$$

最大化这个函数,看起来很难,但有一个标准的数学技巧:函数最大化等价于最大化它的对数。所以可以这样计算:

$$\log P_{\vec{Y}}(\vec{y}\mid \vec{X}=\vec{x},a,b) = \sum_{i=1}^{n}\left[\log\frac{1}{\sigma\sqrt{2\pi}}-\frac{1}{2\sigma^2}(y_i-ax_i-b)^2\right]$$
$$= n\log\frac{1}{\sigma\sqrt{2\pi}}-\frac{1}{2\sigma^2}\sum_{i=1}^{n}(y_i-ax_i-b)^2 \tag{2-27}$$

式中,第一项可以省略(因为它是一个常数),而最小化一个函数等同于最大化它的相反数。因此:

$$\arg\max_{a,b} P_{\vec{Y}}(\vec{y}\mid \vec{X}=\vec{x},a,b) = \arg\min_{a,b}\sum_{i=1}^{n}(y_i-ax_i-b)^2 \tag{2-28}$$

式中,右边的部分就是均方误差。这说明正态分布模型拟合的最大似然估计结果就是前文提到的线性回归案例。

$$N(y\mid ax+b,\sigma^2) \tag{2-29}$$

但是有一个主要的区别:概率模型解释的远不止一个简单的线性函数。这只是冰山一角,有很多方法可以将这个简单的概率模型推广,以获得更好的数据拟合结果。一个明显方法是将 σ 作为一个参数,并放弃常数假设。

11. 分类问题

分类问题是机器学习中的一个重要问题。

本节所用到的训练数据仍然表示为 $\{(x_i,y_i)\}$。此时,y 是标签而不是实数,Y 是一个离散的概率分布。以前的线性回归模型不能很好地解决这个问题。此外,虽然当标签用整数编码时可以使用均方误差作为评估指标,但这样做并没什么意义。

以一个简单的一维二分类问题为例,它有两个类别,分别用 0 和 1 编码,用于训练的数据分布如图 2-8 所示。

在此情况下,通常拟合这样的一个模型:

$$f(x) = \sigma(ax+b) \tag{2-30}$$

其中:

$$\sigma(t) = \frac{1}{1+e^{-t}} \tag{2-31}$$

这是著名的 sigmoid 函数,这个模型也被称为逻辑斯蒂回归模型(logistics regression model)。式(2-30)中的线性函数,试图使其认为属于第一类的 x 转换为正值,而将另一类别的 x 转

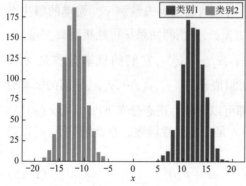

图 2-8 训练数据的分布

换为负值。然后,sigmoid 函数将这些实数转换成概率。$ax+b$ 越高,其 sigmoid 值越接近于 1;同样,$ax+b$ 越低,其 sigmoid 值越接近于 0。因此,$f(x)$ 有效地对 x 属于 1 类的概率进行了建模。

拟合这一模型的过程是最小化交叉熵损失,定义如下:

$$CE(a,b) = -\sum_{i=1}^{n}\{y_i \log f(x_i) + (1-y_i)\log[1-f(x_i)]\} \tag{2-32}$$

这个损失函数是什么意思呢?在一开始的回归示例中,均方误差直观清晰,而交叉熵的公式相对复杂,看上去很难理解。

如果从前面几节中获得的观点来看待分类问题,这个二元分类问题可以通过为每个 x 拟合一个 Bernoulli 分布来解决,其数学表达式为:

$$P_Y(y \mid X=x,a,b) = \text{Bernoulli}[\sigma(ax+b)] \tag{2-33}$$

那么似然函数就写成:

$$\begin{aligned}P_{\vec{Y}}(\vec{y} \mid \vec{X}=\vec{x},a,b) &= \prod_{i=1}^{n} P_{Y_i}(y_i \mid x_i,a,b) \\ &= \prod_{i=1}^{n} \text{Bernoulli}[f(x_i)] \\ &= \prod_{i=1}^{n} f(x_i)^{y_i}[1-f(x_i)]^{1-y_i} \\ &= \prod_{i=1}^{n} \sigma(ax_i+b)^{y_i}[1-\sigma(ax_i+b)]^{1-y_i}\end{aligned} \tag{2-34}$$

两边取对数,可以得到:

$$\log P_{\vec{Y}}(\vec{y} \mid \vec{X}=\vec{x},a,b) = \sum_{i=1}^{n}\{y_i \log f(x_i) + (1-y_i)\log[1-f(x_i)]\} \tag{2-35}$$

这是交叉熵损失的相反数。这个神秘的含有对数的公式就有了明确的解释。最小化交叉熵损失就是用伯努利分布对数据进行建模,并进行最大似然估计。

12. 总结

机器学习建立在统计框架之上,没有统计学就不会存在机器学习,这应该是显而易见的。因为机器学习涉及数据,并且必须使用统计框架来描述数据。

机器学习在当代非常有用,因为自信息爆炸以来,人类社会已经产生了大量数据。在"到底应该选择机器学习还是统计模型"的问题上,很大程度上取决于目的是什么。如果只是想创建一种能够高精度地预测交通流量的算法,或者使用数据来确定某人是否可能感染某些类型的疾病,那么机器学习可能是更好的方法;如果试图证明变量之间的关系,统计模型可能是更好的方法。即使没有强大的统计学背景,也仍然可以掌握机器学习并应用在实际问题中。但还是要掌握基本的统计思想,以防止模型过度拟合和给出似是而非的推论。

虽然本章只介绍了最基本的统计学模型,但即使是最先进的深层神经网络也建立在这些理论的基础上,只要充分理解了这些基础知识,就相当于向机器学习和大数据技术迈了一大步[5]。

第5节　人工智能与机器学习

　　1956年,几位计算机科学家相聚在达特茅斯会议,提出了"人工智能"概念,梦想着用当时刚刚出现的计算机来构造复杂的、拥有与人类智慧同样本质特性的机器。其后,人工智能就一直萦绕于人们的脑海之中,并在科研实验室中慢慢孵化。之后的几十年,人工智能一直在两极反转,或被称作人类文明耀眼未来的预言,或被当成技术疯子的狂想扔到垃圾堆里。直到2012年,这两种声音依旧同时存在。2012年以后,得益于数据量的上涨、运算力的提升和机器学习新算法(深度学习)的出现,人工智能开始迅速发展。据领英(一个面向职场的社交平台,总部设于美国加利福尼亚州的森尼韦尔)发布的《全球AI领域人才报告》显示,截至2017年一季度,基于领英平台的全球AI(人工智能)领域技术人才数量超过190万。人工智能的研究领域也在不断扩大,图2-9展示了人工智能研究的各个分支,包括专家系统、机器学习、进化计算、模糊逻辑、计算机视觉、自然语言处理、推荐系统等。

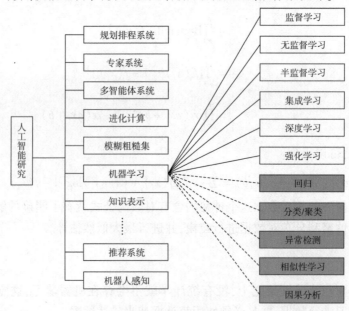

图2-9　人工智能研究分支

　　目前的科研工作都集中在弱人工智能这部分,并且很有希望在近期取得重大突破,电影里的人工智能多半都是在描绘强人工智能,而这部分在目前的现实世界里难以真正实现(通常将人工智能分为弱人工智能和强人工智能,前者让机器具备观察和感知的能力,可以做到一定程度的理解和推理,而强人工智能让机器获得自适应能力,解决一些之前没有遇到过的问题)。弱人工智能有希望取得突破,是如何实现的,"智能"又从何而来呢？这主要归功于一种实现人工智能的方法——机器学习。

　　学习是人类智能的重要特征,是获得知识的基本手段,而机器学习是人工智能的核心,也是使计算机具有智能的根本途径。机器学习最基本的做法,是使用算法来解析数据,从中学习,然后对真实世界中的事件做出决策和预测。与传统的为解决特定任务、硬编码的软件程序不同,机器学习通常用大量的数据来"训练",通过各种算法从数据中学习如何完成任务,可称为"数据驱动"。举个简单的例子,当我们浏览网上商城时,经常会出现商品推荐的信息。这是商城根据你往期的购物记录和收藏清单,识别出这其中哪些是你真正感兴趣,并且愿意购买的产品。这样的决策模型,可以帮助商城为客户提供建议并鼓励产品消费。

机器学习直接来源于早期的人工智能领域,传统的算法包括决策树、聚类、贝叶斯分类、支持向量机、EM(Expectation-Maximum,期望最大化算法)、Adaboost(Adaptive Boosting,自适应增强)等。从学习方法上来分,机器学习算法可以分为监督学习(如分类问题)、无监督学习(如聚类问题)、半监督学习、集成学习、深度学习及强化学习。传统的机器学习算法在指纹识别、基于哈尔特征(Haar-like features)的人脸检测、基于HOG(Histogram of Oriented Gradient,方向梯度直方图)特征的物体检测等领域的应用基本达到了商业化的要求或者特定场景的商业化水平,但每前进一步都异常艰难。图2-10展示了一些常见的机器学习模型。[6]

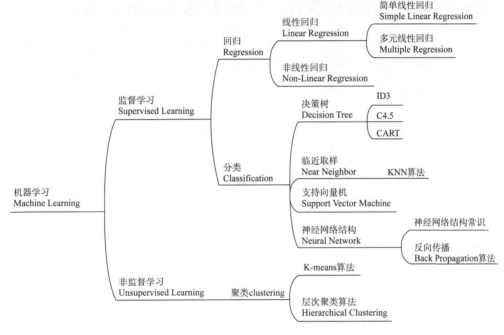

图2-10 常见的机器学习模型

课 后 习 题

1. 假设一场篮球比赛中K队胜利的可能性为0.2(记为事件A),而另一场比赛K队胜利的可能性为0.95(记为事件B)。当K队获得胜利时,试计算从事件A、B可获得的信息量。

2. 请举例说明大数据及机器学习的发展为你的生活所带来的便利。

3. 生活中有哪些常见的符合正态分布的数据?

4. 假设一种疾病的检测可靠性为0.9,即实际患病时,有0.9的可能性检测为阳性,没有患病时,仍有 0.1 的可能检测为阳性。若自然发病率为千分之一,当某人检测为阳性时,求实际患病的概率。

5. 有哪些常见的机器学习模型?

6. 机器学习和人工智能的关系是什么?

参 考 文 献

[1] 朱雪龙.应用信息论基础[M].北京:清华大学出版社,2001.

[2] 常绍舜.大数据与信息论和系统论[J].系统科学学报,2020,28(02):24-28.

[3] 朱珠.基于 Hadoop 的海量数据处理模型研究和应用[D].北京:北京邮电大学,2008.

[4] 何承,朱扬勇.城市交通大数据[M].上海:上海科学技术出版社,2015.

[5] 李航.统计学习方法[M].北京:清华大学出版社,2012.

[6] 邹蕾,张先锋.人工智能及其发展应用[J].信息网络安全,2012(02):11-13.

第3章 技术工具

第1节 数据库的分类

目前主要将数据库分为关系型数据库(Relational Database)和非关系型数据库(Not Only SQL,NoSQL)。关系型数据库,是建立在关系模型基础上的数据库,借助于几何代数等数学概念和方法来处理数据库中的数据。所谓关系就是关系型数据库中的表,关系模型就是描述和处理这些表的整体框架和操作方式。常见的关系型数据库有 Oracle、SQL Server、DB2、PostgreSQL 等大型数据库和 MySQL、ACCESS、SQLite 等小型数据库。非关系型数据库则与关系型数据库相反,它不是建立在"关系模型"上的数据库,通常包含4种数据库类型:文档型数据库、键值型数据库、列存储数据库和图数据库。[1]数据库的详细分类如图3-1所示。

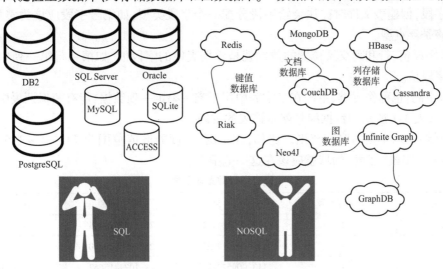

图 3-1 数据库的分类

第2节 关系型数据库

交通大数据应用的关键在于对有关数据的收集、存储、计算与分析。作为数据处理流程中的重要一环,数据的存储往往对整个数据应用过程的即时性、可靠性有着重要影响。

在传统应用场景中,交通大数据存储的主要媒介是关系型数据库。顾名思义,关系型数据库就是建立在关系数据库模型上的数据库,通俗而言,这一类数据库的数据往往可以被格式化成一张或几张表格,如同在 Excel 中存储学生名册一样。

1.关系数据库模型

关系模型主要由三部分组成,分别是描述表组成的基本结构(即关系数据结构)、描述操作单个表或多个表的各种关系运算(即关系操作集合)、描述这些操作表所应该遵循的约束条件(即关系完整性约束)。

关系数据结构的主要思想是把现实世界抽象出来的实体之间的相关关系用关系数据库模型定义的"关系"来表示,结构比较单一。从常规角度来看,其由行和列组成,逻辑结构本质上是一张二维表,这张二维表就称作关系。

关系操作的对象和结构都是集合,主要包括增加(Insert)、删除(Delete)、修改(Update)、查询(Select)、连接(Join)等具体操作。

关系完整性约束主要包括:用户定义的完整性、参照完整性和实体完整性,这三种约束保障了关系数据库模型的有效性。

在关系数据结构中,有几项比较重要的概念,以表 3-1 为例进行说明:

(1)元组:一张二维表中的一行就是一个元组,也称作一条记录,如数据编号为 1 的数据行就是公交运行数据表中的一个元组。

(2)字段:也称作属性,表中的每一列都是一个字段,表 3-1 中的数据编号、车辆编号等都属于字段,创建表文件时往往会给字段分配一个字段类型,如编号字段应该为整型,速度字段应该是浮点型。

(3)字段值:行和列交叉位置的数据就是数据表中的字段值,如第一行第一列中的 1 就是一个字段值。

(4)主码:也称作主键,主码在二维表中用于唯一确定一项数据,能有效保证表中数据的唯一性,如表 3-1 所示的数据编号就是该表的主码。

(5)域:表示字段的取值范围。比如,在中国,经度的取值范围为 73.66°~135.05°,因此,表 3-1 中字段"经度"的域就应该在这一范围内。

公交运行数据表示意　　　　　　　　表3-1

数据编号	车辆编号	经　度	纬　度	速　度
1	1	113.0091361111	28.1140694444	18.12
2	1	113.0095722222	28.1084200000	18.45
3	1	113.0095222222	28.1077416667	19.00

2.常用关系型数据库分类

根据实现技术和发行厂商的不同,目前常用的关系型数据库主要包括以下类型:

(1)DB2:由美国 IBM 公司所开发,主要应用于企业级的大型应用,支持在 UNIX、Linux、Windows 等多种操作系统上运行。

(2)Oracle:由 Oracle 公司开发,支持包括 MacOS、UNIX、Linux、Windows 等操作系统,其可扩展性强,成为世界上应用最广泛的关系型数据库系统之一。

(3)SQL Server:由微软公司开发的关系型数据库系统 Microsoft SQL Server 与 Windows

操作系统集成程度高,极其适用于 Windows 平台上搭建的各类软件与系统。

（4）MySQL：MySQL 是一个小型数据库管理系统,由瑞典的 MySQL AB 公司开发。其体积小、速度快,同时开放源代码。因此很多中小型项目中都会选择使用 MySQL 数据库。

（5）Access：Access 属于小型桌面数据库系统,由微软公司开发,其操作简单、接口灵活,适用于对数据访问和操作要求较低的软件或网站使用。

（6）PostgreSQL：PostgreSQL 是一个优秀的开源关系数据库系统,支持丰富的数据类型,由 PostgreSQL Global Development Group 进行维护,支持 Windows、UNIX、MacOS、Linux 等多数操作系统。

（7）SQLite：SQLite 是一款轻型的嵌入式数据库,它的数据库就是一个文件。与 MySQL 相比,它更小,功能也相对较少,同时占用的资源非常低,可能只需要几百 K 的内存就足够了。SQLite 是一个真正开源的无限制的数据库,跨平台,支持 Mac、iOS、Linux、Android 和 Windows 等,主要应用于嵌入式开发。

目前,很多交通大数据相关的项目及软件都采用 MySQL 数据库,因此本书主要对 MySQL 数据库进行介绍。

第 3 节　MySQL 数据库安装

作为最流行的关系数据库管理系统之一,MySQL 使用最常见的 SQL 语言(Structured Query Language,结构化查询语言)实现对数据库的访问与操作。在交通领域,MySQL 常用于储存 GPS 浮动车数据、公交自动车辆定位(Automatic Vehicle Location,AVL)数据等结构化数据。

1.MySQL 结构

MySQL 的软件架构属于 C/S 架构,也就是 Client/Server 架构,在使用时,用户通过客户端 Client 向服务器端 Server 发起请求,并由服务器端进行响应。同时,MySQL 作为数据库管理系统(DataBase Management System,DBMS)的一种,可以管理多个数据库,在使用时,用户会对每一个新项目建立一个新数据库,并在数据库中创建多张数据表以保存数据。MySQL 的整体结构如图 3-2 所示。

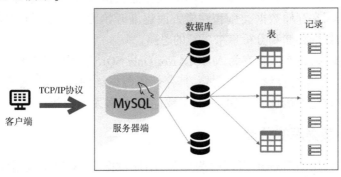

图 3-2　MySQL 结构示意图

2.MySQL 安装

（1）进入官方下载地址 https://www.mysql.com/downloads/。
（2）下载页面 MySQL 有企业版（Enterprise Edition）和社区版（Community Edition）两种类型。
（3）Windows 系统下，选择 MySQL Installer for Windows，点击进入下载页面。
（4）下载结束后，双击下载好的 MSI 文件，根据提示完成安装，若在过程中要设置密码，则由个人设置易于记忆、安全性高的密码即可。

更为详细的安装过程在互联网上有很多参考资料，此处不再赘述。

3.MySQL 卸载

（1）第一步是停止 MySQL 服务。找到"控制面板"中的"管理工具"，单击"服务"，选择 MySQL 服务并将其停止。
（2）然后卸载 MySQL 程序。找到"控制面板"中的"程序"按钮，在"卸载程序"中卸载 MySQL。
（3）将 MySQL 安装目录下的所有文件删除。
（4）最后删除"C:\\ProgramData\MySQL"（隐藏目录）下所有关于 MySQL 的目录。

4.MySQL 服务启动与登录

作为 C/S 架构的软件，在启动 MySQL 服务器之后，数据库便可以通过客户端连接。安装完成后，以管理员身份运行 powershell（Windows 下），接着输入 'net start mysql' 便可启动 MySQL 服务。

在 cmd 窗口中输入 mysql -u root -p，会提示输入密码，此时输入安装时设置的密码即可登录。

第 4 节　非关系型数据库

在关系型数据库中，通常以二维表格的形式存储数据，但随着通信技术、互联网技术的发展，关系型数据库在存储数据类型和性能方面逐渐开始力不从心，与此同时，非关系型数据库的出现，给数据的存储和分析带来了新的思路。

非关系型数据库，也有人称它为 NoSQL（Not Only SQL），即不仅是 SQL 的意思。NoSQL 往往以键值对作为数据的存储形式，此外，其存储的数据结构不固定，带有易扩展、高可用、数据模型灵活等特点。[2]因此，NoSQL 常用于数据缓存、秒杀系统等方面。

1.非关系型数据库的分类

一般情况下，常用的 NoSQL 可以分为四类：图形数据库、文档型数据库、键值存储数据库及列存储数据库。

（1）图形数据库：是基于图论实现的新型非关系型数据库。图形数据库中的节点和关系就是图论中图的基本元素——边和节点的关系。图形数据库中,通过节点与边存储实体和实体间的关系。常用的图数据库有 Neo4j、GraphDB 等。

(2)文档型数据库:文档数据库存取数据的基本单位是文档,一个文档相当于关系型数据库中的一条记录。与键值数据库类似,可以将文档型数据库看作是比较复杂的键值数据库,其可以提供嵌入式文档,并实现文档的深层次嵌套。常用的文档数据库有 CouchDB、MongoDB 等。

(3)键值存储数据库:键值,也称"key-value",这种数据类型表示的是一个键对应一个值,键就是存储数据的关键字,如编号,值是真正要存放的数据。数据在键值数据库中被存储为键值对的集合,在这里键作为唯一标识符。该数据库有着形式简单、部署容易的特点,常用的有 Redis、Riak 等数据库。

(4)列存储数据库:在传统的关系型数据库中,数据都是按行进行存储,且都会通过索引来加快数据查询,但对于没有索引的查询将会耗费大量的计算和存储资源,在性能上造成一定的限制。列存储数据库按列进行数据的存储,整个数据库可以实现自动索引化,在时间和空间开销方面具有相当大的优势。常用的列存储数据库包括 HBase、Cassandra 等。

2.非关系型数据库的优点

(1)数据模型灵活:NoSQL 中的数据无须满足关系模型,可以灵活地存储非结构化数据和半结构化数据。

(2)读写性能高:NoSQL 数据库拥有简单的结构,具备非常好的读写性能,适用于高并发场景。

(3)易于扩展:NoSQL 存储的数据间没有关系性,因此也就没有耦合,整体在架构层面易于扩展,适合分布式存储。

3.非关系型数据库的不足

(1)技术起步晚,维护工具以及技术资料有限。
(2)不支持 SQL 工业标准。
(3)没有 join 等复杂的连接操作。
(4)事务处理能力弱。
(5)没有完整性约束,对于复杂业务场景支持较差。
(6)开发和维护成本往往更高。

4.Redis

Redis 是最常用的非关系型数据库之一,本节对 Redis 进行简单介绍。

Redis 是一个开源的、基于 BSD 许可的内存数据存储项目,能够作为消息中间件、数据库或者缓存。Redis 基于 C 语言开发,具备很好的读写性能。有一个官方提供的测试是这样的,100000 项请求在 50 个并发的情况下执行,读写速度分别为 81000 次/s、110000 次/s。其应用场景主要有:访问统计、数据过期处理、任务队列、缓存等。从 3.2 版本开始,Redis 开始支持地理位置信息的存储,在很多要求低延时的交通场景下,可以通过 Redis 缓存机制实现,如公交定位数据、车辆轨迹数据等交通数据的存储与访问。

在 Redis 中,使用较多的数据类型主要有以下五种:

(1)字符串类型(string):Redis 中的基础类型,在 string 数据中每一个 key 都对应一个 value,它们是二进制安全的,这也就意味着可以通过 string 存储序列化后的图片等数据。

(2)哈希类型(hash):hash 表示字段与值间的映射关系,Redis 中的 hash 类型与大多编程语言的 map 或者字典比较相似,可以将其理解为一个键值对集合,常用 hash 存储一些对象等结构化的数据。

(3)列表类型(list):是一个简单的字符串列表,其中的元素根据插入顺序进行排序,可以将元素添加到列表尾部或者头部。

(4)集合类型(set):set 类型相当于 string 类型的无序集合,其中的元素没有顺序,且不允许出现重复元素,其最大优势是支持交集、并集、差集等操作。

(5)有序集合类型(zset):与 set 类似,不可以重复,其中每个元素都关联着一个浮点类型的分数,根据分数进行从小到大的排序,从而形成有序集合。

5.MongoDB

MongoDB 是一个基于分布式文件存储的、无模式、高性能、开源的数据库,其通过 C++ 开发,是 NoSQL 中功能最丰富、与关系型数据库最类似的一种。

MongoDB 面向文档存储,文档格式类似于 JSON 对象,其将数据以文档的方式储存,且由键值对组成数据结构。MongoDB 中字段的数据类型为字符型,值的数据类型可以包括文档、文档数组等复杂类型。

MongoDB 中的重要概念包括数据库、集合、文档等,在形式上与 MySQL 较为相似,二者的基本关系如图 3-3 所示。二者数据库的概念是相同的,MySQL 中的表对应 MongoDB 中的集合,MySQL 中的行和列分别对应 MongoDB 中的文档和域,两者不同的是,MySQL 中通过 join 实现多表连接,而 MongoDB 不支持表连接,而是通过嵌入式文档来进行代替。

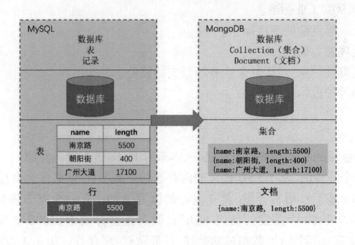

图 3-3　MySQL 与 MongoDB 的结构对比

第 5 节 Python 简介

1.Python 基本介绍

Python 是一门解释性的、面向对象的、动态语义特征的高级编程语言,可以灵活应用于程序开发。Python 简单而又十分清晰的语法即便对于初学者也十分容易上手,强调了程序可读性的同时也减少了程序的维护费用。[3]

2.Python 发展历史

20 世纪 90 年代,Python 在荷兰科学家 Guido van Rossum 的手中诞生了。Guido 的灵感来自 C 语言和 shell,但他认为这两者都有缺陷。荷兰研究所研发的 ABC 语言让 Guido 看到了希望,尽管 ABC 语言具有良好的使用性与可读性,但由于其应用需要较高的电脑配置,ABC 最终也没有流行起来。在此基础上,Guido 开始编写 Python。

3.Python 语言应用

(1) Web 开发:是 Python 中一个常用的场景之一,传统 Web 开发的三大解决方案包括:Java、PHP 和 Python。Python 比 PHP 的模块化设计更有利于功能扩展,代码也更加灵活;与 Java 相比,Python 的开发周期更短,并且 Python 的调整也更加方便。

(2) 网络爬虫:网络爬虫也是 Python 比较常用的几个场景之一,将所有网络数据作为资源,经过自动化程序进行数据采集以及数据处理。

(3) 人工智能:人工智能是目前引人瞩目的一个领域,各类编程语言在人工智能方面都有一定的作用,相比于其他语言,Python 可以拓展移植,也可以得到算法社区的支持。

(4) 大数据分析:Python 在大数据应用开发和分析预测方面应用十分广泛。数据分析处理方面,Python 数据分析库较为全面,其中 Numpy 和 Pandas 较为流行。[4]

4.Python 基本语法

(1) 数据类型

① 数字(Numbers)

Python 常用的数字类型有:

整数(int),例如 678,9999999999, -10。

浮点数(float),例如 3.14,4E -2。

复数(complex),例如 $1+2j,1.0+2.0j$。

长整数(long),包含二进制、八进制以及十六进制,例如:0b1100011(二进制),0o143(八进制),0x639(十六进制)。其中,十六进制以 0x 开头,八进制以 0o 开头,而二进制以 0b 开头。

② 字符串(string)

若干个字符组合而成的有序串行就是 Python 中的字符串。从功能上来说,字符串可以用来表示能够像文本那样编辑的任何信息、符号和词语等。字符串中,一般用一对单引号或者一对双引号包裹而成,例如'today'、"today"。

Python 中的字符串可以有两种取值方式:

第一种:从左往右,索引默认值从 0 开始,到字符串长度减 1 为止。例如,在上述的例子中,'today'索引的取值为 0~4。

第二种:从右往左,索引默认值从 -1 开始,到字符串长度的相反数为止。例如,在上述的例子中,'today'索引的取值为 -5~-1。

③列表(list)

Python 中的列表是用一对中括号包裹而成。例如[1,'hello',[2,3]]。列表与字符串的索引方式相同,同时也可以截取列表中的片段,截取方式为[头下标:尾下标],就可以实现相应片段的截取。例如,在上述的例子[1,'hello',[2,3]]中,[1,'hello',[2,3]][1][1:3]截取的片段即为'el'。

④元组(tuple)

Python 中的元组以逗号分隔元素,并通常由小括号包裹而成(非必要)。例如,(1,2,'hello',[3,4])。与列表不同的是,元组中的元素无法修改,相当于只读列表。

⑤字典(dict)

Python 中的字典是用一对大括号包裹而成,字典由两部分组成:键(key)和它对应的值(value)。例如,{'a':1,'hello':2,'c':[1,2,3]}。与列表不同的是,列表是有序对象的集合,可以通过索引查找列表中某个元素,而字典是无序的(Python3.6 以后有序)。

(2) 数据类型转换

面对不同的数据类型,可以运用函数进行转换,处理起来也更加方便,如表 3-2 所示是几种数据类型转换的介绍。

数 据 类 型 转 换　　　　　　　　　　　表 3-2

转 换 函 数	转 换 说 明
ord(x)	将一个字符转换为它的整数值
oct(x)	将一个整数转换为一个八进制字符串
hex(x)	将一个整数转换为一个十六进制字符串
chr(x)	将一个整数转换为一个字符
int(x[,base])	将 x 转换为一个整数
float(x)	将 x 转换到一个浮点数
str(x)	将对象 x 转换为字符串
list(s)	将序列 s 转换为一个列表
tuple(s)	将序列 s 转换为一个元组
dict(d)	创建一个字典,d 必须是一个序列(key,value)元组

(3) Python 运算符

① 比较运算符

假设 x 等于 3：

a. == 表示比较是否等于，例如 x==2 意为比较 x 是否等于 2，返回 False。

b. != 表示比较是否不等于，例如 x!=2 意为比较 x 是否不等于 2，返回 True。

c. > 表示比较是否大于，例如 x>2 意为比较 x 是否大于 2，返回 True。

d. < 表示比较是否小于，例如 x<2 意为比较 x 是否小于 2，返回 False。

e. >= 表示比较是否大于等于，例如 x>=2 意为比较 x 是否大于等于 2，最终返回 True。

f. <= 表示比较是否小于等于，例如 x<=2 意为比较 x 是否小于等于 2，最终返回 False。

② 逻辑运算符

假设 a 等于 True，b 等于 False。见表 3-3。

表 3-3 逻辑运算符

运算符	逻辑表达式	描述	实例
not	not x	布尔"非" – 若 x 为 True，返回 False。如果 x 为 False，它返回 True	not a 返回 False
and	x and y	布尔"与" – 若 x，y 都为 True 时，返回 True，否则返回 False	a and b 返回 False
or	x or y	布尔"或" – 如果 x，y 都为 False 时，返回 False，否则，返回 True	a or b 返回 True

③ 位运算符

假设 a 等于 17，b 等于 59：

a. &：与运算。首先将它们转换为二进制，那么它们的二进制格式为 a = 0001 0001，b = 0011 1011，在这两个参与运算的值中，如果同一位置处都为 1，则该位的结果为 1，否则为 0。(a & b) 输出结果是 17，其二进制为：0001 0001。

b. |：或运算。首先将它们转换为二进制，当转化后的两个二进制数在同一个位置处只要有一个 1，该位处的结果就为 1。(a | b) 输出结果 59，二进制为：0011 1011。

c. ^：异或运算。首先将它们转化为二进制，当在同一个位置处的数字不同时，该位处的结果就为 1。(a ^ b) 输出结果 42，二进制为：0010 1010。

d. <<：表示左移，可将运算数的各二进制位整体向左移动若干位，移动的距离由右边的数字决定，高位直接丢弃，不足的位数用 0 补充。a << 2 输出结果为 68。二进制为：0100 0100。

e. >>：表示右移，可将运算数的各二进制位整体向右移动若干位，移动的距离由右边的数字决定，a >> 2 输出结果为 4。二进制为：0000 0100。

④ 成员运算符

Python 中成员运算符可以用来检查序列中是否有所要查找的元素。

运算符 in：如果在指定的序列中存在目标元素，返回 True。

运算符 not in：如果目标元素在指定的序列中，则返回 False，否则返回 True。

成员运算符运用实例如下所示：

```
a = 17
b = 51
list = [5,6,7,8,9]
if a in list :
    print('变量 a 在指定的列表 list 中')
else:
    print('变量 a 不在指定的列表 list 中')
if b not in list :
    print('变量 b 不在指定的列表 list 中')
else:
    print('变量 b 在指定的列表 list 中')
```

输出结果为:

变量 a 不在指定的列表 list 中
变量 b 不在指定的列表 list 中

⑤身份运算符

身份运算符可以用来比较两个对象的存储单元。

```
a = 17
b = 17
if a is b:
    print('a 与 b 标识相同')
else:
    print('a 与 b 标识不同')
```

输出结果为:

a 与 b 标识相同

第6节 Python 库函数

1.基本概念

Python 拥有众多功能强大的库(Library)是它能流行起来的主要原因,Python 自带的标准库(Standard Library)、包(Package)和模块(Module)常会被提及。那么库、模块和包都是什么意思？它们有怎样的关系？

Python 中以.py 为后缀的文件就是模块,模块中定义了一些函数和常量。该.py 文件的名称就是模块的名称。模块的名称作为一个全局变量的值,可以被其他模块获取或导入。

将很多具有相关功能的模块组合起来就形成了包,是模块的结构化管理形式。在软件开发的时候,甲和乙两个开发者很容易造成给由各自开发但功能不同的模块取相同的名字 A 的情况。此时,如果第三个开发者仅通过名称 A 导入模块,就无法确认是导入了谁开发的模块。因此,开发者的解决办法是构建一个包,并将需要调用的模块放到这个包文件夹下,然后再通过"包名.模块名"来指定模块。

包文件一般由诸多.py 文件和一个初始化文件__init__.py 构成。其中,__init__.py 文件内容可以写入一些初始化代码用于包执行时的初始化,也可以为空。它也是包的标志性文件,Python 通过判断一个文件夹下是否有该文件,可以识别该文件夹是不是包文件。

库在 Python 中没有特别具体的定义,是来自于其他编程语言的概念。具有某些功能的包和模块在 Python 中都可以被称作库。包由许多模块结构化组成,模块又由诸多函数组成,库中也可以包含包、模块和函数。简单来说,库是具有相关功能模块的集合,是 Python 的一大特色。

Python 的核心语言只包含文件、字典、数字、列表、字符串等常见函数和类型,而其他一些函数则包含在各种库中。区别于内置函数,库函数就是指这些存放在函数库中,只有通过引入库才可以调用的函数。库函数具有明确的入口调用参数、功能和返回值。

2.库的分类

Python 中的库可分为三类,一类是 Python 自带的标准库,一类是第三方库,还有一类是用户根据自己的需要建立的用户函数库。其中,Python 标准库提供了 XML 处理、图形系统、数据库接口、文本处理、系统管理、网络通信等额外的功能,具体一些标准库列举见表 3-4。

部分标准库名称及作用 表 3-4

类型	名称及作用
文字处理	re 包:用正则表达式(regular expression)来处理字符串
	string 包,textwrap 包等:为字符串的输出提供更加丰富的格式
数据对象	array 模块,queue 模块:定义了词典和表之外的队列、数据对象数组
	copy 包:复制对象
日期时间	time 包:管理时间
	datetime 包:管理日期和时间
数学运算	decimal 包,fractions 包:为弥补之前的数字类型(integer,float)可能存在的不足,定义了新的数字类型
	random 包:处理随机数相关的功能(产生随机数、随机取样等)
	math 包:包含一些重要的数学函数和数学常数,比如三角函数、pi 等
存储文件	pickle 包:从二进制文件中读取对象,文本对象也可通过该方法反向转换成为二进制格式(binary)
	sqlite3 包:支持基本的数据库功能
	XML 和 csv 格式的文件也有相应的处理包

续上表

类型	名称及作用
系统网络	sys 包:用于管理 Python 自身的运行环境
	os 包:Python 与操作系统的接口
	threading 包和 multiprocessing 包:通过多线程和多进程运行,提高系统资源的利用率,提高计算机的处理速度
	socket 包:直接管理网络可编程部分的底层
	SocketServer 包:更方便地建立服务器
	asyncore 包:可以实现异步处理,从而改善服务器性能

以强大的标准库作为发展的根基,Python 语言的不断发展还得益于丰富的第三方库。Python 在大数据处理与分析方面常用的第三方库列举见表 3-5。[5]

部分大数据分析处理方面常用的第三方库名称及作用　　　　表 3-5

名称	作用
NumPy	为 Python 提供高级数学方法
SciPy	Python 的算法和数学工具库
Scikit-Learn	与 NumPy 和 SciPy 相关联的 Python 库,包含交叉验证功能并改进了许多训练方法
BeautifulSoup	html 和 xml 的解析库,非常适用于新手
Scrapy	爬虫工具常用的库
lxml	用于解析和提取 HTML/XML 数据
Requests	这是采用 Apache2 Licensed 开源协议的,基于 urllib 的 HTTP 库
Tensorflow	用于机器学习
Theano	Python 中的机器学习库,用于计算多维数组的计算框架
Keras	提供了一种更容易表达神经网络的机制
Pytorch	提供丰富的应用程序接口,允许开发人员通过 GPU 加速执行张量计算,创建动态计算图,并自动计算梯度
LigntGBM	使用决策树和重新定义的基本模型,帮助开发人员开发新算法
Pandas	Python 中提供各种分析工具和高级数据结构的机器学习库
Pillow	PIL(Python 图形库)的一个分支,适用于在图形领域工作的人
matplotlib	Python 中绘制数据图的库。对于分析师或数据科学家非常有用
OpenCV	图片识别常用的库,通常在练习人脸识别时会用到
pytesseract	图片文字识别,即 OCR 识别
wxPython	Python 中用于 GUI((图形用户界面)的工具
SymPy	可以做复数、扩展、差异化、代数评测等
SQLAlchemy	数据库的库
pywin32	提供和 windows 交互的方法和类的 Python 库
pyQT	给 Python 脚本开发用户界面时的 GUI 工具,略次于 wxPython 的选择
pyGtk	Python 中的 GUI 库

3.库的安装

标准库在安装 Python 时就已经准备好，只需导入即可使用。而第三方库在导入前需要安装。接下来将以 Scipy 库为例，介绍两种具体的安装方式。

说到安装第三方库，easy_install 和 pip 都可以用来下载安装 Python 的一个公共资源库 PyPI 的相关资源包。作为 easy_install 的改进版，pip 具有提供更好的信息提示、删除 package 等功能，但老版本的 Python 中只有 easy_install，没有 pip。

在利用 easy_install 或 pip 进行安装第三方库之前，首先需要安装 easy_install 或 pip。easy_install 的安装前提是已配置好 Python 的环境。将 ez_setup.py 下载到桌面后，在运行窗口中输入 cmd 命令，在出现的新窗口中输入命令 python ez_setup.py 进行安装。根据上述操作，安装好 easy_install 之后，再安装 pip。同样地，下载后进入 cmd 命令窗口，输入命令 python setup.py install 进行安装。

（1）直接使用 easy_install 或 pip 进行安装：

安装完成 easy_install 或 pip 后，只需在 cmd 命令窗口中输入以下命令即可安装第三方库 SciPy：

```
easy_install scipy
或
pip install scipy
```

（2）下载安装文件安装：

在官网（https://pypi.org/）上找到所要安装的库适合当前操作系统及 Python 版本的安装文件（如在 64 位 Windows 操作系统下，适合 Python 3.7 版本的 SciPy 库安装文件为 scipy-1.4.1-cp37-cp37m-win_amd64.whl），先执行命令 pip install wheel 安装 wheel，再输入以下命令安装 SciPy 库。

```
pip install scipy-1.4.1-cp37-cp37m-win_amd64.whl
```

4.库函数引用及使用案例

安装好第三方库后，如果想要使用库中的库函数，还需在代码中添加引用语句。库函数的引用有以下几种方式。[ ]内为可选项。

（1）引用整个库：

```
import numpy [as np(库的别名)]
或
from numpy import *
```

(2) 单独引用想要的库函数：

import numpy.sum

或

from numpy import sum

在导入库函数之后，只要采用"库名.函数名"的方式就能够使用该函数。接下来将通过一个简单的案例来熟悉对库函数的使用。

【案例】 画出随机生成的一条轨迹数据。

```
import random
import numpy as np
import matplotlib.pyplot as plt
a = np.array(np.zeros(shape = (500,1)))    #生成一个500行1列的空列表并转化为矩阵
for i in range(0,500):           #[0,500)共500次循环
    a[i][0] = random.random() * 4 + 3    #每次随机生成一个3~7之间的随机数，表示该时刻到下一时刻的走行距离
a = a[:,0]                       #取出第一列
d = np.zeros(shape = (500,1))
for j in range(0,500):
    d[j][0] = np.sum(a[0:j + 1])    #每次计算从开始时刻至当前时刻的距离之和
t = range(0,500)                 #t表示0时刻~499时刻
plt.plot(t,d,'k')                #用黑色实线画出随机生成的轨迹图
plt.xlim(0,500)
plt.ylim(0,3500)
plt.xlabel('Time(s)')
plt.ylabel('Space(m)')
plt.show()
```

第7节 Hadoop 简介

商业化关系型数据库(如 Oracle、SQL Server)具有很强的数据处理分析能力，为何还需要 Hadoop 呢？一方面是因为关系型数据库虽然可以搭建集群，但是当数据量达到一定限度之后查询处理速度会变得很慢，且对机器性能要求很高。另一方面，Hadoop 的分布式文件系统(Hadoop Distributed File System, HDFS)框架支持海量数据量存储，十分方便系统扩展，此外 MapReduce 支持对海量数据的分布式处理，可实现对 TB 级数据的毫秒级

查询。

Hadoop 是一款分布式系统基础架构的开源软件,起源于 2002 年,Apache 基金会为了以最大限度挖掘存储和集群高速计算的能力开发了这款软件,并使用户获得了开发分布式程序的能力。Hadoop 的构成主要包括:MapReduce、HDFS 框架、分布式数据仓库处理工具 Hive、分布式协调服务框架 Zookeeper、分布式数据管理系统 HBase 等多个组件。Hadoop 的生态系统如图 3-4 所示。

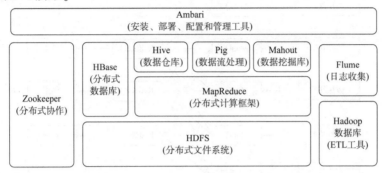

图 3-4　Hadoop 的生态系统

1.分布式文件系统 HDFS

HDFS 操作指令与 Linux 文件系统命令操作类似,其部分基本命令行如表 3-6 所示。

HDFS 基本命令　　　　　　　　　　　　　　　表 3-6

命　　令	指　令　内　容
hadoop fs -put [filename]	上传名为"filename"的文件到 HDFS
hadoop fs -get [filename]	下载名为"filename"的文件到本地
hadoop fs -ls [path]	显示"/path"目录下的文件和文件夹
hadoop fs -mkdir [path]	在 HDFS 上创建名为"/path"的目录
hadoop fs -mv [filename] [path]	将名为"filename"文件移动到"/path"目录
hadoop fs -rm [filename]	删除名为"filename"文件

2.MapReduce 框架

MapReduce 的主要思想是化简(Reduce)和映射(Map):按照某种特征把一堆杂乱无章的数据归纳起来,接着进行数据处理并得到最后的结果。它是一种面向大规模数据处理的并行计算方法和模型,最早由 Google 公司研究提出。一经推出就极大影响了大数据并行化计算方法,经过工业界数年沉淀与积累,已经成为事实上的大数据处理的工业标准。

如图 3-5 所示,最简单的 MapReduce 应用程序至少包含三部分:一个 Map 函数、一个 Reduce 函数及一个 main 函数。main 函数将作业控制和文件输入/输出结合起来。在这点上,Hadoop 提供了大量的接口和抽象类,从而为 Hadoop 应用程序开发人员提供许多工具,可用于调试和性能度量等。Map 任务和 Reduce 任务在 Hadoop 中并称为作业(Job)。Map

任务由 Mapper 作业，Mapper 将输入键值对(key/value pair)映射到一组中间格式的键值对集合。Reduce 任务由 Reducer 将与一个 key 关联的一组中间数值集归约(Reduce)为一个更小的数值集。除了 Map 任务和 Reduce 任务，一个作业中还包括 partitioner 和 reporter，用于划分空间和报告。

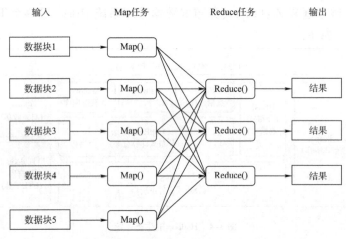

图 3-5　图解 MapReduce 任务

Hadoop 具有"四高一低"的优点，分别是高可靠性、高扩展性、高容错性、高效性以及低成本。

3.大数据管理

HBase 是一个针对结构化数据的可伸缩、高可靠、高性能、分布式和面向列的动态模式数据库。和传统关系型数据库不同，HBase 采用了 BigTable 的数据模型：增强的稀疏排序映射表(Key/Value)，其中，键由行关键字、列关键字和时间戳构成。HBase 提供了对大规模数据的随机、实时读写访问，同时，HBase 中保存的数据可以使用 MapReduce 来处理，它将数据存储和并行计算完美地结合在一起。

Hive 是数据仓库基础设施，提供数据汇总和特定查询。这个系统支持用户进行有效的查询，并实时得到返回结果。由 FaceBook(脸书)开源，最初用于解决海量结构化的日志数据统计问题。Hive 定义了一种针对非关系型数据库的类似于 SQL 的语句 HQL(Hibernate Query Language, Hibernate 查询语言)，将 SQL 转化为 MapReduce 任务在 Hadoop 上执行，通常用于离线分析。

Ambari 用来协助管理 Hadoop。它提供对 Hadoop 生态系统中许多工具的支持，包括 Hive、HBase、Pig、Spooq 和 ZooKeeper。这个工具提供集群管理仪表盘，可以跟踪集群运行状态，帮助诊断性能问题。

Pig 是一个集成高级查询语言的平台，可以用来处理大数据集。基于 Hadoop 的数据流系统，由 yahoo!(雅虎)开源。其设计动机是提供一种基于 MapReduce 的 ad-hoc(计算在 query 时发生)数据分析工具定义了一种数据流语言——Pig Latin，将脚本转换为 MapReduce 任务在 Hadoop 上执行，通常用于进行离线分析。

Zookeeper 源自 Google 的 Chubby 论文＜TheChubby lock service for loosely-coupled distributed systems >,Zookeeper 是 Chubby 的克隆版,主要用于解决分布式环境下的数据管理问题:统一命名、状态同步、集群管理、配置同步等。

Mahout 的主要目标是创建一些可扩展的机器学习领域经典算法的实现,旨在帮助开发人员更加方便快捷地创建智能应用程序。Mahout 现在已经包含聚类、分类、推荐引擎(协同过滤)和频繁集挖掘等广泛使用的数据挖掘方法。除了算法,Mahout 还包含数据的输入/输出工具、与其他存储系统(如数据库、MongoDB 或 Cassandra)集成等数据挖掘支持架构。

Flume(日志收集工具)是 Cloudera 开源的日志收集系统,具有分布式、高可靠、高容错、易于定制和扩展的特点。它将数据从产生、传输、处理并最终写入目标的路径的过程抽象为数据流,在具体的数据流中,数据源支持在 Flume 中定制数据发送方,从而支持收集各种不同协议数据。同时,Flume 数据流提供对日志数据进行简单处理的能力,如过滤、格式转换等。此外,Flume 还具有能够将日志写入到各种数据目标(可定制)的能力。总的来说,Flume 是一个可扩展、适合复杂环境的海量日志收集系统。

用 Java 语言编写的 Hadoop 框架可以在 Linux、Windows 等多种平台上使用。此外,Hadoop 上的应用程序既可以使用 C++语言编写,也可以使用 Java 等其他语言编写。

本节关于 Hadoop 的实验可参考第 8 章第 20 节。

第 8 节 正则表达式

1.正则表达式简介

正则表达式(Regular Expression)是一种特殊的字符串模式,用于匹配一组字符串,换句话说,正则表达式就是记录文本规则的代码。正则表达式可以用来检查一个字符串是否含有某种子字符串、将匹配的子字符串做替换或者从某个字符串中取出符合某个条件的子字符串等。在编写处理字符串的程序或网页时,经常有查找符合某些复杂规则的字符串的需要,这时候就需要用到正则表达式。[6]

读者很可能使用过问号(?)和星号(*)这样的通配符来查找硬盘上的文件,? 通配符匹配文件名中的单个字符,* 通配符匹配零个或多个字符。举个例子:像 test?.xml 这样的模式将查找下列文件:

test1.xml

test3.xml

testx.xml

testA.xml

使用 * 字符替代 ? 字符扩大了找到文件的数量。tset*.xml 匹配下列所有文件:

test.xml

test1.xml

test123.xml

testx.xml

testABC.xml

尽管这种搜索方法很奏效,但它还是很有限的。通过以上两个通配符的工作原理,我们引入正则表达式所依赖的概念,但正则表达式功能更强大,用法更灵活。

学习完本节你将可以自由使用下面这样的代码:

/^.+@.+\..+$/。

那么我们为什么要使用正则表达式呢？典型的搜索和替换操作要求我们提供与预期的搜索结果匹配的确切文本。虽然这种技术对于对静态文本执行简单搜索和替换任务可能已经足够了,但它缺乏灵活性,若采用这种方法搜索动态文本,即使不是不可能,至少也会变得很困难。正则表达式有以下作用:

(1)测试字符串内的模式。

例如,可以测试输入字符串,以查看字符串内是否出现电话号码模式或信用卡号码模式。这称为数据验证。

(2)替换文本。

可以使用正则表达式来识别文档中的特定文本,完全删除该文本或者用其他文本替换它。

(3)基于模式匹配从字符串中提取子字符串。

可以查找文档内或输入域内特定的文本。

例如,如果需要搜索整个网站,删除过时的材料,以及替换某些 HTML 格式标记。在这种情况下,可以使用正则表达式来确定在每个文件中是否出现该材料或该 HTML 格式标记。此过程将受影响的文件列表缩小到包含需要删除或更改的材料的那些文件。然后可以使用正则表达式来删除过时的材料。最后,可以使用正则表达式来搜索和替换标记。

目前,正则表达式在 *nix(Linux、Unix 等)、HP 等操作系统,Python、PHP、C#、Java 等编程语言,以及很多的应用软件中,都可以看到其身影。

2.正则表达式的语法

前面举例说明时提到的 test*.xml 中的 *.xml 就不是一个正则表达式,因为这里 * 与正则式的 * 的含义是不同的。构造正则表达式的方法和创建数学表达式的方法一样。也就是用多种元字符与运算符可以将小的表达式结合在一起来创建更大的表达式。正则表达式的组件可以是单个的字符、字符集合、字符范围、字符间的选择或者所有这些组件的任意组合。

正则表达式是由普通字符(例如字符 a 到 z)以及元字符(metacharacter)组成的文字模式。模式描述在搜索文本时要匹配的一个或多个字符串。正则表达式作为一个模板,将某个字符模式与所搜索的字符串进行匹配。

(1)普通字符

普通字符包括没有显式指定为元字符的所有可打印和不可打印字符。这包括所有大写和小写字母、所有数字、所有标点符号和一些其他符号。

(2) 非打印字符

非打印字符也可以是正则表达式的组成部分。表3-7列出了表示非打印字符的转义序列:

非 打 印 字 符　　　　　　　　　　表3-7

字符	描　　　述
\cx	匹配由 x 指明的控制字符。例如,\cM 匹配一个 Control – M 或回车符。x 的值必须为 A – Z 或 a – z 之一。否则,将 c 视为一个原义的'c'字符
\t	匹配一个制表符。等价于\x09 和\cI
\n	匹配一个换行符。等价于\x0A 和\cJ
\v	匹配一个垂直制表符。等价于\x0B 和\cK
\f	匹配一个换页符。等价于\x0C 和\cL
\r	匹配一个回车符。等价于\x0D 和\cM
\s	匹配任何空白字符,包括空格、制表符、换页符等等。等价于[\f\n\r\t\v]
\S	匹配任何非空白字符。等价于[^ \f\n\r\t\v]

(3) 元字符

所谓元字符,就是一些有特殊含义的字符,如上面说的"∗.xml"中的∗,简单地说就是表示任何字符串的意思。如果想将元字符作为字面值(string literal)使用,必须在该字符前加一个反斜杠将其转义。例如,要查找文件名中有 ∗ 和. 的文件,则需要对 ∗ 和. 进行转义,即在他们前面加一个\,即 test\∗\.xml。表3-8列出了正则表达式中使用的14个元字符。

特 殊 字 符　　　　　　　　　　表3-8

特殊字符	描　　　述
.	匹配除换行符\n 之外的任何单字符
\	将下一个字符标记为特殊字符、或原义字符、或向后引用、或八进制转义符。例如,'n'匹配字符'n'。'\n'匹配换行符。序列'\\'匹配'\',而'\('则匹配'('
|	指明两项之间的一个选择
^	匹配输入字符串的开始位置,在方括号表达式中使用时表示不接受该字符集合
$	匹配输入字符串的结尾位置。如果设置了 RegExp 对象的 Multiline 属性,则 $ 也匹配'\n'或'\r'
?	匹配零次或一次的量词(quantifier)
*	匹配零次或多次的量词
+	匹配一次或多次的量词
[,]	标记一个中括号表达式的开始,[0 – 9]表示字符组(character class),有时也叫字符集(character set),匹配0到9范围内任意数字
{ , }	标记限定符表达式的开始
(,)	标记一个子表达式的开始和结束位置。子表达式可以被捕获供后续使用

(4)限定符

限定符用来指定正则表达式的一个给定组件必须要出现多少次才能满足匹配。有 * 或 + 或? 或{n}或{n,}或{n,m}共6种。

*、+和? 限定符都是贪婪的,因为它们会尽可能多地匹配文字,只要在它们的后面加上一个? 就可以实现非贪婪或最小匹配。例如,我们可能需要搜索 HTML 文档,以查找括在 M1 标记内的章节标题。该文本在文档中如下:

< M1 > Chapter 1-Introducing Regular Expressions < /M1 >

表达式/<.*>/(表达式指的是符号'/'之间的内容)匹配从小于符号(<)开始到关闭 M1 标记的大于符号(>)之间的所有内容,而表达式/<.*?>/只匹配开始为 M1 的标记。

(5)定位符

定位符不匹配字符,而是匹配字符串中的位置。定位符可以用来描述字符串或单词的边界,^和 $ 分别描述字符串的开始与结束,\b 描述单词的前或后边界,\B 表示非单词边界。

需要注意的是,不能将限定符与定位符一起使用,因为在紧靠换行或者字边界的前面或后面不能有一个以上位置,因此不允许诸如^*之类的表达式。例如:表达式/^Chapter [1-9][0-9]{0,1}$/可以匹配章节标题,因为真正的章节标题不仅出现行的开始处,而且它还是该行中仅有的文本。它即出现在行首又出现在同一行的结尾。/\bCha/和/ter\b/分别匹配单词 Chapter 的开头三个字符和后三个字符,/\bChapter\b/匹配 Chapter,/\Bapt/匹配 Chapter 中的字符串 apt。

(6)捕获分组与后向引用

捕获分组(capturing group)可以匹配字符串中的某一部分,然后可以使用后向引用(backreference)对分组中的内容进行引用。使用圆括号创建捕获分组,捕获分组匹配字符并将其放入一个缓冲区中,所捕获的每个子匹配都按照在正则表达式模式中出现的顺序存储。缓冲区编号从 1 开始,最多可存储99 个捕获的子表达式。每个缓冲区都可以使用'\n'来对捕获的内容进行后向引用,其中 n 为一个标识特定缓冲区的一位或两位十进制数。

但使用圆括号会有一个副作用,就是相关的匹配会被缓存,此时可用?:放在第一个选项前来消除这种副作用。其中?:是非捕获元之一,还有两个非捕获元是? = 和?!,这两个非捕获元还有更多的含义,前者为正向预查,在任何开始匹配圆括号内的正则表达式模式的位置来匹配搜索字符串,后者为负向预查,在任何开始不匹配该正则表达式模式的位置来匹配搜索字符串。

后向引用的最简单的、最有用的应用之一是提供查找文本中两个相同的相邻单词的匹配项的能力。以下面的句子为例:

Is is the cost of of gasoline going up up?

上面的句子很显然有多个重复的单词。如果能设计一种方法定位该句子所有相邻的重复单词,那该有多好。下面的正则表达式使用单个子表达式来实现这一点:

/\b([a-z]+) \1\b/gi

上式中,[a-z]+捕获一个或多个字母。\1 是对前面捕获的分组中的内容进行引用,即,单词的第二个匹配项正好由括号表达式匹配。字边界元字符确保只检测整个单词。否则,诸如"is issued"或"this is"之类的词组将不能正确地被此表达式识别。正则表达式后面的标记 g(global)代表表达式将会匹配文本区域中所有的符合项,否则只匹配第一个出现的符合项。表达式的结尾处的标记 i(ignore case)指定不区分大小写。

(7)运算符的优先级

正则表达式与算术表达式非常类似,也是从左到右进行计算,并遵循优先级顺序。

相同优先级运算符按从左到右进行运算,不同优先级的运算符按先高后低的顺序进行运算。表 3-9 说明了各种正则表达式运算符的优先级顺序(表格按优先级从高到低依次排列)。

运 算 符 优 先 级　　　　　　　　　　　　　表 3-9

字　　符	描　　述
\	转义符
(),(?:),(?=),[]	圆括号和方括号
*,+,?,{n},{n,},{n,m}	限定符
^,$,\任何元字符、任何字符	定位点和序列(即:位置和顺序)
|	替换,"或"操作字符具有高于替换运算符的优先级,使得"m|food"匹配"m"或"food"。若要匹配"mood"或"food",请使用括号创建子表达式,从而产生"(m|f)ood"

3.正则表达式的应用

(1)Notepad++正则表达式替换

在编写 HTML 文件时,我们偶尔需要替换包含网页标题和网址的文本文件,使其生成<a>标签。如果手工操作,将会非常繁琐,而 Notepad++的正则表达式功能可以很方便地实现正则表达式替换功能(图 3-6~图 3-8)。

对于该文件,按下 CTRL+H 打开"替换"功能,在"查找目标"框中键入正则表达式"(.+?)\r\n(.+?)\r\n"(不含最外侧引号),其中"\r\n"为换行标志,"(.+?)"表示该行内容。在"替换为"框中键入"<a href="\2">\1</a>\r\n"(不含最外侧引号),其中\1 \2 表示"(.+?)"的位置。

图 3-6　待正则替换的文件

在"查找模式"单选框中选中"正则表达式",单击"全部替换",即可批量将上述文本替换成<a>标签。

(2)其他示例

下面列出一些正则表达式示例,学到这里就应该可以解决本节一开始的问题(/^.+@.+\..+$/)了,读者可以试着自行推导下面的例子(表 3-10)。

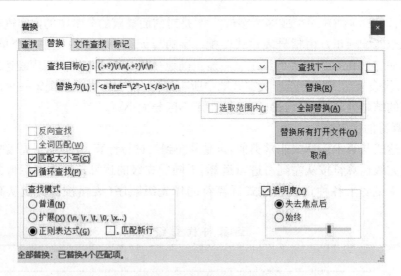

图 3-7 Notepad++替换功能

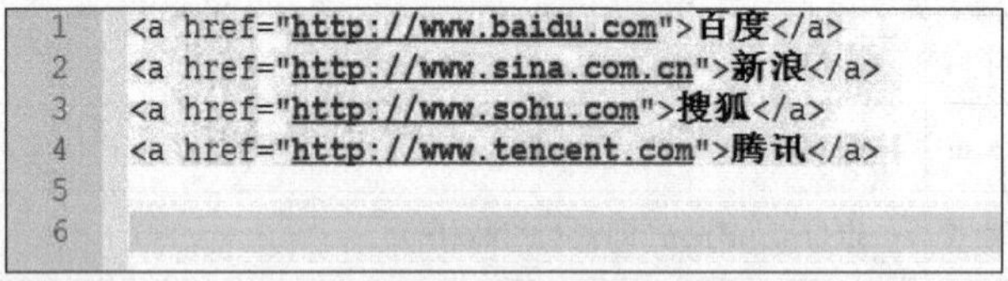

图 3-8 替换完成的文件

一些正则表达式的例子 表 3-10

正则表达式	描 述
/\b([a-z]+) \1\b/gi	一个单词连续出现的位置
/(\w+):\/\/([^/:]+)(:\d*)?([^#]*)/	将一个 URL 解析为协议、域、端口及相对路径
/^(?:Chapter|Section) [1-9][0-9]{0,1} $/	定位章节的位置
/[-a-z]/	a 至 z 共 26 个字母再加一个 – 号。
/Windows(?=95|98|NT)/	可匹配 Windows95 或 Windows98 或 WindowsNT,当找到一个匹配后,从 Windows 后面开始进行下一次的检索匹配
/^\s*$/	匹配空行
/\d{2}-\d{5}/	验证由两位数字、一个连字符再加 5 位数字组成的 ID 号
/<\s*(\S+)(\s[^>]*)?>[\s\S]*<\s*\/\1\s*>/	匹配 HTML 标记
/^(\(\d{4}\)|^\d{4}[.-]?)?\d{3}[.-]?\d{4}$/	0774-792-6017,表示第一个 4 位数字可以带也不可以带括号,即区号是可选的
/^.+@.+\..+$/	匹配所有的字符加@符号加所有字符加"."符号加所有字符

课后习题

1. 关系数据结构的主要思想是什么?

2. 非关系型数据库存在的意义是什么？

3. Python 库、包、模块的关系是什么？

4. Hadoop 的构成主要包括哪些部分？

5. 分布式的概念是什么？

6. 如何使用正则表达式批量匹配电话号码？

参 考 文 献

[1] 西尔伯沙茨. 数据库系统概念[M]. 6版. 北京：机械工业出版社，2013.

[2] 侯宾. NoSQL 数据库原理[M]. 北京：人民邮电出版社，2018.

[3] 芒努斯·利·海特兰德. Python 基础教程[M]. 3版. 北京：人民邮电出版社，2018.

[4] 韦斯·麦金尼. 利用 Python 进行数据分析[M]. 2版. 北京：机械工业出版社，2018.

[5] python 数据分析中常用的库. https://www.cnblogs.com/chaojiyingxiong/p/9939303.html.

[6] 菲茨杰拉德. 学习正则表达式[M]. 北京：人民邮电出版社，2013.

第 4 章 数 据 管 理

第 1 节 常见交通数据存储格式

数据存储是进行其他数据操作的基础。因此,了解常见的数据存储格式是必要的。

1. XML 文件

XML(EXtensible Markup Language)也叫可扩展标记语言,是一种对文件进行标记并使其具有一定结构性的标记语言,类似于 HTML[1]。按 XML 语言规则构成的文件即为 XML 文件,XML 文件本质上是纯文本文件,可通过直接修改 txt 后缀为 xml 得到。XML 适用于数据的传输与存储,在软件工程中 XML 文件常被用作软件及框架的配置文件,同时,其在交通运输行业中也有着广泛的应用,交通运输部发布的《交通运输信息系统基于 XML 的数据交换通用规则》(JT/T 1021—2016)就明确了 XML 文件在交通运输领域信息系统中的数据交换规则[2]。

在广泛使用的开源交通仿真软件 SUMO 中,输出的仿真结果就是通过 XML 文件来记录的,下面的代码就是截取的一段仿真输出文件。在这段代码中,第一行是 XML 声明,描述了 XML 的版本号(1.0)和文档的编码方式(UTF-8)。

```
< ? xml version = "1.0" encoding = "UTF-8" ? >
    < timestep time = "0.00" >
        < vehicle id = "west.0" x = " - 8.75" y = "209.40" angle = "180.00" type = "car1" speed = "0.00" pos = "5.10" lane = "u_0" slope = "0.00" / >
    < / timestep >
```

XML 的语法规则比较简单,主要有以下几点:

(1)严格要求所有的元素必须有关闭标签,如 < timestep > 元素的关闭标签为 < / timestep > 。

(2)XML 标签对大小写是敏感的,这意味着 < timestep > 和 < Timestep > 是不同的标签。

(3)XML 文件必须有根元素(即其他所有元素的父元素),如 < timestep > 。

(4)XML 文档中的属性值必须有引号,单引号和双引号都可以,如 < vehicle > 标签中的 id 属性,值为"west.0",就要使用引号进行包裹。

(5)所有元素的 id 属性值是唯一的。

2.CSV 文件

CSV 是 Comma-Separated Values 的简写,其含义是逗号分隔值。CSV 文件以纯文本的方式存储数据,可以由任意数目的记录组成,每一条记录被逗号等分隔符分隔为字段,所有记录都具有完全相同的字段序列,因此 CSV 中的数据也就类似于关系数据库中的表,具有结构化的数据格式[3]。

CSV 文件可以通过 Excel 打开并查看,但其与 Excel 的 XLS(或 XLSX)文件有着很大的区别,具体总结如下:

(1)XLS 是二进制文件格式,其储存工作簿中所有工作表的信息;而 CSV 文件则是纯文本格式。

(2)XLS 文件可以存储数据,也可以对数据进行运算等操作;CSV 文件只是一个单纯的文本文件,这也就意味着它不包含格式、宏等属性与操作。

(3)保存在 Excel 中的文件不能被记事本等文本编辑器有效识别,而 CSV 是可以的。

(4)XLS 文件导入数据时往往会消耗更多的内存,而 CSV 文件的导入更快且内存开销更小。

在交通运输领域中,很多结构化的数据都可以利用 CSV 文件进行存储,比如交通调查数据、OD 数据、公交定位数据等。

3.HDF5 文件

HDF5(Hierarchical Data Format 5)是一种常见的跨平台数据储存文件,以".h5"或者".hdf5"作为后缀名,可以储存不同类型的文本甚至图像数据,可以在不同类型的机器间进行传输。在科学研究中,HDF5 格式可以满足对科学数据进行存储和处理的诸多必要条件[4]。其特性可以概括为:

(1)自述性:一个 HDF5 文件中的数据不仅包括原始数据,也包括元数据,用以对原始数据的维度、类型等信息进行描述。

(2)通用性:一个 HDF5 文件可以嵌入各种数据,如符号、数字、图像等。

(3)扩展性:HDF5 易于容纳新增加的数据格式且可以与其他标准格式兼容。

(4)灵活性:HDF5 不仅允许把相关的数据对象组合到一起,在一个文件中的分层结构中进行表示,它还允许将数据放到多个 HDF5 文件中。

(5)跨平台性:HDF5 与操作平台无关,无须进行转换即可在不同的平台中使用。

在交通领域中,HDF5 不仅可以存储车辆轨迹等格式化的数据,而且还可以用于保存交通标志、违法拍照等图像数据;在深度学习中 HDF5 是非常常见的数据文件格式。

4.JSON 文件

JSON(JavaScript Object Notation,JavaScript 对象表示法)是一种由道格拉斯·克罗克福特构想和设计、轻量级的资料交换语言,该语言以易于让人阅读的文字为基础,用来传输由属性值或序列性的值组成的数据对象[5]。尽管 JSON 是 JavaScript 的一个子集,但 JSON 是独立于语言的文本格式,并且采用了类似于 C 语言家族的一些习惯。

JSON 数据格式与语言无关。即便它源自 JavaScript,但目前很多编程语言都支持 JSON

格式数据的生成和解析。其文件扩展名为.json。

JSON 的基本数据类型：

（1）数值：十进制数，不能有前导0，可以为负数，可以有小数部分；可以用 e 或 E 表示指数部分；不能包含非数，如 NaN；不区分整数与浮点数，JavaScript 用双精度浮点数表示所有数值。

（2）字符串：用双引号括起来的零个或多个 Unicode 码位或者单纯的字母、数字和汉字。例如："\u0061\u0062\u0063"和"abc"的含义都是字符串 abc。

（3）布尔值：表示为 true 或者 false。

（4）值的有序列表（array）：有序的零个或者多个值；每个值可为任意类型；有序列表使用方括号括起来；元素之间用逗号分割。例如：[1,2,3,4]或["Anna"，"Bob"，"Cindy"]。

（5）对象（object）：若干无序的"键-值对"（key-value pairs），其中，键是数值或字符串，建议使用字符串；建议但不强制要求对象中的键是独一无二的；对象以花括号开始和结束；键-值对之间使用逗号分隔，键与值之间用冒号分隔。例如一个姓名为 Bob、年龄为 18 岁、性别为男性的对象可以表示为：｛"name"："Bob"，"age"："18"，"sex"："male"｝。

（6）null 类型：值写为 null，不用带引号。例如一个姓名为 Anna、年龄未知、性别为女性的对象可以表示为：｛"name"："Anna"，"age"：null，"sex"："female"｝。

5.数据库服务器

如果只是对小规模的数据集进行处理与分析，则使用各类文件系统已经足够，但在实际生产场景中（如高速公路收费系统），需要查询、处理的数据较为庞大，此时数据的储存、管理就需要诸如 MySQL、SQL Server、Oracle 这样的数据库软件。数据库系统通过各类索引技术、内存缓存技术进行数据查询优化，并且通过事务等机制保证数据的一致性、操作的安全性。而诸如 CSV 的数据文件既不适合存放大量的数据，又不能实现数据的复杂处理和高效查询，因此数据库系统在交通行业中的应用非常广泛，如列车订票系统、网约车派单系统、浮动车信息采集系统等。

RDBMS（Relational Database Management System，关系型数据库管理系统）常被用来存储和管理大量的数据，RDBMS 的特点包括：

（1）数据以表格的形式出现；

（2）每行为一条记录；

（3）每列为记录所对应的数据域；

（4）许多的行和列组成一张表单；

（5）若干的表单组成 database。

常用数据库软件有 MySQL、Oracle、SQL server、SQLite、PostgreSQL 等，其中 MySQL 是最流行的关系型数据库管理系统，在 WEB 应用方面 MySQL 是最好的 RDBMS 应用软件之一。在开始学习 MySQL 数据库前，需要先了解 RDBMS 的一些术语：

- 数据库服务器：指具备数据操作功能的程序集，往往作为一种操作系统级别的服务存在（如 Windows 中的系统服务），可以管理多个数据库。具有数据库服务器是数据库系统（如 MySQL、Oracle、SQL server）与数据文件系统（如 CSV、HDF5）最显著的区别。需特别注意的是，工程实践中往往也把用于存储、管理数据的计算机称为数据库服务器，因此需要根据语言环境判断“数据库服务器”是软件服务器还是硬件服务器。

- 数据库:数据库是一些关联表的集合。
- 数据表:表是数据的矩阵。数据库中的表看起来像一个简单、规整的电子表格。
- 表头:每一列的名称。
- 列:一列(数据元素,或属性)包含了相同类型的数据,例如日期。
- 行:一行(=元组,或记录)是一组相关的数据,例如一条气象数据。
- 值:行的具体信息,每个值必须与该列的数据类型相同。
- 冗余:存储两倍或以上的数据。冗余降低了性能,但提高了数据的安全性。
- 主键:主键是唯一的。一个数据表中只能包含一个主键(可以是一个或多个属性的集合),如图 4-1 中的 id。
- 外键:外键用于关联两个表。
- 复合键:复合键(组合键)将多个列作为一个索引键,一般用于复合索引。
- 索引:使用索引可快速访问数据表中的特定信息。索引是对数据表中一列或多列的值进行排序的一种结构,类似于书籍的目录。
- 参照完整性:参照的完整性要求关系中不允许引用不存在的实体。与实体完整性是关系模型必须满足的完整性约束条件,目的是保证数据的一致性。
- MySQL:是一种关系型数据库,这种所谓的“关系型”可以理解为“表格”的概念,一个关系型数据库由一个或数个表格组成,如图 4-1 所示的表格。

id	date	hightemp	lowtemp	weather	wind
1	2017-01-01	24	13	晴	西南风 1级
2	2017-01-02	25	15	多云	东北风 微风
3	2017-01-03	26	16	晴	北风 1级
4	2017-01-04	27	17	晴	东北风 1级
5	2017-01-05	25	17	多云	东北风 1级
6	2017-01-06	26	17	多云	东北风 1级
7	2017-01-07	25	18	小雨	东北风 1级
8	2017-01-08	23	14	多云	东北风 3级
9	2017-01-09	24	15	多云	东风 1级
10	2017-01-10	24	15	多云	东北风 1级

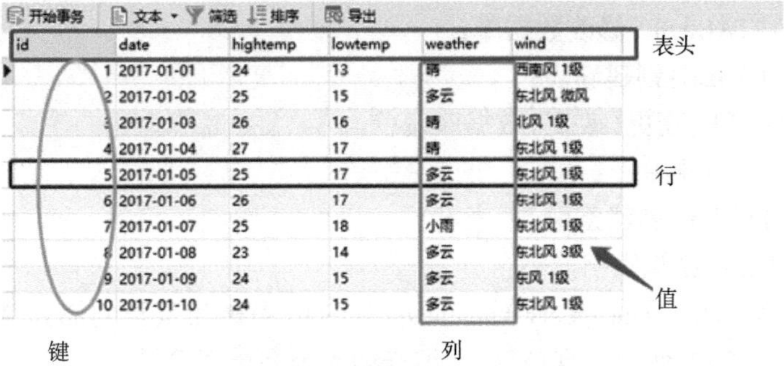

图 4-1　关系型数据库的一个表格

MySQL 各元素间关系如图 4-2 所示。

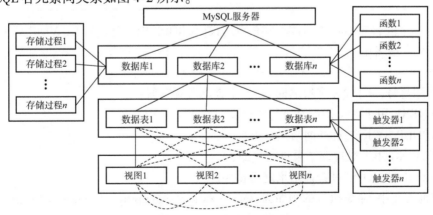

图 4-2　MySQL 各元素间关系

第2节 SQL语言

SQL是用于访问和处理数据库的标准的计算机语言,这类数据库包括:MySQL、SQL Server、Access、Oracle、Sybase、DB2等。数据库上执行的大部分工作都可由SQL语句完成。

在编写MySQL指令时,需要遵循SQL相应的语法规范,使得代码更加简洁、易懂,总结起来有以下几条:

(1)在Windows系统中,MySQL的语句并不区分大小写,为了更好地区分建议用大写格式描述关键字。

(2)在命令行中键入MySQL指令时,每条命令要严格以英文分号";"进行结尾。

(3)单行注释使用--[内容](注意双横线后有一个空格)格式,多行注释使用/*[内容]*/格式。

下面给出一些最重要的SQL命令:

- INSERT INTO:向数据库中插入新数据;
- DELETE:从数据库中删除数据;
- UPDATE:更新数据库中的数据;
- SELECT:从数据库中查询数据;
- CREATE DATABASE:创建新数据库;
- ALTER DATABASE:修改数据库;
- CREATE TABLE:创建新表;
- ALTER TABLE:变更(改变)数据库表;
- DROP TABLE:删除表;
- CREATE INDEX:创建索引(搜索键);
- DROP INDEX:删除索引。

数据查询语言DQL(Data Query Language)是SQL中极为重要的部分,MySQL中根据业务需求的不同,可以很方便地实现条件、分组查询和查询排序等操作。

查询语句的基本语法为:

SELECT 字段名 FROM 表名[WHERE 表达式] [GROUP BY 字段名] [HAVING 条件表达式] [ORDER BY 字段名];

- 使用星号(*)代替字段名时,相当于查询所有字段;
- WHERE 用于对查询记录进行筛选;
- GROUP BY 用于对查询结果分组;
- HAVING 用于对查询结果进行过滤;
- ORDER BY 可以对查询结果进行排序。

在查询语句中,命令执行的顺序为:select→where→group by→having→order by。

第3节 数据库创建

在 MySQL 中,可以使用 CREATE DATABASE 语句创建数据库,语法如下:

CREATE DATABASE [IF NOT EXISTS] <数据库名>
[[DEFAULT] CHARACTER SET <字符集名>]
[[DEFAULT] COLLATE <校对规则名>];

[ ]中的内容是可选的。语法说明如下:

<数据库名>:创建数据库的名称。MySQL 的数据存储区将以目录方式表示数据库,因此数据库名称必须符合操作系统的文件夹命名规则,不能以数字开头,尽量要有实际意义方便阅读。注意在 MySQL 中不区分大小写。

IF NOT EXISTS:在创建数据库之前进行判断,只有该数据库目前尚不存在时才能执行操作。此选项可以用来避免数据库已经存在而重复创建产生的错误。

[DEFAULT] CHARACTER SET:指定数据库的字符集。指定字符集的目的是避免在数据库中存储的数据出现乱码的情况。如果在创建数据库时不指定字符集,那么就使用系统的默认字符集。

[DEFAULT] COLLATE:指定字符集的默认校对规则。

(1)使用 SHOW 命令查看数据库:
- 查看所有的数据库名称,语法:

SHOW DATABASES;

- 查看某个数据库的定义信息,语法:

SHOW CREATE DATABASE 数据库名;

(2)使用 DROP 命令删除数据库,语法:

DROP DATABASE 数据库名,语法;

(3)使用数据库:
- 查看正在使用的数据库,语法:

SELECT DATABASE( )

- 在为数据库创建表、插入数据前,应该先使用数据库,语法:

USE 数据库名

第 4 节　用户权限和资源管理

MySQL 是一个多用户数据库，具有强大的访问控制功能，可以为不同用户指定不同权限[6]。前文我们使用的是 root 用户，该用户是超级管理员，拥有所有权限，包括创建用户、删除用户和修改用户密码等管理权限。

1.MySQL user 权限表

MySQL 在安装时会自动创建一个名为 mysql 的数据库，mysql 数据库中存储的都是用户权限表。用户登录以后，MySQL 会根据这些权限表的内容为每个用户赋予相应的权限。

user 表是 MySQL 中最重要的一个权限表，用来记录允许连接到服务器的账号信息。需要注意的是，在 user 表里启用的所有权限都是全局级的，适用于所有数据库。

user 表中的字段大致可分为 4 类，分别是用户列、权限列、安全列及资源控制列，下面主要介绍这些字段的含义。

用户列：用户列存储了用户连接 MySQL 数据库时需要输入的信息。需要注意的是 MySQL 5.7 版本不再使用 Password 来作为密码的字段，而改成了 authentication_string。

MySQL 5.7 版本的用户列如表 4-1 所示。

user 表的用户列　　　　　　　　　　　　　　表 4-1

字　段　名	字段类型	是否为空	默认值	说明
Host	char(60)	NO	无	主机名
User	char(32)	NO	无	用户名
authentication_string	text	YES	无	密码

用户登录时，只有这 3 个字段同时匹配，MySQL 数据库系统才会允许其登录。创建新用户时，也需要设置这 3 个字段的值。修改用户密码时，实际就是修改 user 表的 authentication_string 字段的值。

权限列：权限列的字段决定了用户的权限，用来描述在全局范围内允许对数据和数据库进行的操作。

权限大致分为两大类，分别是高级管理权限和普通权限：

（1）高级管理权限可对数据库进行管理，例如关闭服务的权限、超级权限和加载用户等。

（2）普通权限主要用于操作数据库，例如查询权限、修改权限等。

user 表的权限列包括 Select_priv、Insert_priv 等以 priv 结尾的字段，这些字段值的数据类型为 ENUM，可取的值只有 Y 和 N，其中 Y 表示该用户有对应的权限，N 表示该用户没有对应的权限。从安全角度考虑，这些字段的默认值都为 N。如表 4-2 所示。

user 表的权限列　　　　　　　　　　　　　　　　　　　　　　　　　　表 4-2

字 段 名	字 段 类 型	是否为空	默认值	说　　明
Select_priv	enum('N','Y')	NO	N	是否可以通过 SELECT 命令查询数据
Insert_priv	enum('N','Y')	NO	N	是否可以通过 INSERT 命令插入数据
Update_priv	enum('N','Y')	NO	N	是否可以通过 UPDATE 命令修改现有数据
Delete_priv	enum('N','Y')	NO	N	是否可以通过 DELETE 命令删除现有数据
Create_priv	enum('N','Y')	NO	N	是否可以创建新的数据库和表
Drop_priv	enum('N','Y')	NO	N	是否可以删除现有数据库和表
Reload_priv	enum('N','Y')	NO	N	是否可以执行刷新和重新加载 MySQL 所用的各种内部缓存的特定命令，包括日志、权限、主机、查询和表
Shutdown_priv	enum('N','Y')	NO	N	是否可以关闭 MySQL 服务器。将此权限提供给 root 账户之外的任何用户时，都应当非常谨慎
Process_priv	enum('N','Y')	NO	N	是否可以通过 SHOW PROCESSLIST 命令查看其他用户的进程
File_priv	enum('N','Y')	NO	N	是否可以执行 SELECT INTO OUTFILE 和 LOAD DATA INFILE 命令
Grant_priv	enum('N','Y')	NO	N	是否可以将自己的权限再授予其他用户
References_priv	enum('N','Y')	NO	N	是否可以创建外键约束
Index_priv	enum('N','Y')	NO	N	是否可以对索引进行增删查
Alter_priv	enum('N','Y')	NO	N	是否可以重命名和修改表结构
Show_db_priv	enum('N','Y')	NO	N	是否可以查看服务器上所有数据库的名字，包括用户拥有足够访问权限的数据库
Super_priv	enum('N','Y')	NO	N	是否可以执行某些强大的管理功能，例如通过 KILL 命令删除用户进程；使用 SET GLOBAL 命令修改全局 MySQL 变量，执行关于复制和日志的各种命令（超级权限）
Create_tmp_table_priv	enum('N','Y')	NO	N	是否可以创建临时表
Lock_tables_priv	enum('N','Y')	NO	N	是否可以使用 LOCK TABLES 命令阻止对表的访问/修改
Execute_priv	enum('N','Y')	NO	N	是否可以执行存储过程
Repl_slave_priv	enum('N','Y')	NO	N	是否可以读取用于维护复制数据库环境的二进制日志文件
Repl_client_priv	enum('N','Y')	NO	N	是否可以确定复制从服务器和主服务器的位置
Create_view_priv	enum('N','Y')	NO	N	是否可以创建视图
Show_view_priv	enum('N','Y')	NO	N	是否可以查看视图
Create_routine_priv	enum('N','Y')	NO	N	是否可以更改或放弃存储过程和函数
Alter_routine_priv	enum('N','Y')	NO	N	是否可以修改或删除存储函数及函数

续上表

字 段 名	字段类型	是否为空	默认值	说　明
Create_user_priv	enum('N','Y')	NO	N	是否可以执行 CREATE USER 命令,这个命令用于创建新的 MySQL 账户
Event_priv	enum('N','Y')	NO	N	是否可以创建、修改和删除事件
Trigger_priv	enum('N','Y')	NO	N	是否可以创建和删除触发器
Create_tablespace_priv	enum('N','Y')	NO	N	是否可以创建表空间

如果要修改权限,可以使用 GRANT 语句赋予用户一些权限,也可以通过 UPDATE 语句更新 user 表的方式来设置权限。

安全列:用来判断用户是否能够登录成功,user 表中的安全列如表 4-3 所示。

表 4-3　user 表的安全列

字 段 名	字段类型	是否为空	默认值	说　明
ssl_type	enum('','ANY','X509','SPECIFIED')	NO		支持 ssl 标准加密安全字段
ssl_cipher	blob	NO		支持 ssl 标准加密安全字段
x509_issuer	blob	NO		支持 x509 标准字段
x509_subject	blob	NO		支持 x509 标准字段
plugin	char(64)	NO	mysql_native_password	引入 plugins 以进行用户连接时的密码验证,plugin 创建外部/代理用户
password_expired	enum('N','Y')	NO	N	密码是否过期(N 未过期,Y 已过期)
password_last_changed	timestamp	YES		记录密码最近修改的时间
password_lifetime	smallint(5) unsigned	YES		设置密码的有效时间,单位为天数
account_locked	enum('N','Y')	NO	N	用户是否被锁定(Y 锁定,N 未锁定)

注意:即使 password_expired 为"Y",用户也可以使用密码登录 MySQL,但是不允许做任何操作。

通常 MySQL 发行版不支持 ssl,读者可使用 SHOW VARIABLES LIKE " have_openssl" 语句来查看是否具有 ssl 功能。如果 have_openssl 的值为 DISABLED,那么则不支持 ssl 加密功能。

资源控制列:资源控制列的字段用来限制用户使用的资源,user 表中的资源控制列如表 4-4 所示。

表 4-4　user 表中的资源控制列

字 段 名	字段类型	是否为空	默认值	说　明
max_questions	int(11) unsigned	NO	0	规定每小时允许执行查询的操作次数
max_updates	int(11) unsigned	NO	0	规定每小时允许执行更新的操作次数
max_connections	int(11) unsigned	NO	0	规定每小时允许执行的连接操作次数
max_user_connections	int(11) unsigned	NO	0	规定允许同时建立的连接次数

以上字段的默认值为 0,表示没有限制。一个小时内用户查询或者连接数量超过资源控制限制,用户将被锁定,直到下一个小时才可执行对应的操作。可以使用 GRANT 语句更新这些字段的值。

2.MySQL 查看用户权限

在 MySQL 中,可以通过查看 mysql.user 表中的数据记录来查看相应的用户权限,也可以使用 SHOW GRANTS 语句查询用户的权限。

mysql 数据库下的 user 表中存储着用户的基本权限,可以使用 SELECT 语句来查看。代码:

```
SELECT * FROM mysql.user;
```

要执行该语句,用户账号必须拥有对 user 表的查询权限。

注意:新创建的用户只有登录 MySQL 服务器的权限,没有任何其他权限,不能查询 user 表。

除了使用 SELECT 语句之外,还可以使用 SHOW GRANTS FOR 语句查看权限。语法:

```
SHOW GRANTS FOR 'username'@'hostname';
```

其中,username 表示用户名,hostname 表示主机名或主机 IP。

第 5 节 数 据 类 型

MySQL 支持丰富的数据类型,总体而言可分为三大类:
(1)数值类型。
(2)日期和时间类型。
(3)字符串类型。

常用的数据类型、大小及说明如表 4-5 所示。

MySQL 中常用的数据类型　　　　　　　　表 4-5

数 据 类 型	大　　　小	说　　　明
TINYINT	1 byte	存储小型整数值,范围为(-128,127)
INT	4 bytes	存储较大的整数,占 32 位二进制
FLOAT	4 bytes	存储单精度浮点数值
DOUBLE	8 bytes	存储双精度浮点数值
DECIMAL(m, d)	max(m, d) + 2 bytes	存储的数据有效数字为 m,小数点后位数为 d
DATE	3 bytes	格式为 YYYY-MM-DD,用于存储日期值
TIME	3 bytes	格式为 HH:MM:SS,用于存储时间值

续上表

数据类型	大小	说明
YEAR	1 byte	格式为 YYYY,用于存储年份值
CHAR	0-255 bytes	定长字符串
VARCHAR	0-65535 bytes	变长字符串
TEXT	0-65535 bytes	长文本数据

第6节 数 据 表

数据表是数据库的重要组成部分,每一个数据库都是由若干个数据表组成的。换句话说,没有数据表就无法在数据库中存放数据。接下来将详细介绍数据表的基本操作,主要包括创建数据表、查看数据表结构、修改数据表和删除数据表等。

1.MySQL 创建数据表

在创建数据库之后,接下来就要在数据库中创建数据表。所谓创建数据表,是指在已经创建的数据库中建立新表。

创建数据表的过程是规定数据列的属性的过程,同时也是实施数据完整性(包括实体完整性、引用完整性和域完整性)约束的过程。使用 CREATE TABLE 语句创建表,语法:

CREATE TABLE <表名> ([表定义选项])[表选项][分区选项];

其中,[表定义选项]的格式为:
<列名1> <类型1> [,…] <列名n> <类型n>
CREATE TABLE 命令语法内容比较多,其主要是由表创建定义(create-definition)、表选项(table-options)和分区选项(partition-options)所组成的。

这里首先描述一个简单的新建表的例子,然后重点介绍 CREATE TABLE 命令中的一些主要的语法知识点。

CREATE TABLE 语句的主要语法及使用说明如下:

CREATE TABLE:用于创建给定名称的表,必须拥有表 CREATE 的权限。

<表名>:指定要创建表的名称,在 CREATE TABLE 之后给出,必须符合标识符命名规则。表名称被指定为 db_name. tbl_name,以便在特定的数据库中创建表。无论是否有当前数据库,都可以通过这种方式创建。在当前数据库中创建表时,可以省略 db_name。如果使用加引号的识别名,则应对数据库和表名称分别加引号。例如,'mydb'. 'mytbl'是合法的,但'mydb. mytbl'不合法。

<表定义选项>:表创建定义,由列名(col_name)、列的定义(column_definition)以及可能的空值说明、完整性约束或表索引组成。

默认的情况是,表被创建到当前的数据库中。若表已存在、没有当前数据库或者数据库不存在,则会出现错误。

提示：使用 CREATE TABLE 创建表时，必须指定以下信息：

要创建的表的名称不区分大小写，但不能使用 SQL 语言中的关键字，如 DROP、ALTER、INSERT 等。

数据表中每个列(字段)的名称和数据类型，如果创建多个列，要用逗号隔开。

数据表属于数据库，在创建数据表之前，当多数据库并存时，应使用语句"USE <数据库>"指定操作在哪个数据库中进行，如果没有选择数据库，就会抛出 No database selected 的错误。

【案例】创建员工表 tb_emp1，结构如表 4-6 所示。

员工表 tb_emp1　　　　　　　　　　　　　　　　　　　表 4-6

字段名称	数据类型	备注
id	INT(11)	员工编号
name	VARCHAR(25)	员工名称
deptId	INT(11)	所在部门编号
salary	FLOAT	工资

选择创建表的数据库 test_db，创建 tb_emp1 数据表，语法：

```
mysql > USE test_db;
Database changed
mysql > CREATE TABLE tb_emp1
    -> (
    -> id INT(11),
    -> name VARCHAR(25),
    -> deptId INT(11),
    -> salary FLOAT
    -> );
Query OK, 0 rows affected (0.37 sec)
```

语句执行后，便创建了一个名称为 tb_emp1 的数据表，使用 SHOW TABLES 语句查看数据表是否创建成功，语法：

```
mysql > SHOW TABLES;
+------------------+
| Tables_in_test_db |
+------------------+
| tb_emp1          |
+------------------+
1 rows in set (0.00 sec)
```

2.MySQL 删除与修改数据表

在 MySQL 数据库中,对于不再需要的数据表,可将其从数据库中删除。

在删除表的同时,表的结构和表中所有的数据都会被删除,因此在删除数据表之前最好先备份,以免造成无法挽回的损失。

MySQL 中使用 DROP TABLE 语句可以删除一个或多个数据表,语法格式如下:

DROP TABLE [IF EXISTS]表名1 [,表名2,表名3 ...]

语法格式说明如下:

- 表名1,表名2,表名3……表示要被删除的数据表的名称,至少要有1个表名。DROP TABLE 可以同时删除多个表,只要将表名依次写在后面,相互之间用逗号隔开即可。
- IF EXISTS 用于在删除数据表之前判断该表是否存在。如果不加 IF EXISTS,当数据表不存在时 MySQL 将提示错误,中断 SQL 语句的执行;加上 IF EXISTS 后,当数据表不存在时 SQL 语句可以顺利执行,但是会发出警告(warning)。

两点注意:

- 用户必须拥有执行 DROP TABLE 命令的权限,否则数据表不会被删除。
- 表被删除后,用户在该表上的权限不会自动删除。

删除表的实例,选择数据库 test_db,创建 tb_emp3 数据表,语法:

```
mysql > USE test_db;
Database changed
mysql > CREATE TABLE tb_emp3
    -> (
    -> id INT(11),
    -> name VARCHAR(25),
    -> deptId INT(11),
    -> salary FLOAT
    -> );
Query OK, 0 rows affected (0.27 sec)
mysql > SHOW TABLES;
+--------------------+
| Tables_in_test_db  |
+--------------------+
| tb_emp2            |
| tb_emp3            |
+--------------------+
2 rows in set (0.00 sec)
```

由运行结果可以看出,test_tb 数据库中有 tb_emp2 和 tb_emp3 两张数据表。
删除数据表 tb_emp3,输入的 SQL 语句和运行结果如下所示:

```
mysql > DROP TABLE tb_emp3;
Query OK, 0 rows affected (0.22 sec)
mysql > SHOW TABLES;
 + -------------------- +
 |  Tables_in_test_db   |
 + -------------------- +
 |  tb_emp2             |
 + -------------------- +
1 rows in set (0.00 sec)
```

执行结果可以看到,test_db 数据库的数据表列表中已不存在名称为 tb_emp3 的表,删除操作成功。

修改数据表有多种形式,如:为表添加新的字段、删除字段、修改字段名、修改字段类型、修改表名等,语法:

删除指定字段:ALTER TABLE 表名 DROP 字段名;
添加新的字段:ALTER TABLE 表名 ADD 字段名 数据类型;
修改字段类型:ALTER TABLE 表名 MODIFY 字段名 新数据类型;
修改字段名:ALTER TABLE 表名 CHANGE 旧字段名 新字段名 数据类型;
修改表名:RENAME TABLE 表名 TO 新表名;

第 7 节 数据导入和导出

大数据时代,导入、导出是综合交通信息平台进行数据融合所必须具备的功能;只有掌握好数据导入、导出功能,才能实现对种类繁多的交通数据进行统一访问(可参考开放数据互联 ODBC 的理念),真正驾驭交通数据管理和分析业务。

1.MySQL 导入数据

(1)mysql 命令导入

使用 mysql 命令导入语法为:

mysql   -u 用户名 -p 密码 < 要导入的数据库数据(runoob.sql)

实例:

```
# mysql -uroot -p123456 < runoob.sql;
```

以上命令将整个数据库备份文件 runoob. sql 导入。

(2) source 命令导入

source 命令导入数据库需要先登录到数库终端,语法：

```
mysql > create database abc;           #创建数据库
mysql > use abc;                       #使用已创建的数据库
mysql > set names utf8;                #设置编码
mysql > source /home/abc/abc.sql;      # 导入数据库备份文件
```

(3) 使用 LOAD DATA 导入数据

MySQL 中提供 LOAD DATA INFILE 语句来插入数据。以下实例中将从当前目录中读取文件 dump. txt,将该文件中的数据插入当前数据库的 mytbl 表中。

```
mysql > LOAD DATA LOCAL INFILE 'dump.txt' INTO TABLE mytbl;
```

如果指定 LOCAL 关键词,则表明从客户主机上按路径读取文件。如果没有指定,则文件在服务器上按路径读取文件。

可以明确地在 LOAD DATA 语句中指出列值的分隔符和行尾标记,但是默认标记是定位符和换行符。两个命令的 FIELDS 和 LINES 子句的语法是一样的。两个子句都是可选的,但是如果两个同时被指定,FIELDS 子句必须出现在 LINES 子句之前。

如果用户指定一个 FIELDS 子句,它的子句(TERMINATED BY、[OPTIONALLY] ENCLOSED BY 和 ESCAPED BY)也是可选的,但用户必须至少指定它们中的一个。

```
mysql > LOAD DATA LOCAL INFILE 'dump.txt' INTO TABLE mytbl
    - > FIELDS TERMINATED BY ':'
    - > LINES TERMINATED BY '\r\n';
```

LOAD DATA 默认情况下是按照数据文件中列的顺序插入数据的,如果数据文件中的列与插入表中的列不一致,则需指定列的顺序。

如果在数据文件中的列顺序是 a,b,c,但在插入表的列顺序为 b,c,a,则数据导入语法如下：

```
mysql > LOAD DATA LOCAL INFILE 'dump.txt'
    - > INTO TABLE mytbl (b, c, a);
```

(4) 使用 mysqlimport 导入数据

mysqlimport 客户端提供了 LOAD DATA INFILEQL 语句的一个命令行接口。mysqlimport 的大多数选项直接对应 LOAD DATA INFILE 子句(表4-7)。

从文件 dump.txt 中将数据导入 mytbl 数据表中,可使用以下命令:

```
$ mysqlimport -u root -p --local mytbl dump.txt
password * * * * *
```

mysqlimport 命令可以指定选项来设置指定格式,命令语句格式如下:

```
$ mysqlimport -u root -p --local --fields-terminated-by = ":" \
   --lines-terminated-by = "\r\n"   mytbl dump.txt
password * * * * *
```

mysqlimport 语句中使用--columns 选项来设置列的顺序:

```
$ mysqlimport -u root -p --local --columns = b,c,a \
   mytbl dump.txt
password * * * * *
```

mysqlimport 的常用选项介绍　　　　　　　　　　　表 4-7

选　项	功　能
-d or --delete	新数据导入数据表中之前删除数据表中的所有信息
-f or --force	不管是否遇到错误,mysqlimport 将强制继续插入数据
-i or --ignore	mysqlimport 跳过或者忽略那些有相同唯一关键字的行,导入文件中的数据将被忽略
-l or -lock-tables	数据被插入之前锁住表,这样就防止在更新数据库时用户的查询和更新受到影响
-r or -replace	这个选项与-i 选项的作用相反;此选项将替代表中有相同唯一关键字的记录
--fields-enclosed- by = char	指定文本文件中数据的记录时以什么括起的,很多情况下数据以双引号括起。默认的情况下数据是没有被字符括起的
--fields-terminated- by = char	指定各个数据的值之间的分隔符,在句号分隔的文件中,分隔符是句号。可以用此选项指定数据之间的分隔符。默认的分隔符是跳格符(Tab)
--lines-terminated- by = str	此选项指定文本文件中行与行之间数据的分隔字符串或者字符。默认的情况下 mysqlimport 以 newline 为行分隔符。可以选择用一个字符串来替代一个单个的字符:一个新行或者一个回车

mysqlimport 命令常用选项还有-v 显示版本(version),-p 提示输入密码(password)等。

2.MySQL 导出数据

在 MySQL 中,可以使用 SELECT…INTO OUTFILE 语句来简单地导出数据到文本文件。

(1)使用 SELECT … INTO OUTFILE 语句导出数据

以下实例中将数据表 runoob_tbl 中的数据导出到/tmp/runoob.txt 文件中：

mysql > SELECT *　FROM runoob_tbl
　　-> INTO OUTFILE '/tmp/runoob.txt';

可通过命令选项来设置数据输出的格式，以下实例为导出 CSV 格式：

mysql > SELECT *　FROM passwd INTO OUTFILE '/tmp/runoob.txt'
　　-> FIELDS TERMINATED BY ',' ENCLOSED BY '"'
　　-> LINES TERMINATED BY '\r\n';

在下面的例子中，生成一个文件，各值用逗号隔开（这种格式可被许多程序使用）。

SELECT a,b,a + b INTO OUTFILE '/tmp/result.text'
FIELDS TERMINATED BY ',' OPTIONALLY ENCLOSED BY '"'
LINES TERMINATED BY '\n'
FROM test_table;

SELECT … INTO OUTFILE 语句有以下属性：

①LOAD DATA INFILE 是 SELECT … INTO OUTFILE 的逆操作，SELECT 句法。为了将一个数据库的数据写入一个文件，使用 SELECT … INTO OUTFILE，为了将文件读回数据库，则使用 LOAD DATA INFILE。

②SELECT…INTO OUTFILE file_name 形式的 SELECT 可把被选择的行写入一个文件中。该文件被创建到服务器主机上，因此用户必须拥有 FILE 权限才能使用该语句。

③输出不能是一个已存在的文件，防止文件数据被篡改。

④您需要有一个登录服务器的账号来检索文件。否则 SELECT … INTO OUTFILE 不会起任何作用。

⑤在 UNIX 中，该文件被创建后是可读的，权限由 MySQL 服务器所拥有。这意味着虽然用户可读取该文件，但可能无法将其删除。

(2)导出表作为原始数据

mysqldump 是 mysql 用于转存储数据库的实用程序。它主要产生一个 SQL 脚本，包含重新创建数据库所必需的命令 CREATE TABLE INSERT 等。

使用 mysqldump 导出数据需要使用--tab 选项来指定导出文件的目录，该目标必须是可写的。

以下实例将数据表 runoob_tbl 导出到/tmp 目录中：

```
$ mysqldump -u root -p --no-create-info \
          --tab = /tmp RUNOOB runoob_tbl
password * * * * * *
```

(3) 导出 SQL 格式的数据

导出 SQL 格式的数据到指定文件,如下所示:

```
$ mysqldump -u root -p RUNOOB runoob_tbl > dump.txt
password * * * * * *
```

以上命令创建的文件内容如下:

```
-- MySQL dump 8.23
--
-- Host: localhost       Database: RUNOOB
---------------------------------------------------------
-- Server version       3.23.58
--
-- Table structure for table `runoob_tbl`
--
CREATE TABLE runoob_tbl (
   runoob_id int(11) NOT NULL auto_increment,
   runoob_title varchar(100) NOT NULL default '',
   runoob_author varchar(40) NOT NULL default '',
   submission_date date default NULL,
   PRIMARY KEY  (runoob_id),
   UNIQUE KEY AUTHOR_INDEX (runoob_author)
) TYPE = MyISAM;
--
-- Dumping data for table 'runoob_tbl'
--
INSERT INTO runoob_tbl
        VALUES (1,'Learn PHP','John Poul','2007-05-24');
INSERT INTO runoob_tbl
        VALUES (2,'Learn MySQL','Abdul S','2007-05-24');
INSERT INTO runoob_tbl
        VALUES (3,'JAVA Tutorial','Sanjay','2007-05-06');
```

如果需要导出整个数据库的数据,可使用以下命令:

$ mysqldump -u root -p RUNOOB > database_dump.txt
password ******

如果需要备份所有数据库,可使用以下命令:

$ mysqldump -u root -p --all-databases > database_dump.txt
password ******

--all-databases 选项在 MySQL 3.23.12 及以后版本加入。
上述方法可用于实现数据库的备份策略。
(4)将数据表及数据库拷贝至其他主机
如果需要将数据拷贝至其他的 MySQL 服务器上,可以在 mysqldump 命令中指定数据库名及数据表。
在源主机上执行以下命令,可将数据备份至 dump.txt 文件中:

$ mysqldump -u root -p database_name table_name > dump.txt
password *****

如果完整备份数据库,则无须使用特定的表名称。
如果需要将备份的数据库导入到 MySQL 服务器中,可使用以下命令,确认数据库已经创建:

$ mysql -u root -p database_name < dump.txt
password *****

同时也可以使用以下命令将导出的数据直接导入到远程的服务器上,但应确保两台服务器是连通的、可相互访问的:

$ mysqldump -u root -p database_name \
    | mysql -h other-host.com database_name

以上命令中使用管道将导出的数据导入到指定的远程主机上。

第8节 数据视图

视图(View)在数据库中的作用类似于窗户,用户可以通过这个窗口看到只对自己有用的数据。既保障了数据的安全性,又大大提高了查询效率。也可把视图看成观看数据的某个视角,或者数据在某个维度展现的样式。

1.视图的概念

MySQL 视图是一种虚拟存在的表,同真实表一样,视图也由列和行构成,但视图并不实际存在于数据库中。行和列的数据来自定义视图的查询中所使用的物理表,并且还是在使用视图时动态生成的。当然,视图是支持嵌套的,也即视图可查询其他视图。

数据库中只存放了视图的定义,并没有存放视图中的数据,这些数据都存放在定义视图查询所引用的真实表(物理表)中。使用视图查询数据时,数据库会从真实表中取出对应的数据。因此,视图中的数据是依赖于真实表的,一旦真实表中的数据发生改变,视图中的数据也会相应地发生改变。

视图可从原有的表上选取对用户有用的信息,那些对用户没用,或者用户没有权限了解的信息,都可以直接屏蔽掉,作用类似于筛选。这样做即使应用简化,也保证了系统的安全。

例如,下面的数据库中有一张公司部门表 department。表中包括部门号(d_id)、部门名称(d_name)、功能(function)和办公地址(address)。department 表的结构见表 4-8。

department 表的结构   表 4-8

Field	Type	Null	Key	Default	Extra
d_id	int(4)	NO	PRI	NULL	
d_name	varchar(20)	NO	UNI	NULL	
function	varchar(50)	YES		NULL	
address	varchar(50)	YES		NULL	

还有一张员工表 worker。表中包含了员工的工作号(num)、部门号(d_id)、姓名(name)、性别(sex)、出生日期(birthday)和家庭住址(homeaddress)。worker 表的结构见表 4-9。

worker 表的结构   表 4-9

Field	Type	Null	Key	Default	Extra
num	int(10)	NO	PRI	NULL	
d_id	int(4)	YSE	MUL	NULL	
name	varchar(20)	NO		NULL	
sex	varchar(4)	NO		NULL	
birthday	datetime	YES		NULL	
homeaddress	varchar(50)	YES		NULL	

由于权限不同,因此,各部门只能看到该部门的员工信息;而且,管理者可能不关心员工的生日和家庭住址。为了达到这个目的,可为各部门的管理者建立一个视图,通过该视图,管理者只能看到本部门员工的指定信息。

例如,为生产部门建立一个名为 product_view 的视图。通过视图 product_view,生产部门的管理者只能看到生产部门员工的工作号、姓名和性别等信息。department 表的信息和

worker 表的信息依然存在于各自的表中,而视图 product_view 中不保存任何数据信息。当 department 表和 worker 表的信息发生改变时,视图 product_view 显示的信息也会发生相应的变化。

技巧:如果经常需要从多个表查询指定字段的数据,可在这些表上建立一个视图,通过这个视图显示这些字段的数据。

MySQL 的视图不支持输入参数的功能,因此交互性上还有欠缺。但对于变化不是很大的操作,使用视图可很大程度上简化用户的操作。

视图并不同于数据表,它们的区别在于以下几点:

(1)视图不是数据库中真实的表,而是一张虚拟表,其结构和数据是建立在对真实表的查询基础上的。

(2)存储在数据库中的查询操作 SQL 语句定义了视图的内容,列数据和行数据来自视图查询所引用的实际表,引用视图时动态生成这些数据。

(3)视图没有实际的物理记录,不是以数据集的形式存储在数据库中的,它所对应的数据实际上是存储在视图所引用的真实表中的。

(4)视图是查看数据表的一种方法,可以查询数据表中某些字段构成的数据(或经过一定的逻辑运算得到的数据),它只是一些 SQL 语句的集合。从安全的角度来看,视图的数据安全性更高,使用视图的用户不接触数据表。

(5)视图的建立和删除只影响视图本身,不影响对应的真实表。

视图与表在本质上虽然不相同,但视图经过定义以后,结构形式和表一样,可进行查询、修改、更新和删除等操作(修改、更新、删除仅限于没有复杂处理的单表视图)。同时,视图具有如下优点:

(1)定制用户数据,聚焦特定的数据

在实际的应用过程中,不同的用户可能对不同的数据有不同的要求。

例如,当学生基本信息表、课程表和教师信息表等多种表同时存在时,可以根据需求让不同的用户使用各自的数据。学生查看修改自己基本信息的视图,安排课程人员查看修改课程表和教师信息的视图,教师查看学生信息和课程信息表的视图。

(2)简化数据操作

在使用查询时,很多时候要使用聚合函数,同时还要显示其他字段的信息,可能还需要关联到其他表,语句可能会很长,如果这个动作频繁发生的话,可以创建视图来简化操作。

(3)提高数据的安全性

视图是虚拟的,物理上是不存在的。可以只授予用户视图的权限,而不具体指定使用表的权限,以此来保护基础数据的安全。

(4)共享所需数据

通过使用视图,每个用户不必都定义和存储自己所需的数据,可以共享数据库中的数据,同样的数据只需存储一次。

(5)更改数据格式

通过使用视图,可以重新格式化检索出的数据,并组织输出到其他应用程序中。

(6)重用 SQL 语句

视图提供的是对查询操作的封装,本身不包含数据,所呈现的数据是根据视图定义从基础表中检索出来的,如果基础表的数据新增或删除,视图呈现的也是更新后的数据。视图定义后,编写完所需的查询,可方便地重用该视图的代码(也体现了软件复用的思想)。

使用视图的时候,还应该注意以下几点:

①创建视图需要足够的访问权限。

②创建视图的数目没有限制。

③视图可以嵌套,即从其他视图中检索数据的查询来创建视图,但嵌套情况下视图性能会下降。

④视图不能索引,也不能有关联的触发器、默认值或规则。

⑤视图可以和表一起使用,例如某 SQL 语句同时访问数据表和视图生产新的视图。

⑥视图不包含数据,所以每次使用视图时,都必须执行查询中所需的任何一个检索操作。如果用多个连接和过滤条件创建了复杂的视图或嵌套了视图,可能会发现系统运行性能下降得十分严重。因此,在部署大量视图应用时,应进行测试。

提示:ORDER BY 子句可以用在视图中,但若该视图检索数据的 SELECT 语句中也含有 ORDER BY 子句,则该视图中的 ORDER BY 子句将被覆盖。

2.MySQL 创建视图

创建视图是指在已经存在的 MySQL 数据库表上建立视图。视图可以建立在一张表上,也可以建立在多张表上。

使用 CREATE VIEW 语句来创建视图,语法:

CREATE VIEW <视图名> AS <SELEC 语句>

语法说明如下:

(1) <视图名>:指定视图的名称。该名称在数据库中必须是唯一的,不能与其他表或视图同名。

(2) <SELECT 语句>:指定创建视图的 SELECT 语句,可用于查询多个基础表或源视图。

(3) 用户除了拥有 CREATE VIEW 权限外,还应具有操作中涉及的基础表和其他视图的相关权限。

(4) SELECT 语句不能引用系统或用户变量。

(5) SELECT 语句不能包含 FROM 子句中的子查询。

(6) SELECT 语句不能引用预处理语句参数。

视图定义中引用的表或视图必须存在。但是,创建完视图后,可以删除定义引用的表或视图。可使用 CHECK TABLE 语句检查视图定义是否存在这类问题。

视图定义中允许使用 ORDER BY 语句,但是若从特定视图进行选择,而该视图使用了自己的 ORDER BY 语句,则视图定义中的 ORDER BY 将被忽略。

视图定义中不能引用 TEMPORARY 表(临时表),不能创建 TEMPORARY 视图。

WITH CHECK OPTION 的意思是,修改视图时,检查插入的数据是否符合 WHERE 设置的条件。

3.MySQL 删除视图

删除视图是指删除 MySQL 数据库中已存在的视图。删除视图时,只能删除视图的定义,不会删除源数据。

可以使用 DROP VIEW 语句来删除视图。

语法格式如下:

DROP VIEW <视图名1> [,<视图名2>…]

其中,<视图名>指定要删除的视图名。DROP VIEW 语句可以一次删除多个视图,但是必须在每个视图上拥有 DROP 权限。

【案例】 删除 v_students_info 视图,输入的 SQL 语句和执行过程如下所示:

mysql > DROP VIEW IF EXISTS v_students_info;
Query OK, 0 rows affected (0.00 sec)
mysql > SHOW CREATE VIEW v_students_info;
ERROR 1146 (42S02): Table 'test_db.v_students_info' doesn't exist

可以看到,v_students_info 视图已不存在,将其成功删除。

第9节 存储过程和触发器

1.存储过程

存储过程(Stored Procedure)是一种在数据库中存储复杂程序,以便外部程序调用的一种数据库对象。MySQL 5.0 版本开始支持存储过程。

存储过程是为了完成特定功能的 SQL 语句集,经编译创建并保存在数据库中,用户可通过指定存储过程的名字并给定参数(需要时)来调用执行。存储过程思想上很简单,就是数据库 SQL 语言层面的代码封装与重用。

(1)存储过程的优点如下:

①存储过程可封装,并隐藏复杂的商业逻辑。

②存储过程可以回传值,并可以接受参数。

③存储过程可以用在数据检验,强制实行商业逻辑等。

(2)存储过程的缺点如下:

①存储过程,往往定制化于特定的数据库上,因为支持的编程语言不同。当切换到其他厂商的数据库系统时,需要重写原有的存储过程。

②存储过程的性能调校与撰写,受限于各种数据库系统。

2.触发器

触发器和存储过程相似,都是嵌入到 MySQL 中的一段程序。触发器由事件触发某个操作。当数据库中这些事件发生时(如插入数据事件,修改数据事件等),就会激活触发器来执行相应的操作,这个过程类似于在 Windows 开始菜单点击某按钮,就打开对应的程序一样。

  MySQL 的触发器和存储过程一样,都是嵌入到 MySQL 中的一段程序,是 MySQL 中管理数据的有力工具。不同的是执行存储过程要使用 CALL 语句来调用,而触发器的执行不需要使用 CALL 语句来调用,也不需要手工启动,而是通过对数据表的相关操作来触发、激活从而实现执行。比如当对 student 表进行操作(INSERT,DELETE 或 UPDATE)时就可以激活并执行。

  触发器与数据表关系密切,主要用于保护表中的数据。特别是当有多个表具有一定的相互联系的时候,触发器能够让不同的表保持数据的一致性。

  以下情况需要触发器:

  (1)在学生表中添加一条关于学生的记录时,学生的总数就必须同时改变。

  (2)增加一条学生记录时,需要检查年龄是否符合范围要求。

  (3)删除一条学生信息时,需要删除其成绩表上的对应记录。

  (4)删除一条数据时,需要在数据库存档表中保留一个备份副本。

  虽然上述情况实现的业务逻辑不同,但是它们都需要在数据表发生变化时,自动进行一些处理。

  触发器的优点如下:

  (1)触发器的执行是自动的,当对触发器相关表的数据做出相应的修改后立即执行。

  (2)触发器可以实施比 FOREIGNKEY 约束、CHECK 约束更为复杂的检查和操作。

  (3)触发器可以实现表数据的级联更改,在一定程度上保证了数据的完整性。

  触发器的缺点如下:

  (4)使用触发器实现的业务逻辑在出现问题时很难进行定位,特别是涉及多个触发器时,后期维护比较困难。

  (5)大量使用触发器容易导致代码结构混乱,增加了程序的复杂性。

  (6)如果需要变动的数据量较大时,触发器的执行效率会非常低。

  在实际使用中,MySQL 所支持的触发器有三种:INSERT 触发器、UPDATE 触发器和 DELETE 触发器。

  (1)INSERT 触发器

  在 INSERT 语句执行之前或之后响应的触发器。

  使用 INSERT 触发器需要注意以下几点:

  ①在 INSERT 触发器代码内,可引用一个名为 NEW(不区分大小写)的虚拟表来访问被插入的行。

  ②在 BEFOREINSERT 触发器中,NEW 中的值也可以被更新,即允许更改被插入的值(只要具有对应的操作权限)。

  ③对于 AUTO_INCREMENT 列,NEW 在 INSERT 执行之前包含的值是 0,在 INSERT 执行之后将包含新的自动生成值。

  (2)UPDATE 触发器

  在 UPDATE 语句执行之前或之后响应的触发器。

使用 UPDATE 触发器需要注意以下几点：

①在 UPDATE 触发器代码内，可引用一个名为 NEW(不区分大小写)的虚拟表来访问更新的值。

②在 UPDATE 触发器代码内，可引用一个名为 OLD(不区分大小写)的虚拟表来访问 UPDATE 语句执行前的值。

③在 BEFOREUPDATE 触发器中，NEW 中的值可能也被更新，即允许更改将要用于 UPDATE 语句中的值(只要具有对应的操作权限)。

④OLD 中的值全部是只读的，不能被更新。

注意：当触发器设计对触发表自身的更新操作时，只能使用 BEFORE 类型的触发器，AFTER 类型的触发器将不被允许。

(3) DELETE 触发器

在 DELETE 语句执行之前或之后响应的触发器。

使用 DELETE 触发器需要注意以下几点：

①在 DELETE 触发器代码内，可以引用一个名为 OLD(不区分大小写)的虚拟表来访问被删除的行。

②OLD 中的值全部是只读的，不能被更新。

总体来说，触发器使用的过程中，MySQL 会按照以下方式来处理错误：

①对于事务性表，如果触发程序失败，以及由此导致的整个语句失败，那么该语句所执行的所有更改将回滚；对于非事务性表，则不能执行此类回滚，即使语句失败，失败之前所做的任何更改依然有效。

②若 BEFORE 触发程序失败，则 MySQL 将不执行相应行上的操作。

③若在 BEFORE 或 AFTER 触发程序的执行过程中出现错误，则将导致调用触发程序的整个语句失败。

④仅当 BEFORE 触发程序和行操作均被成功执行，MySQL 才会执行 AFTER 触发程序。

课 后 习 题

1. 使用 MySQL 创建道路交通量观测数据库。
2. 使用 MySQL 创建客运车辆信息数据表。
3. 在 MySQL 数据库中创建出租车信息表并插入一些营运信息字段。
4. 简单描述 MySQL 中，主键、外键和索引的区别。
5. 什么是基本表？什么是视图？两者有何联系？
6. 什么是存储过程？如何调用？
7. 触发器的作用是什么？

参 考 文 献

[1] 中华人民共和国交通运输部. 交通运输信息系统 基于 XML 的数据交换通用规则：

JT/T 1021—2016[S]. 北京：人民交通出版社股份有限公司,2016.

[2] 西尔伯沙茨. 数据库系统概念[M]. 6版. 北京:机械工业出版社,2012.

[3] 克林顿·W.布朗利. Python 数据分析基础[M]. 北京:人民邮电出版社,2017.

[4] 科莱特. Python 和 HDF5 大数据应用[M]. 北京:人民邮电出版社,2016.

[5] 布鲁诺·约瑟夫·德梅洛. JavaScript 与 JSON 从入门到精通[M]. 2版. 北京:清华大学出版社,2019.

[6] 本·福塔. MySQL 必知必会[M]. 北京:人民邮电出版社,2020.

第 5 章 数据可视化

第 1 节 数据可视化概述

1.数据可视化的定义

数据可视化是指通过图、表、动画等形式直观地展现数据,从而帮助用户快速、准确地理解信息。如让花费数小时甚至更久才能理解的数据,转化成一眼就能读懂的指标;又如通过加减乘除、各类公式权衡计算得到的两组数据,在图中利用颜色、尺寸、形态等方式展现数组之间的差异。

研究表明,人类右脑对图像的记忆要比左脑对抽象文字的记忆快,所以通过数据可视化可加强受众对数据的理解与记忆。信息时代,流程式管理方式过渡到数据驱动式管理方式是一种显著的发展趋势,通过可视化技术把复杂的、似乎无法解释和联系的数据,转化为可展现关联关系和发展规律的图表形式,具有重要的信息加工价值。成功的数据可视化要兼顾真实性、功能性、趣味性,并考虑可视化的形式,如图 5-1 所示。

图 5-1 成功的可视化图表设计所需要素示意图

数据可视化是一种展现复杂信息的方式,美学形式与功能需求都应兼顾。常见的数据可视化类型可分为分布类、占比类、区间类、仪表盘、趋势类、时间类、地图类、气泡图、雷达图、热力图、词云图等,如图 5-2 所示。常用的数据可视化工具有 Excel、Python、R、ArcGIS、ECharts 以及 Weka 和 Gephi 等,如图 5-3 所示。

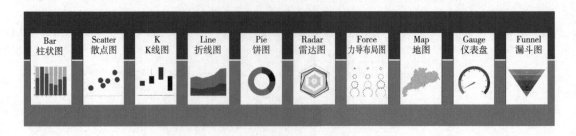

图 5-2 常见的数据可视化图形

第5章 数据可视化

图 5-3 常见的数据可视化工具

2.交通数据可视化概述

交通是一个拥有众多参与者、具有时空动态特性的复杂系统,现代城市中大量的人口以及交通工具催生了许多城市问题,比如交通拥堵、交通事故和空气污染等[1]。

伴随着大数据可视化的热潮,在交通数据中使用可视化技术可以帮助人们有效地理解移动车辆的行为、发现交通在时空上的模式,从而为交通优化等提供决策信息。当代交通系统每时每刻都会产生大量的数据,比如,出租车上搭载的 GPS 传感器会记录出租车的行驶轨迹;街道监控摄像头会记录车辆的通过情况。而且,随着城市规模越来越大,汽车数量越来越多,监控越来越多,交通数据的规模有了爆炸性的增长。在这种情况下,直接运用传统方法对交通数据进行分析已经变得越来越困难,而且效率越来越低,数据挖掘、机器学习和可视化等智能化技术的深入和广泛使用已经变得刻不容缓[2]。特别地,可视化技术可以将用户和数据直接相关,支持用户以简单可视的方式与数据进行交互,进而实现用户智慧和机器智慧交融反馈,这可以极大地提高分析和决策的效率与准度。

近些年来,研究人员将交通数据可视化作为一个独立的研究与应用领域来展开工作,这一技术是通向未来智慧城市的必由之路[3]。狭义上讲交通数据可视化就是对交通系统中产生的数据进行编码,通过图片、图表的方式展示给用户,支持用户交互地分析交通数据,主要包括对象轨迹的可视化、监控数据的可视化以及路网路况的可视化等。轨迹的可视化一般是将交通系统中的实体(比如出租车、公交车、行人等)的轨迹在地图上用线条方式进行展示;而监控数据可视化可根据监控的类型分为基于监控事件的可视化和监控视频的可视化;至于路网路况的可视化,一般通过交通地理信息系统或者热力图等技术形式展示路网概况、实时通行状况和拥堵状况等。

广义的交通数据可视化可以理解为在交通智能分析系统中可以利用的所有可视化技术的总和。一个智能分析系统一般可以大致地拆分成数据采集、数据预处理、数据查询和数据分析四个部分。除了数据采集外,其他三个部分都有可视化技术的施展空间。比如,在数据预处理过程中,采集到的原始交通数据往往存在数据重复、数据缺失等多种问题,通过数据清洗就可以实现对原始交通数据的去重和补全,以提高数据的可用性;在数据查询过程中,通过可视化的查询界面,有助于用户优化查询条件,分析查询结果等;在数据分析过程中,可视化技术可以与其他数据分析方法相结合,支持用户干预数据分析流程。

3.交通数据可视化方法

交通数据包括由移动设备的位置传感器和安装在道路上的监控器所生成并且收集的数据,还包括地理信息系统(GIS)中的地形和路网等数据。例如,出租车 GPS 轨迹数据记录了车辆实时的经纬度信息,手机用户的基站数据记录了手机用户进出的基站序号,道路上的监控设备实时录制、拍摄和计数过往的车辆信息。轨迹数据是一种最常见的交通数据,每一个轨迹记录点不仅包含位置信息,同时还记录了当时的时间。事件日志提供了更多关于城市交通道路上的语义信息,可以增强我们对异常轨迹的理解和分析,比如堵车、车祸等事件。交通数据的可视化方法主要分为三类:统计、时空轨迹及多维编码。

(1) 统计

热力图作为交通领域中最常见的统计可视化方法之一,通常用于展现单一数值(如车流量、人流量、繁忙程度等)在不同位置上的分布。例如,可以用人流分布热力图来展示节假日期间城市的人流聚集情况,其中,地图上不同颜色对应不同的人流密度,颜色越暖,则代表该位置人流量越密集。因此在热力图的颜色分布中,可直观看到重要交通枢纽和主要景点往往聚集了大批出行旅客。同样的,迁徙图以及常见的柱状图、折线图等也可用于交通数据的统计可视化。

(2) 时空轨迹

轨迹数据蕴含着丰富的时空信息,因此可以从时间和空间角度对轨迹数据进行可视化。轨迹的时间属性主要包括线性时间和周期性时间两种。线性时间可以使用基于时间线的可视化方法编码,时间线的两端编码了数据的起始时间。图 5-4 采用时间线的方法可视化了地铁路径选择与时长的关系[4]。从一个站点出发,用户可以根据地铁网络选择任意一个站点下车,水平轴上的长度代表一整趟旅途所花费的时间。对于周期性的时间,比如周、天、小时,最常用的可视化方法是环形布局。

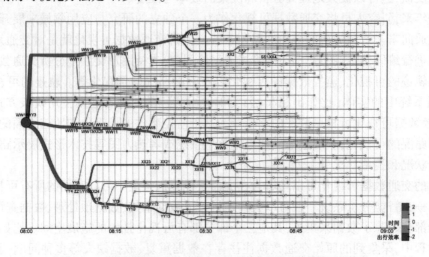

图 5-4 时间流图展示了从城市中心站到其他站点的路径的时间效率

轨迹的空间属性主要包括经纬度、高程和相对坐标(如十字坐标或极坐标,以及公路上常用的桩号坐标)。空间在轨迹分析中是非常重要的属性,人类的社会活动和位置密切相关。轨迹的空间属性可以基于线进行绘制,比如将轮船的航线用折线绘制于地图上,提供船只的监测服务[5]。然而,如果直接绘制大规模的轨迹,屏幕上会充斥着大量繁杂的轨迹,可视分析系统的使用者就无法进行理解分析。可视化研究者提出了边绑定算法对相似的轨迹进行聚合。举个例子,当采用边绑定的算法对美国各个州之间形状类似的飞行轨迹进行聚类,就可以清楚地了解州与州之间的飞行情况[6]。

(3）多维编码

热力图和轨迹图等可视化形式一般只能编码较少的维度信息。当数据维度较多时，通用可视化形式难以驾驭如此复杂的信息，因此需要根据应用场景和分析任务有针对性地设计合适的视觉编码。例如，时空立方体（Space-Time Cube，STC）是一种表达时空轨迹的常用方法，其中，物体的轨迹使用从地图平面逐渐向上方延伸的线条进行表达。为了展现轨迹不同位置上的多种属性（例如人群类型、车辆类型、发生事件的详细信息等），轨迹线条上还可以在相应位置添加颜色、点、几何图形或是特殊设计的图符等。如图5-5所示，折线编码了车辆在空间和时间维度上的位置，如果再按颜色从红到绿编码移动速度，一些遭遇交通拥堵的轨迹也能更加容易地被分辨出来[7]。

图5-5 使用时空立方体展示轨迹在时间和空间上的联合分布

第2节 地理信息系统 ArcGIS

1.GIS 概述

人类在地球上所有的活动，有75%~80%都与地理空间位置有关，那么要如何确切掌握空间信息，解决地球上日益复杂的问题呢？GIS（Geographic Information System）这门学科就应运而生了。GIS 在国内称为地理信息系统，在国外也有人使用 Spatial Information System 来表示相同的意思[8]。虽然名称略有差异，但从字面上可以知道 GIS 的主要应用均与空间信息息密切相关。

GIS 是重要的空间信息系统，是在计算机硬、软件系统支持下，对整个或部分地球表层（包括大气层）空间中的有关地理分布数据进行采集、储存、管理、运算、分析、显示和描述的系统。GIS 可将地球表面上及表面下所有的信息以一个一个的图层储存。例如交通中的路网图、地质图、人口分布图等，数据汇集后，配合 GIS 专业工具进行图层的编辑、属性数据库的管理、查询、分析、展示、制图等工作，并将数据处理分析后的结果，作为分析规划或政策制定的重要参考依据。

GIS 可应用的领域非常广泛，例如：土地使用及规划、资源利用、交通运输网络规划、公共设施管理经营、汽车导航系统、就业市场分析、住宅区位选择、综合性空间决策咨询等。目前市场上的 GIS 软件很多，国际上，有美国 ESRI 公司推出的 ArcGIS、MapInfo 公司的 MapInfo，这两款软件都是属于集成式工具；国内主流的 GIS 软件有北京超图公司开发的 SuperMap 以及中国地质大学设计的 MapGIS 等。除此之外，诸如百度、高德、谷歌、四图维新、凯立德等各大数字地图服务商也有推出相应的 GIS 服务。本书采用美国 ESRI 公司所发行的 ArcGIS Desktop 10 软件作为地理信息可视化的工具。

2.ArcGIS 概述

ESRI ArcGIS System(以下简称 ArcGIS)是美国 ESRI 公司 GIS 软件产品的总称,整个 ArcGIS 以功能定位区分成桌面版 GIS(Desktop GIS)、GIS 开发工具(Developer Tools)、服务器版 GIS(Server GIS)、移动版 GIS(Mobile GIS)及网页版 GIS(Browser GIS)五大部分,如图 5-6 所示。

图 5-6　ArcGIS 软件产品介绍

ArcGIS 将广义的地理空间模版化,无论是有形的地形地物或是无形的人文领域都能数字化成主题图层,清晰地表达分析过程及分析结果,如图 5-7 所示。

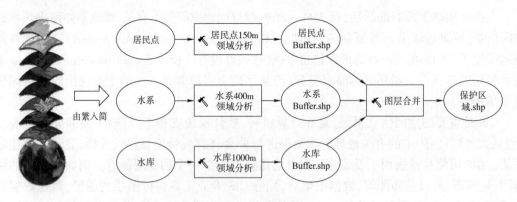

图 5-7　图层及分析方法

3.ArcGIS Desktop 10 介绍

在学习工作中比较常用的 ArcGIS 是桌面版 ArcGIS,ArcGIS Desktop 10 是目前的最新版本,ArcGIS Desktop 依功能区分三种等级的软件(ArcView、ArcEditor、ArcInfo),而这三种等级的软件其应用程序编程接口都相同,差别在于不同软件提供的功能与工具数量不同。这三种等级的 ArcGIS Desktop 产品,ArcMap 及 ArcCatalog 都是主要的模块(图 5-8),另外,如果加装了 3D Analyst 则会另有 ArcScene 及 ArcGlobe 两个制作 3D 环境的应用程序。

第 5 章 数据可视化

a) ArcCatalog模块的应用界面　　　　　b) ArcMap模块的应用界面

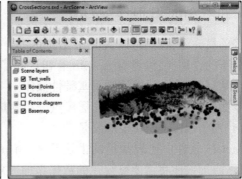

c) ArcGlobe模块的应用界面　　　　　d) ArcScene模块的应用界面

图 5-8　各模块的应用界面展示

ESRI 公司在 10.2 版对扩展模块也做了大幅度的许可证管理调整，ArcPress 纳入 ArcGIS Desktop 的基本功能，ArcGIS Desktop 的三个产品等级都可直接使用 ArcPress、ArcScan、Maplex 扩展模块。目前 ArcGIS 所拥有的扩展模块功能说明见表 5-1。

ArcGIS 扩展模块功能说明　　　　　　　　　　　　　表 5-1

扩 展 模 块	功 能 说 明
3D Analyst	提供空间数据模型的分析与建置，以 3D 形式展示并提供进阶的 3D 动画建立。3D Analyst 另外提供 ArcScene 及 ArcGlobe 两个应用程序
Geostatistical Analyst	进阶的统计工具，提供数据研究分析、模型建立及地表表面模型建立
Network Analyst	以路网为基础的空间分析工具，提供最佳路径规划、寻找邻近设施、寻找服务区域、进阶分析功能等
Schematics	提供管线、水资源及路网等网络图资源快速的产生略图，以便人们读图与快速的分析
Spatial Analyst	进阶的网络数据分析工具，可建立空间模型
Survey Analyst	提供测量数据的整合功能以及数据分析工具
Tracking Analyst	提供具有时间序列的数据重复时间关系的呈现及分析功能，结合时间与空间的进阶分析功能
Data Interoperability	提供不同格式 GIS 地图数据包可直接读取、导入、导出及格式的转换，达到数据共通的功能

续上表

扩展模块	功能说明
Publisher	提供对ArcMap的.MXD及ArcGlobe的.3DD存盘发布给非GIS人员在单机上读图的功能,并可对向量数据做数据加密,以达到地图数据包保护
ArcScan for ArcGIS	提供对黑白分明的网格数据自动数化成向量数据的进阶工具
Maplex for ArcGIS	标签及文字注释处理及版面配置的进阶功能,Maplex会依照用户设定的处理原则自动地处理所有地图数据包的标签及文字注释
Business Analyst	提供企业进阶的商业选址分析及物流路网分析功能
Military Analyst	专为军事防卫领域及情报等特殊需要而设计,包含一些可视化地理空间数据和分析工具

4.利用 ArcGIS 制作热力图

经前文介绍,我们可以认识到 ArcGIS 是一个功能强大的软件,本书的介绍也只是起到抛砖引玉的作用,使读者对 ArcGIS 有初步的了解,接下来希望通过下面的案例介绍,让读者进一步掌握 ArcGIS 软件的常用基础性操作。

本案例将利用 ArcGIS 制作居民点分布的热力图,具体操作步骤如下所示。

(1)打开 ArcMap 并导入数据

ArcGIS 软件中比较常用的模块是 ArcMap,安装好 ArcGIS 后打开 ArcMap,新建空白地图,点击添加按钮将需要可视化的数据添加进来,如图 5-9 所示。

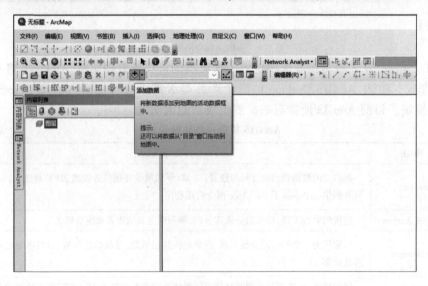

图 5-9 添加数据

案例使用的是某地区的居民点 GPS 数据,地理坐标系为 WGS84。数据添加后效果展示如图 5-10 所示。

(2)核密度分析

核密度分析可以体现出分析目标在空间上的集聚情况。调用核密度分析工具的步骤为:地理处理→ArcToolbox→Spatial Analyst 工具→密度分析→核密度分析,如图 5-11 所示。

第 5 章 数据可视化

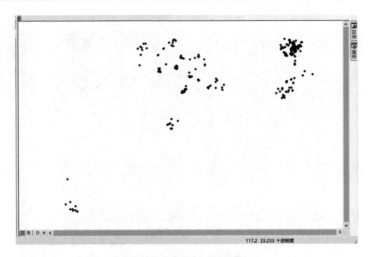

图 5-10 数据添加后效果展示

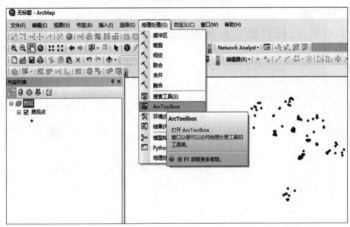

图 5-11 调用核密度分析工具

在弹出的对话框内进行相关参数设置,设置完成点击确定,即可看到核密度分析的结果(图 5-12、图 5-13)。

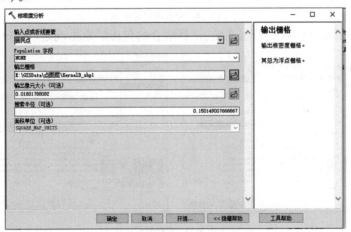

图 5-12 设置核密度分析参数

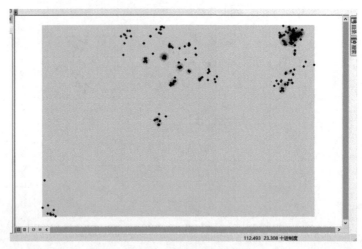

图 5-13　核密度分析结果

（3）热力图效果展示

为了提升展示效果，可进行配色方案的修改。在生成的核密度分析图层上右键选择属性（图 5-14）。

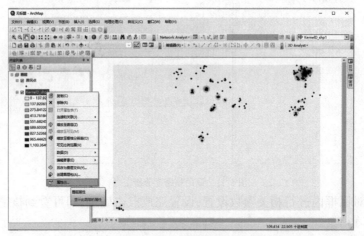

图 5-14　修改图层属性

在弹出的图层属性中找到符号系统，选择适合的色带后点击确定（图 5-15）。

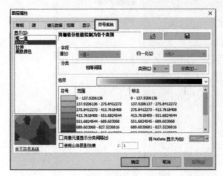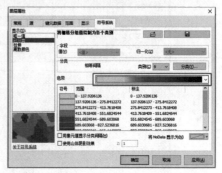

图 5-15　色带选择

色带更换后可以看到可视化效果发生了较为显著的变化(图 5-16)。

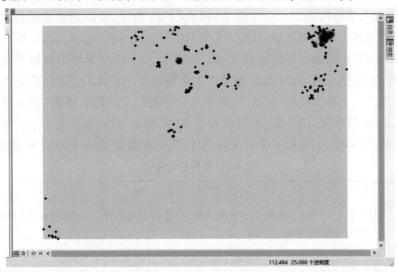

图 5-16 更换配色方案后的效果

隐藏居民点图层,将图层前面的"√"去掉,热力图的效果会更好:如图 5-17 所示中颜色越深的地方表示人群居住越集中。

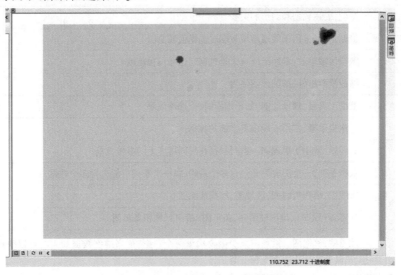

图 5-17 隐藏图层后的热力图效果

第 3 节 ECharts

1.ECharts 简介

常用的脚本型数据可视化工具,除了 D3.js、Chart.js、Highcharts、FusionCharts 和 ZingChart 等开发者工具外,还有两大网络信息服务巨头百度和谷歌各自开发的 Echarts 和 Google Charts。

本节选用 Echarts 来进行数据可视化的展示（表 5-2）。ECharts，全称为 Enterprise Charts，是一种商业级数据图表。一个纯 Javascript 的图表库，可以流畅地运行在 PC 和移动设备上，兼容当前绝大部分浏览器（IE6/7/8/9 /10/11，chrome，firefox，Safari 等），底层依赖轻量级的 Canvas 类库 ZRender，提供直观、生动、可交互、可个性化定制的数据可视化图表。创新的拖拽重计算、数据视图、值域漫游等特性大大增强了用户体验，赋予了用户对数据进行挖掘、整合的能力。支持折线图、柱状图、散点图（气泡图）、K 线图、饼图、雷达图、和弦图、力导向布局图、地图、仪表盘、漏斗图、事件河流图 12 类图表，同时提供标题、详情气泡、图例、值域、数据区域、时间轴、工具箱 7 个可交互组件，支持多图表、组件的联动和混搭展现。

ECharts 常用名词解释　　　　　　　　　　表 5-2

名词	解释
chart	是指一个完整的图表，如折线图、饼图等"基本"图表类型或由基本图表组合而成的"混搭"图表，可能包括坐标轴、图例等
axis	直角坐标系中的一个坐标轴，坐标轴可分为类目型、数值型或时间型
xAxis	直角坐标系中的横轴，通常并默认为类目型
yAxis	直角坐标系中的纵轴，通常并默认为数值型
grid	直角坐标系中除坐标轴外的绘图网格，用于定义直角系整体布局
legend	图例，表述数据和图形的关联
dataRange	值域选择，常用于展现地域数据时选择值域范围
dataZoom	数据区域缩放，常用于展现大量数据时选择可视范围
roamController	缩放漫游组件，搭配地图使用
toolbox	辅助工具箱，辅助功能，如添加标线、框选缩放等
tooltip	气泡提示框，常用于展现更详细的数据
timeline	时间轴，常用于展现同一系列数据在时间维度上的多份数据
series	数据系列，一个图表可能包含多个系列，每一个系列可能包含多个数据
line	折线图，堆积折线图，区域图，堆积区域图
bar	柱形图（纵向），堆积柱形图，条形图（横向），堆积条形图
scatter	散点图，气泡图。散点图至少需要横纵两个数据，更高维度数据加入时可以映射为颜色或大小，当映射到大小时则为气泡图
k	K 线图，蜡烛图。常用于展现股票交易数据
pie	饼图，圆环图。饼图支持两种（半径、面积）南丁格尔玫瑰图模式
radar	雷达图，填充雷达图。高维度数据展现的常用图表
chord	和弦图。常用于展现关系数据，外层为圆环图，可体现数据占比关系，内层为各个扇形间相互连接的弦，可体现关系数据
force	力导布局图。常用于展现复杂关系网络聚类布局
map	地图。内置世界地图、中国及中国 34 个省市自治区地图数据，可通过标准 GeoJson 扩展地图类型。支持 svg 扩展类地图应用，如室内地图、运动场、物件构造等

第 5 章 数据可视化

续上表

名词	解释
heatmap	热力图。用于展现密度分布信息,支持与地图、百度地图插件联合使用
gauge	仪表盘。用于展现关键指标数据,常见于 BI 类系统
funnel	漏斗图。用于展现数据经过筛选、过滤等流程处理后发生的数据变化,常见于 BI 类系统
evnetRiver	事件河流图。常用于展示具有时间属性的多个事件以及事件随时间的演化
treemap	矩形式树状结构图,简称矩形树图。用于展示树形数据结构,优势是能最大限度地展示节点的尺寸特征
venn	韦恩图。用于展示集合以及它们的交集
tree	树图。用于展示树形数据结构各节点的层级关系
wordCloud	词云。词云是关键词的视觉化描述,用于汇总用户生成的标签或一个网站的文字内容

2.ECharts 入门

ECharts 主要是用于前端开发,深入学习 ECharts 需要先学习 HTML 以及 Javascript 的相关知识。对于交通运输类大学生而言,学习 Echarts 的首要目标是学会从数据分析的角度出发,应用 ECharts 进行数据的可视化展示。

在百度中搜索"ECharts",可找到 ECharts 官网,通过官网获得权威的学习资料,如图 5-18 所示。

图 5-18　ECharts 官网

作者在撰写这本书的时候,ECharts 的最新版本为 4.0,读者可以先在首页大概浏览一下 4.0 版本的功能,然后进一步了解菜单栏上每个模块的功能与内容。"文档"菜单下的"教程"主要介绍了如何下载以及引入 ECharts;可以通过"配置项"来搜索并学习代码中各个组件的功能与属性;"API"这个内容介绍了 ECharts 中提供给开发者的各种接口,这对于前期基础框架搭建是很有帮助的。ECharts 官网菜单栏如图 5-19 所示。

ECharts 官网提供了丰富的图表案例,读者可以根据手头上所拥有的数据,选取合适的案例进行代码的修改,从而得到所需要的可视化效果图。除了官网提供的案例外(图 5-20),在线创建 ECharts 图表的平台 Gallery 也提供了非常丰富的资源。

3.ECharts 在交通中的应用:迁徙图

基于表 5-3、表 5-4 提供的广东省各地市经纬度坐标以及某时间段内各地市前往广州、佛山、深圳的公路运输量数据(某种统计口径),本小节将演示如何使用 ECharts 来绘制交通迁徙图。

图 5-19　ECharts 官网菜单栏

图 5-20　ECharts 官网案例示意

各 地 市 经 纬 度　　　　　　　　　　　　　　　表 5-3

地　市	经　度	纬　度	地　市	经　度	纬　度
湛江市	110.3545	21.2737	肇庆市	112.4601	23.0495
茂名市	110.9207	21.6660	惠州市	114.4118	23.1133
阳江市	111.9778	21.8615	广州市	113.5107	23.2196
珠海市	113.5716	22.2737	汕头市	116.6778	23.3562
中山市	113.3872	22.5187	揭阳市	116.3680	23.5521
深圳市	114.0545	22.5456	潮州市	116.6186	23.6594
江门市	113.0762	22.5814	清远市	113.0507	23.6845
汕尾市	115.3702	22.7883	河源市	114.6960	23.7463
云浮市	112.0393	22.9179	梅州市	116.1178	24.2911
东莞市	113.7465	23.0228	韶关市	113.5920	24.8134
佛山市	113.1164	23.0244			

各地市前往广州、佛山、深圳的公路客运量　　　　　　　　　表 5-4

出发地	到达地	公路客运量	出发地	到达地	公路客运量
广州市	广州市	9740.3	茂名市	佛山市	29.0
佛山市	广州市	920.2	清远市	佛山市	31.8
东莞市	广州市	749.7	惠州市	佛山市	27.1
深圳市	广州市	615.7	韶关市	佛山市	6.6
清远市	广州市	593.0	河源市	佛山市	6.3
江门市	广州市	370.1	梅州市	佛山市	3.0
惠州市	广州市	328.0	汕尾市	佛山市	3.9
中山市	广州市	273.6	揭阳市	佛山市	2.2
珠海市	广州市	265.9	汕头市	佛山市	1.2
肇庆市	广州市	199.0	潮州市	佛山市	0.9
揭阳市	广州市	89.9	深圳市	深圳市	7143.6
河源市	广州市	91.7	东莞市	深圳市	1093.4
汕尾市	广州市	90.0	广州市	深圳市	606.1
梅州市	广州市	75.8	惠州市	深圳市	667.6
阳江市	广州市	78.5	江门市	深圳市	143.7
韶关市	广州市	76.0	汕尾市	深圳市	139.5
云浮市	广州市	62.0	中山市	深圳市	137.1
汕头市	广州市	40.9	佛山市	深圳市	135.6
湛江市	广州市	24.5	珠海市	深圳市	84.0
茂名市	广州市	15.4	河源市	深圳市	69.3
潮州市	广州市	11.1	清远市	深圳市	49.5
佛山市	佛山市	1277.8	梅州市	深圳市	37.9
广州市	佛山市	872.4	揭阳市	深圳市	36.4
肇庆市	佛山市	484.5	肇庆市	深圳市	31.2
江门市	佛山市	249.2	云浮市	深圳市	14.8
云浮市	佛山市	126.5	湛江市	深圳市	8.6
深圳市	佛山市	147.9	汕头市	深圳市	16.9
东莞市	佛山市	82.7	茂名市	深圳市	5.0
珠海市	佛山市	60.1	阳江市	深圳市	10.6
中山市	佛山市	57.5	韶关市	深圳市	10.6
湛江市	佛山市	41.8	潮州市	深圳市	1.3
阳江市	佛山市	48.7			

首先，可在 https://echarts.apache.org/examples/zh/editor.html? c = geo-lines 中下载 ECharts 的迁徙图案例到本地电脑，下载的文件格式为 HTML，可直接用浏览器打开该文件从而看到该案例的可视化展示效果(图 5-21)。

交通大数据处理与分析

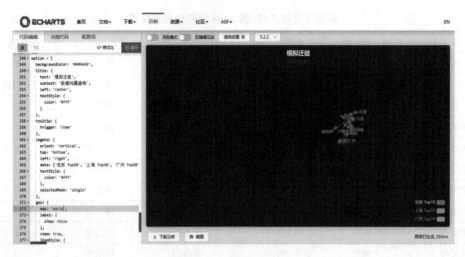

图 5-21　迁徙图案例示意

如果下载案例后运行得不到图示的效果，可尝试用下述代码中的 < script > 标签替换掉原案例代码开头的 < script > 标签。

为了便于编辑 HTML 文件，本书选用 Sublime Text 编译器来修改代码。用 Sublime Text 打开迁徙图案例文件后，替换代码中对应的数据，具体操作过程及注释如下方的代码块所示：

```
<！DOCTYPE html >
< html style = "height: 100%" >
    < head > < meta charset = "utf-8" > < /head >
    < body style = "height: 100%; margin: 0" >
        < div id = "container" style = "height: 100%" > < /div >
        < script type = "text/javascript" src = "https://cdn.jsdelivr.net/npm/echarts/dist/echarts.min.js" >
        < /script >
        < script type = "text/javascript" src = "https://cdn.jsdelivr.net/npm/echarts-gl/dist/echarts-gl.min.js" >
        < /script >
        < script type = "text/javascript" src = "https://cdn.jsdelivr.net/npm/echarts-stat/dist/ecStat.min.js" >
        < /script >
        < script type = "text/javascript" src = "https://cdn.jsdelivr.net/npm/echarts/dist/extension/dataTool.min.js" >
        < /script >
        < script type = "text/javascript" src = "https://cdn.jsdelivr.net/npm/echarts/map/js/china.js" >
```

```
        </script>
        <script type = "text/javascript" src = "https://cdn.jsdelivr.net/npm/echarts/map/js/province/guangdong.js">
        </script>
        <script type = "text/javascript" src = "https://api.map.baidu.com/api?v=2.0&ak=xfhhaTThl11qYVrqLZii6w8qE5ggnhrY&__ec_v__=20190126">
        </script>
        <script type = "text/javascript" src = "https://cdn.jsdelivr.net/npm/echarts/dist/extension/bmap.min.js">
        </script>
        <script type = "text/javascript" >
var dom = document.getElementById("container");
var myChart = echarts.init(dom);
var app = {};
option = null;
//将原案例中的数据替换成广东省21个地市及其经纬度坐标
var geoCoordMap = {
    '广州市':[113.5107,23.2196],    '湛江市':[110.3545,21.2737],    '茂名市':[110.9207,21.6660],
    '阳江市':[111.9778,21.8615],    '珠海市':[113.5716,22.2737],    '中山市':[113.3872,22.5187],
    '深圳市':[114.0545,22.5456],    '江门市':[113.0762,22.5814],    '汕尾市':[115.3702,22.7883],
    '云浮市':[112.0393,22.9179],    '东莞市':[113.7465,23.0228],    '佛山市':[113.1164,23.0244],
    '肇庆市':[112.4601,23.0495],    '惠州市':[114.4118,23.1133],    '汕头市':[116.6778,23.3562],
    '揭阳市':[116.3680,23.5521],    '潮州市':[116.6186,23.6594],    '清远市':[113.0507,23.6845],
    '河源市':[114.6960,23.7463],    '梅州市':[116.1178,24.2911],    '韶关市':[113.5920,24.8134]};
//用各地市前往广州市、佛山市、深圳市的运输量数据,按顺序替换掉原案例中的数据,需要注意的是在本例中value是代表起点的值
var GZData = [
    [{name:'佛山市',value:920.2},{name:'广州市'}],[{name:'东莞市',value:749.7},{name:'广州市'}],
    [{name:'深圳市',value:615.7},{name:'广州市'}],[{name:'清远市',value:593},{name:'广州市'}],
```

[{name:'江门市',value:370.1},{name:'广州市'}],[{name:'惠州市',value:328},{name:'广州市'}],

[{name:'中山市',value:273.6},{name:'广州市'}],[{name:'珠海市',value:265.9},{name:'广州市'}],

[{name:'肇庆市',value:199},{name:'广州市'}],[{name:'揭阳市',value:89.9},{name:'广州市'}],

[{name:'河源市',value:91.7},{name:'广州市'}],[{name:'汕尾市',value:90},{name:'广州市'}],

[{name:'梅州市',value:75.8},{name:'广州市'}],[{name:'阳江市',value:78.5},{name:'广州市'}],

[{name:'韶关市',value:76},{name:'广州市'}],[{name:'云浮市',value:62},{name:'广州市'}],

[{name:'汕头市',value:40.9},{name:'广州市'}],[{name:'湛江市',value:24.5},{name:'广州市'}],

[{name:'茂名市',value:15.4},{name:'广州市'}],[{name:'潮州市',value:11.1},{name:'广州市'}]];

var FSData = [

[{name:'广州市',value:872.4},{name:'佛山市'}],[{name:'肇庆市',value:484.5},{name:'佛山市'}],

[{name:'江门市',value:249.2},{name:'佛山市'}],[{name:'云浮市',value:126.5},{name:'佛山市'}],

[{name:'深圳市',value:147.9},{name:'佛山市'}],[{name:'东莞市',value:82.7},{name:'佛山市'}],

[{name:'珠海市',value:60.1},{name:'佛山市'}],[{name:'中山市',value:57.5},{name:'佛山市'}],

[{name:'湛江市',value:41.8},{name:'佛山市'}],[{name:'阳江市',value:48.7},{name:'佛山市'}],

[{name:'茂名市',value:29},{name:'佛山市'}],[{name:'清远市',value:31.8},{name:'佛山市'}],

[{name:'惠州市',value:27.1},{name:'佛山市'}],[{name:'韶关市',value:6.6},{name:'佛山市'}],

[{name:'河源市',value:6.3},{name:'佛山市'}],[{name:'梅州市',value:3},{name:'佛山市'}],

[{name:'汕尾市',value:3.9},{name:'佛山市'}],[{name:'揭阳市',value:2.2},{name:'佛山市'}],

[{name:'汕头市',value:1.2},{name:'佛山市'}],[{name:'潮州市',value:0.9},{name:'佛山市'}]];

var SZData = [

[{name:'东莞市',value:1093.4},{name:'深圳市'}],[{name:'广州市',value:606.1},{name:'深圳市'}],

[{name:'惠州市',value:667.6},{name:'深圳市'}],[{name:'江门市',value:143.7},{name:'深圳市'}],
[{name:'汕尾市',value:139.5},{name:'深圳市'}],[{name:'中山市',value:137.1},{name:'深圳市'}],
[{name:'佛山市',value:135.6},{name:'深圳市'}],[{name:'珠海市',value:84},{name:'深圳市'}],
[{name:'河源市',value:69.3},{name:'深圳市'}],[{name:'清远市',value:49.5},{name:'深圳市'}],
[{name:'梅州市',value:37.9},{name:'深圳市'}],[{name:'揭阳市',value:36.4},{name:'深圳市'}],
[{name:'肇庆市',value:31.2},{name:'深圳市'}],[{name:'云浮市',value:14.8},{name:'深圳市'}],
[{name:'湛江市',value:8.6},{name:'深圳市'}],[{name:'汕头市',value:16.9},{name:'深圳市'}],
[{name:'茂名市',value:5},{name:'深圳市'}],[{name:'阳江市',value:10.6},{name:'深圳市'}],
[{name:'韶关市',value:10.6},{name:'深圳市'}],[{name:'潮州市',value:1.3},{name:'深圳市'}]];
//标记特效的svg,此处将案例中的飞机图标替换为箭头图标,关于一些自定义图标的修改,建议去http://www.iconfont.cn/中寻找
var carPath = 'arrow';
//添加每一条线路的信息,包括开始地点、结束地点、经纬度
var convertData = function (data) {
    var res = [];
    for (var i = 0; i < data.length; i++) {
        var dataItem = data[i];
        var fromCoord = geoCoordMap[dataItem[0].name];
        var toCoord = geoCoordMap[dataItem[1].name];
        if (fromCoord && toCoord) {
            res.push({
                fromName: dataItem[0].name,
                toName: dataItem[1].name,
                coords: [fromCoord, toCoord]
            });
        }
    }
```
```

```
            return res;
    };
```

```
    //三组数据的颜色
    var color = ['#a6c84c', '#ffa022', '#46bee9'];
    //运输线路数据
    var series = [];
    //遍历三个系列的每一条线路,需对应上文数据名称将代码进行修改
    [['广州市', GZData], ['佛山市', FSData], ['深圳市', SZData]].forEach(function (item, i) {
        //配置
        series.push({
            //系列名称,用于 tooltip 的显示
            name: '前往' + item[0],
            type: 'lines',
            //用于 Canvas 分层,不同 zlevel 值的图形会放置在不同的 Canvas 中, zlevel 大的 Canvas 会放在 zlevel 小的 Canvas 的上面
            zlevel: 1,
            //开始到结束的白色尾巴线条
            //线条特效的配置
            effect: {
                show: true,//特效动画的时间,单位为 s
                period: 6,
                trailLength: 0.7,//特效尾迹的长度。取从 0 到 1 的值,数值越大尾迹越长
                color: '#fff',//特效标记的颜色
                symbolSize: 3//特效标记的大小
            },
            //开始到结束的线条设置
            lineStyle: {
                normal: {
                    color: color[i],width: 0,
                    curveness: 0.2//线条弧度
                }
            },
            //开始到结束的数据
            data: convertData(item[1])
        },
        //设置箭头特效
        {
```

```
            name: '前往' + item[0],
            type: 'lines',
            zlevel: 2,
            symbol: ['none', 'arrow'],//线条的一端没效果,一端有箭头
            symbolSize: 5,//箭头大小
            //箭头标记特效的配置
            effect: {show: true, period: 6, trailLength: 0, symbol: carPath, symbolSize: 12},
            lineStyle: {color: color[i], width: 1, opacity: 0.6, curveness: 0.2},
            data: convertData(item[1])
        },
        //设置涟漪特效的散点图
        {
            name: '前往' + item[0],
            type: 'effectScatter',//带有涟漪特效动画的散点图
            coordinateSystem: 'geo',//使用地理坐标系,才能绘制以经纬度储存的点
            zlevel: 2,
            //波纹的绘制方式除了 stroke,还有 fill
            rippleEffect: {
                brushType: 'stroke'
            },
            label: {
                show: true,
                position: 'bottom',//自适应标签离容器底部的距离
                formatter: '{b}'//标签为数据名
            },
            //根据每个数据的不同值,来设置不同大小的标记,这里将值缩小为 1/25
            symbolSize: function (val) {
                return val[2] / 25;
            },
            //图形样式
            itemStyle: {
                color: color[i]
            },
            // map() 方法返回一个新数组,数组中的元素为原始数组元素调用函数处理后的值
            data: item[1].map(function (dataItem) {
                return {
```

```
            name: dataItem[0].name,
            // concat( )方法用于连接两个数组
            value: geoCoordMap[dataItem[0].name].concat( [dataItem[0].value] )
          };
       })
    });
});
//标题和风格参数
option = {
    backgroundColor: '#404a59',
    title : {
        text: '各地市前往广州、佛山、深圳的公路客运迁移情况',
        subtext: '某段时间',
        left: 'center',
        textStyle: {
            color: '#fff'
        }
    },
    tooltip: {
        trigger: 'item'
    },
    legend: {
        orient: 'vertical',
        top: '80%',
        left: '70%',
        data: ['前往广州市', '前往佛山市', '前往深圳市'],
        textStyle: {
            color: '#fff'
        },
        selectedMode: 'single'
    },
    geo: {
        //第13 行代码中需将 world 地图替换为 guangdong 地图"https://cdn.jsdelivr.net/npm/echarts/map/js/province/guangdong.js"
        map: '广东',
        //鼠标移入是否显示地市
        label: {
```

```
                show: false
            },
            roam: true,
            itemStyle: {
                areaColor: '#323c48',
                borderColor: '#404a59'
            },
            emphasis: {
                label: {
                    show: true
                },
                itemStyle: {
                    areaColor: '#2a333d'
                }
            }
        },
        series: series
    };
    if ( option && typeof option = = = "object") {
        myChart.setOption( option, true );
    }
        < /script >
    < /body >
< /html >
```

修改完成后保存文件,直接用浏览器打开该 HTML 文件,可得到类似于如图 5-22 所示的公路运输量迁徙示意图。

第 4 节　常用交通数据指标可视化

1.数据类型及来源

(1)北京地铁线路的地理信息数据

本节所使用的是 2018 年 12 月北京市地铁线路数据,数据格式为 txt 格式,坐标系统采用火星坐标系,包含了城市、公交名、首末班车时间、起始站、起始站经度、起始站纬度、终点站、终点站经度、终点站纬度、线路 ID、站点 ID 等字段。

(2)北京地铁各站点经纬度

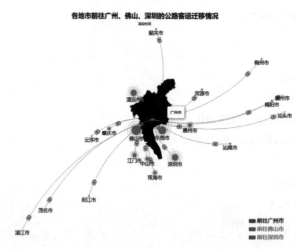

图 5-22　公路运输量迁徙示意图

本节所使用的是 2018 年 12 月北京市地铁站点数据,数据格式为 csv 格式,坐标系统采用百度坐标系,包含线路序列、站点编号、线路、站点序列、站点名称、重复线路、经度、纬度等字段。

(3)北京地铁各地铁站的刷卡进站量

本节所使用的是 2018 年 12 月北京市各地铁站刷卡数据,数据格式为 csv 格式,包含了卡号、出发地铁站点名称等字段。

(4)佛山市地理信息数据

本节所使用的地理信息数据包括高速公路经纬度数据以及行政区划面图层,时间为 2020 年 3 月,数据格式为 shp,坐标系统采用 CGCS2000 地理坐标系。

(5)腾讯位置大数据区域热力图

本节使用的区域热力图是 2020 年 10 月 1 日 12 时广州市广州站的人口分布热力图。

来源:https://heat.qq.com/heatmap.php。

(6)百度地图春节人口迁徙大数据

本节的 2020 年除夕当天的全国热门迁入地市图来自百度迁徙平台。

来源:https://qianxi.baidu.com/2020/。

(7)广东省公路运输量数据

公路运输量是反映交通运输业发展状况的重要指标,同时也是反映地区经济发展的重要指标。货物流量流向作为表征道路货运生产水平的重要指标,可通过可视化技术分析货运活动最活跃的地区,并掌握各地区之间的货运往来情况。

本节所使用的数据为广东省 2019 年 12 月省内各地市通过高速公路前往广州市的运输量数据(某种统计口径)。

2.常见交通数据指标的可视化

(1)地铁进站量时间分布折线图

使用北京地铁各地铁站的刷卡进站量,绘制了北京地铁刷卡进站量的时间分布图,如

图5-23所示。

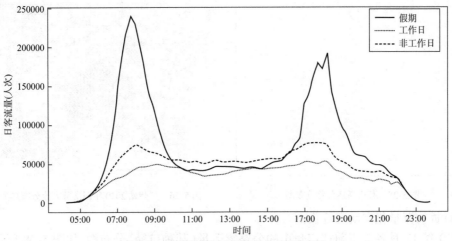

图5-23　北京地铁刷卡进站量的时间分布图

(2) IC卡刷卡进站量空间分布散点图

使用北京地铁线路的地理信息数据、北京地铁各站点经纬度以及各地铁站的刷卡进站量,绘制了北京地铁刷卡进站量的空间分布图,如图5-24所示。

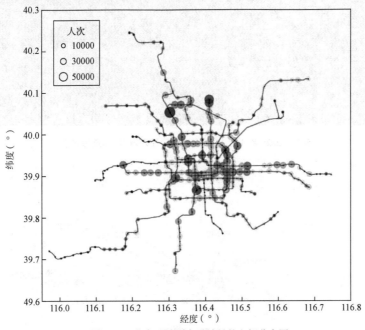

图5-24　北京地铁刷卡进站量的空间分布图

(3) 高速公路分布图

某市高速公路分布图如图5-25所示。

(4) 人口分布热力图

广州站2020年国庆节人流分布热力图如图5-26所示。

(5) 春运热门迁入地动态气泡图

2020年3月15日全国热门迁入地市(起点为北京),如图5-27所示。

图5-25　某市高速公路分布图

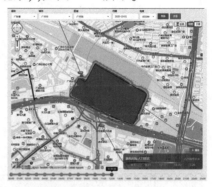

图5-26　广州站2020年国庆节人流分布热力图

(6)货物流量流向动态迁徙图

2019年12月各地市前往广州市的公路货运量(某种口径)分布图,如图5-28所示。

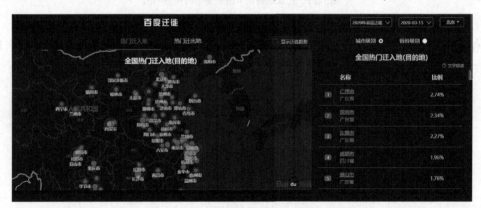

图5-27　2020年3月15日全国热门迁入地市(起点为北京)

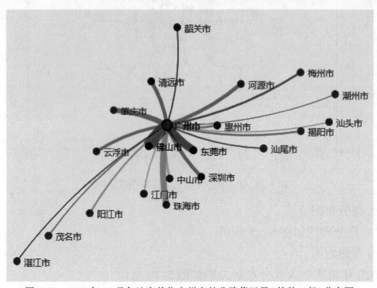

图5-28　2019年12月各地市前往广州市的公路货运量(某种口径)分布图

— 102 —

第5节 时间数据可视化

时间数据可视化包括动态和静态两种。静态方法不随时间变化,它将记录于数据中的内容采用静态的方式展示,但可采用数据比较、多视角等方法表现数据随时间变化的规律和趋势。动态方法可直观地展示数据随着时间变化的过程,该方法采用动画方式,因而具有更显著的表现效果。由于书籍表现力的局限,本书主要介绍静态方法。

1.时间属性

时间数据可视化可用 X 轴表示时间属性的变量,每个时间点发生的单个事件用 Y 轴的数据表示。一般将时间属性的分类划分成以下三种。

(1)线性时间和周期时间

线性时间定义从前与将来之间数据元素的线性时域并假定一个出发点。若以可视化的角度来描述线性时间,则可以用 Y 轴表示随时间变化而变化的数据变量,X 轴表示时间序列,这就形成一个简单的二维图形。如图 5-29 所示,展示了某地铁车站进站人数随时间变化的规律,此图虽然表达出了地铁进站客流在线性时间中的变化情况,但是却无法表达出地铁进站客流的周期性变化。

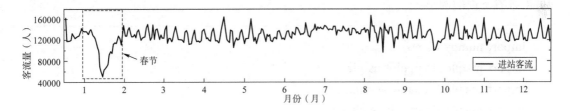

图 5-29 某地铁车站一年的地铁进站客流量变化情况

自然界和社会中存在许多具有循环规律的过程,比如说地铁客流、高速公路车流呈现一个星期为周期的循环。为了表现这样的现象,可以采用循环的时间域。在一个严格的循环时间域中,不同点之间的顺序相对于一个周期是毫无意义的,例如,冬天在夏天之前来临,但冬天之后也有夏天。对于线性时间,在表达维度上最常用的就是线性映射方式;而对于周期时间,则经常使用径向和螺旋形的映射方式。

(2)时间点和时间间隔

时间点也叫空间的一个盲点、时间、时刻,将时间表述为一个抽象概念,使得其与离散的空间欧拉点相对等,这便是离散时间点。时间点是静止的,单个时间点不能表述持续的含义。然而,小规模的线性时间域可以用时间间隔(时间段)表示,例如几年、几个月或几天,时间间隔是描述计划的时间粒度单位。划分时间间隔的目的是为了说明计划在各个时间间隔上的产出量、计划量和需求量。计划中的时间粒度越小,越容易得到准确的控制、执行和描述。如地铁车站的进站客流的常用时间粒度有 15min、30min、45min、60min 等,相比 60min 的时间粒度,使用 15min 的时间粒度对进站客流的描述更能刻画出进站客流的细节变化。

数据元可以用时间间隔定义为一个由两个时间点分隔的持续段,时间间隔和时间点统称为时间基元。

(3)顺序时间、分支时间和多角度时间

事物的发展变化离不开时间顺序,如说明动植物生长、人物成长、生产技术、文字演变、产品制作、历史发展、工作方法等,都应以时间为序。

分支时间表示在同一时间间隔内多股时间分支展开,有利于描述和比较有选择性的方案(如交通规划)。如果决策过程只有一个选择发生,适合使用这种类型的时间。

多角度时间相当于从多个不同的角度来观察同一个事物,为了尽可能完整地呈现某一事件或行为,一般都会从各个角度来描述或记录,例如坐在篮球场馆不同的位置,观看着同一场比赛,又或者同一时段内的汽车销售情况,可以从不同的维度进行分析。对于这种刻画方式,在表达维度上最常用的是线性映射方式。

2.时间属性的可视化方法

(1)线性和周期时间可视化

不同类别的时变型数据需采用不同的可视化方法来表达。标准的显示方法使用前面提及的二维图形。

时间序列的可视化方法有很多种,这里使用Python的第三方库matplotlib时间序列绘图功能,来看下面的例子:

```
import numpy as np
import matplotlib.pyplot as plt
import matplotlib.dates as mdates
import matplotlib.cbook as cbook
years = mdates.YearLocator()    # 每一年
months = mdates.MonthLocator()   #每个月
years_fmt = mdates.DateFormatter('%Y')
#从雅虎网csv数据加载numpy结构化数组,其字段为mpl-data / example目录中的date,#open,close,volume,adj_close。此数组将日期存储为np.datetime64,在"日期"列中#以天为单位("D")。
with cbook.get_sample_data('goog.npz') as datafile:
    data = np.load(datafile)['price_data']
fig, ax = plt.subplots()
ax.plot('date', 'adj_close', data = data)
#格式化标签
ax.xaxis.set_major_locator(years)
ax.xaxis.set_major_formatter(years_fmt)
```

```
ax.xaxis.set_minor_locator( months )
#四舍五入到最接近的年份
datemin = np.datetime64( data['date'][0], 'Y')
datemax = np.datetime64( data['date'][-1], 'Y') + np.timedelta64(1, 'Y')
ax.set_xlim( datemin, datemax)
#格式化坐标消息
ax.format_xdata = mdates.DateFormatter('%Y-%m-%d')
ax.format_ydata = lambda x: '$ %1.2f' % x    # format the price.
ax.grid( True)
#旋转并右对齐 x 标签,并向上移动轴的底部以为其留出空间
fig.autofmt_xdate( )
plt.show( )
```

例如,图 5-30 显示了一维时间序列图,其横轴表达线性时间、时间点和时间间隔,纵轴表现时间域内的特征属性。这种方法的优点是可表现数据元素在线性时间域中的变化,缺点是难以表达数据的周期性。

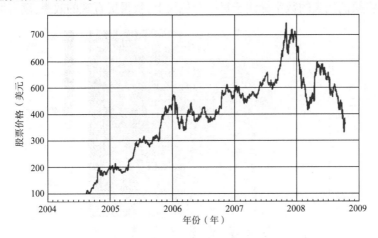

图 5-30 2004—2009 年股票价格趋势图

图 5-31 中显示了同一时间数据集的三种不同的可视化角度,其中包含了三年内德国北部每日发生的流感病例数。图 5-31a)使用了一个简单的时间序列图,虽然可以很容易地看出时间上的峰值,但数据的循环特点很难辨别。图 5-31b)、c)在分析与循环时间模式有关的数据时存在局限性。螺旋图是另一种可视化技术,它通过使用螺旋形的时间轴[图 5-31b)、c)]来表述时间数据的周期特征。图 5-31b)适合于循环的时间数据,但其参数化不正确,周期长度为 27 天,导致循环不是清晰可见的。与此相反,右图充分参数化了 28 天的周期长度,充分显示了时间数据中的周期性。

选择正确的周期长度可以准确地表述数据集的周期性特征,在交通大数据中同样有很多具有周期特性的数据,例如某些商业区附近地铁站的进站客流数据通常呈现以一周为单位的循环现象,我们可以使用螺旋图来充分展示车流/人流的周期特点。

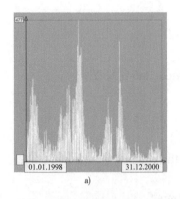 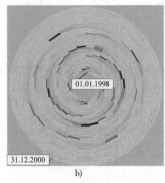 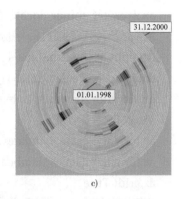

图 5-31 利用螺旋图表述数据集的周期性特征[9]

（2）日历时间可视化

时间属性跟我们日常使用的日历是相对应的，其可分为年、月、周、日、小时等多个等级。为了符合习惯，可采用日历表达时间属性。对于日历时间的可视化，在表达维度上一般采用表格映射的方式对时间轴进行处理。图 5-32 采用 Python 的第三方库 Seaborn 工具包的热度图展示了某航班 1949—1960 年的载客数量变化，很容易看出 1960 年 7 月和 8 月的载客量最高。此外还可将颜色代表的数字标注于每一个色块上，获得更直观的效果，读者可自行尝试。

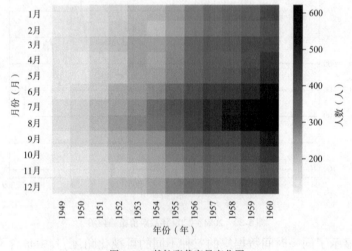

图 5-32 某航班载客量变化图

第 6 节 空间数据可视化

交通运输系统天然地具备表现空间信息的需求。交通运输空间数据包括静态基础数据和动态对象数据。其中静态基础数据包括：公路电子地图、内河航道电子地图、港口港区电子地图、遥感影像等；动态对象数据包括高速公路联网收费数据、交通情况调查数据、重点营运车辆 GPS 数据、货运平台位置数据等。

高速公路联网收费数据包括高速公路 GIS（地理信息系统）数据、收费站经纬度数据等静态数据,以及车辆进入高速公路的时间、实处地点(收费站名称和空间位置)、车牌号、车型、行驶里程等动态数据。

空间数据的可视化方法有很多种,这里使用pyecharts的地图绘制功能,具体例子如下:

```
from pyecharts import options as opts
from pyecharts.charts import Map
name = {'A区': '收费站A', 'B区': '收费站B', 'C区': '收费站C', "D区": '收费站D', "E区": '收费站E'}
# 自定义地区的名称映射,自定义区域名称,实际操作时读者需将'A区' ~ 'E区'更换为
# 现实世界中的区、县名称
data = [('收费站A', 981), ('收费站B', 734), ('收费站C', 501), ('收费站D', 139), ('收费站E', 392)]
# 数据项(坐标点名称,坐标点值)
def map_china() - > Map:
    c = (
    Map()
    .add(series_name = ""12:00 - 13:00 进站流量"", data_pair = data, maptype = "Z市", zoom = 1.5,
        center = None, name_map = name) #实际操作时读者需将"Z市"更换为现实世界中
        # 的市级名称,上述区县必须为该市范围内的区县
    .set_global_opts(
        title_opts = opts.TitleOpts(title = "某高速不同站点车流量"),
        visualmap_opts = opts.VisualMapOpts(max_ = 9999, is_piecewise = True,
            pieces = [{"max": 200, "min": 1, "label": "1 - 200", "color":"#F3FFFC"}, # 16进制
                {"max": 400, "min": 201, "label": "201 - 400", "color":"#BBFAF0"},
                {"max": 600, "min": 401, "label": "401 - 499", "color":"#84EDED"},
                {"max": 800, "min": 601, "label": "601 - 800", "color":"#5EB5D7"},
                {"max": 1000, "min": 801, "label": " > = 801", "color":"#4365B3"}]
            )
        ) ) return c
d_map = map_china()
d_map.render(path = "高速进站数据统计.html") # 地图可视化
```

图5-33显示了2020年某月某日12:00—13:00某高速不同站点的进站车流量,通过对比各区域的颜色深度可以很直观地看出收费站A的进站车流最高,收费站D的进站客流最低。

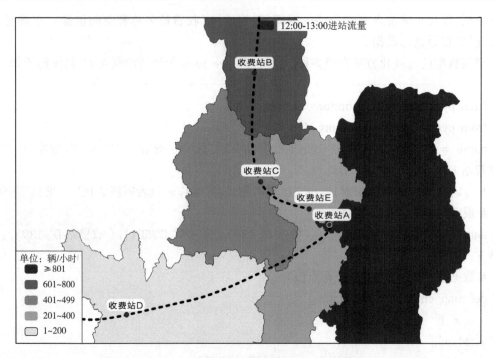

图 5-33　某高速公路不同站点的进站车流量

第 7 节　时-空静态数据可视化

通常,时空数据是以地球为对象、与位置间接或直接相关联、基于统一时空基准的地理现象(或要素)数据。时空数据具有属性维(D)、空间维(S)和时间维(T)等多维特征。例如 GPS 数据,定位点就是空间的属性,进入的时间就是时间的属性。网约车的订单数据中,每一笔订单数据就包含有当时的空间和时间信息。事实上,现实世界中的时空数据(Spatial-Temporal-Data)占绝大部分。时空数据主要包括与位置相关的空间媒体数据、地图数据、遥感影像数据、大地测量与重磁测量数据、GNSS(全球导航卫星系统)和位置轨迹数据、时空基准数据等类型。时空数据有以下特点:

(1)多粒度/动态:时空数据有大量动态数据,例如 GPS 车辆轨迹数据、移动测量车和无人机等长期积累的栅格/矢量数据以及社交平台实时发布的视频数据等。总之,时空数据的显著表现就是动态化。

(2)多源/海量:时空数据来源丰富,且数据规模庞大。

(3)泛在/异构:形式多样的时空大数据既包括大量空间数据(按照测绘规范生产),如 DLG(数字线划地图)、DRG(数字栅格地图)、DEM(数字高程模型)及 DOM(数字正射影像图);也包括更大体量的自发数据,如语音、图片、文字等。既有虚拟空间中的数据,也有实体空间中的数据。

时-空静态数据可视化与空间数据可视化一样,区别在于前者具有时间维度,也就是说,将空间数据可视化加入指定的时间点或者时间间隔即可实现时-空静态数据可视化。

第8节 时-空动态数据可视化

在时空坐标系中表示运动对象的时空变化称为时空轨迹,其中时间维度描述时间的变化;空间维度描述位置、形状的变化。在数学上,假设用时空元组表示一个时空记录,时空轨迹便可以由一序列的时空元组成,由下式表示:

$$\text{Spacetime} = \{<x_0,y_0,t_0>,<x_1,y_1,t_1>,\cdots,<x_n,y_n,t_n>\} \tag{5-1}$$

式中:x_i, y_i——位置坐标;

t_i——时间点。

下面通过 pyecharts 绘制北京公交车的动态轨迹图。需要注意的是,代码中所需要的公交车时空轨迹 json 文件需要申请开发者 AK,这里只是给出绘制动态轨迹图的模板,读者可自行制作车辆时空轨迹的 json 文件。

```python
import json
from pyecharts.charts import BMap
from pyecharts import options as opts
"""
参考地址: https://gallery.pyecharts.org/#/BMap/bmap_beijing_bus_routines
"""
BAIDU_MAP_AK = "FAKE_AK"    #百度地图需要申请开发者 AK
#读取项目中的 json 文件
with open("busRoutines.json", "r", encoding = "utf-8") as f:
    bus_lines = json.load(f)
c = (
    BMap(init_opts = opts.InitOpts(width = "1200px", height = "800px"))
    .add_schema(
        baidu_ak = BAIDU_MAP_AK,
        center = [116.40, 40.04],
        zoom = 10,
        is_roam = True,
        map_style = {
            "styleJson": [
                {
                    "featureType": "water",
                    "elementType": "all",
                    "stylers": {"color": "#031628"},
```

```
        },
        {
            "featureType": "land",
            "elementType": "geometry",
            "stylers": {"color": "#000102"},
        },
        {
            "featureType": "highway",
            "elementType": "all",
            "stylers": {"visibility": "off"},
        },
        {
            "featureType": "arterial",
            "elementType": "geometry.fill",
            "stylers": {"color": "#000000"},
        },
        {
            "featureType": "arterial",
            "elementType": "geometry.stroke",
            "stylers": {"color": "#0b3d51"},
        },
        {
            "featureType": "local",
            "elementType": "geometry",
            "stylers": {"color": "#000000"},
        },
        {
            "featureType": "railway",
            "elementType": "geometry.fill",
            "stylers": {"color": "#000000"},
        },
        {
            "featureType": "railway",
            "elementType": "geometry.stroke",
            "stylers": {"color": "#08304b"},
        },
        {
```

```
        "featureType": "subway",
        "elementType": "geometry",
        "stylers": {"lightness": -70},
    },
    {
        "featureType": "building",
        "elementType": "geometry.fill",
        "stylers": {"color": "#000000"},
    },
    {
        "featureType": "all",
        "elementType": "labels.text.fill",
        "stylers": {"color": "#857f7f"},
    },
    {
        "featureType": "all",
        "elementType": "labels.text.stroke",
        "stylers": {"color": "#000000"},
    },
    {
        "featureType": "building",
        "elementType": "geometry",
        "stylers": {"color": "#022338"},
    },
    {
        "featureType": "green",
        "elementType": "geometry",
        "stylers": {"color": "#062032"},
    },
    {
        "featureType": "boundary",
        "elementType": "all",
        "stylers": {"color": "#465b6c"},
    },
    {
        "featureType": "manmade",
        "elementType": "all",
```

```
                    "stylers": {"color": "#022338"},
                },
                {
                    "featureType": "label",
                    "elementType": "all",
                    "stylers": {"visibility": "off"},
                },
            ]
        },
    )
    .add(
        "",
        type_ = "lines",
        is_polyline = True,
        data_pair = bus_lines,
        linestyle_opts = opts.LineStyleOpts( opacity = 0.2, width = 0.5),
        #如果不是最新版本的话可以注释下面的参数(效果差距不大)
        progressive = 200,
        progressive_threshold = 500,
    )
    .render( "bmap_beijing_bus_routines.html")
)
```

如图5-34所示为北京公交的动态时空轨迹图,图中每一个点(在电脑中显示为动态的彩色的点)代表一辆公交车在路网中实时运动,其位置随着时间不断变化,这种动态时空轨迹图通过视频、动画的方式进行展示能达到十分直观的效果。然而,使用静态图表现此类动态时空轨迹往往存在很大的局限性,读者很难理解图中所要表达的信息。

图5-34 北京公交动态时空图

时-空动态数据的可视化除了通过上述动态图片的方式展示,也可以使用静态图片的方式展示,如图 5-35 所示,首先使用热点图展示某地某时刻的客流量分布(颜色越深表示客流强度越大),在此基础上可再选取某一观测区域绘制客流量随时间变化的数据图。

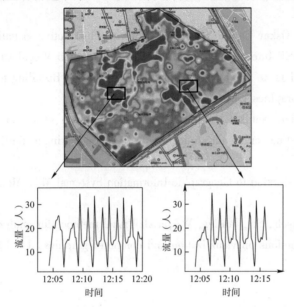

图 5-35　用静态图片进行时-空动态数据的可视化

课 后 习 题

1. 一个成功的可视化图表设计需要具备哪些要素？
2. 交通数据的可视化方法可分为哪几类？
3. 试说明 ArcGIS、ArcGIS Desktop、ArcView 的关系。
4. 完整的 ArcGIS 依照应用的层面可区分出哪四种应用层面？
5. ArcGIS Desktop 有哪几个应用程序？
6. 自行搜集整理与交通相关的数据,在 ECharts 官网挑选一个实例,参照实例实现数据的可视化。
7. 请列举进行时间数据可视化的软件。
8. 在交通领域中请各列举不少于 5 种时-空静态数据和时-空动态数据。

参 考 文 献

[1] Xinhu Zheng, Wei Chen, Pu Wang, et al. Big Data for Social Transportation[J]. IEEE Transactions on Intelligent Transportation Systems, 2016,17(3):620-630.
[2] Wei Chen, Fangzhou Guo, Fei-Yue Wang. A Survey of Traffic Data Visualization[J]. IEEE Transactions on Intelligent Transportation Systems, 2015, 16(6):2970-2984.
[3] Fei-Yue Wang. Scanning the Issue andBeyond: Computational Transportation and Transporta-

tion 5.0[J]. 2014, 15(5): 1861-1868.

[4] Wei Zeng, Chi-Wing Fu, Stefan MüllerArisona, et al. Visualizing mobility of public transportationsystem[J]. IEEE Transactions on Visualization and Computer Graphics, 2014, 20 (12):1833-1842.

[5] Patrik Lundblad, Oskar Eurenius, Tobias Heldring. Interactive visualization of weather and ship data[J]. IEEE International Conference on Information Visualisation, 2009: 379-386.

[6] Danny Holten and Jarke J. van Wijk. Force-Directed Edge Bundling for Graph Visualization [J]. Computer Graphics Forum,28: 983-990.

[7] Gennady Andrienko, Natalia Andrienko, Heidrun Schumann, et al. Visualization of trajectory attributes inspace-time cube and trajectory wall[M]. Springer Berlin Heidelberg, 2014: 157-163.

[8] Chang K T. Introduction to Geographic Information Systems[M]. McGraw-Hill Higher Education, 2008.

[9] Aigner, W., Miksch, S., Müller, W., et al. Visual methods for analyzing time-oriented data [J]. IEEE transactions on visualization and computer graphics, 14(1), 47-60,2007.

第6章 数据处理

第1节 数据排序

1.基本概念

数据排序顾名思义,是按一定顺序排列数据。从数据处理的角度看,有序性在很多场合都能极大地提高计算的效率。通过排序处理,研究者们能够发现数据中蕴含的一些明显的特征和趋势,从而得到解决问题的关键线索。除此之外,排序还有利于数据的检查纠错,以及数据的重新归类及分组。作为数据分析的手段之一,排序本身有时也是分析的目的。[1]

2.常见的数据排序方法

以下介绍几种简单的数据排序方法。

(1)冒泡排序

在排序过程中,所有元素朝各自最终的位置不断前后移动的过程好像气泡在水中沉浮,冒泡排序因此得名。

在由一组整数组成的序列 $A[0,n-1]$ 中,若对任意 $1 \leqslant i \leqslant n$ 满足 $A[i-1] \leqslant A[i]$ 或 $A[i-1] \geqslant A[i]$,则将该序列看作是有序的。

针对有序序列的这一特征,我们可以通过不断改善局部的有序性来实现整体的有序。从头至尾依次检查是否满足局部有序性,若不满足则将相邻数据进行交换。记序列长度为 n,则共需要做 $\sum_{i=1}^{n-1} i$ 次比较,每次比较都有可能进行一次交换。一个简单的起泡排序如图6-1所示。

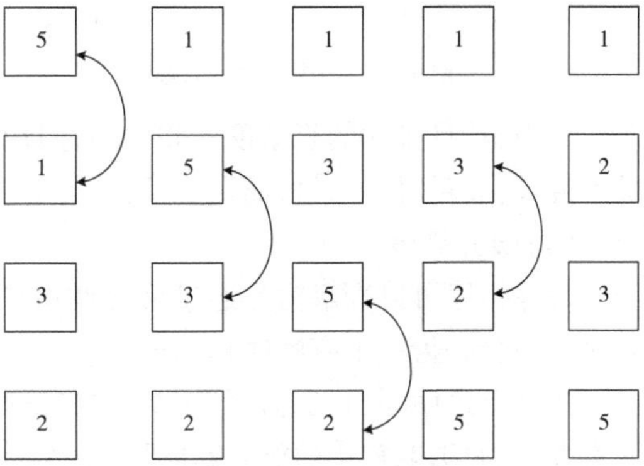

冒泡排序的算法复杂度上界为 $T(0) = O[n \times (n-1)] = O(n^2)$。

图6-1 一个简单的冒泡排序

(2)插入排序

算法的思想为:将整个序列切分为有序的前缀和无序的后缀两部分。通过迭代,反复地将无序部分中的首元素按大小关系插入有序前缀中。

如图6-2所示将序列{5,1,2,3,9}按升序排列。一开始默认只有一个元素5在有序的部分中。第一次将元素 1 插入有序的部分,比较发现 1 < 5,因此将 1 插入 5 的左边。第二次将元素 2 插入有序的部分,比较发现 1 < 2 < 5,因此将 2 插入 1 和 5 的中间。以此类推,直至所有的元素都成功插入有序的部分。

上述排序过程可以总结为:每次在有序序列合适的位置插入一个数据。记序列长度为 n,则共需要做 $\sum_{i=1}^{n-1} i$ 次比较来找到插入的合适位置。当序列与目标序列为完全逆序时,需要交换的次数达到最多,此时的时间复杂度为 $T(n) = O[n \times (n-1)] = O(n^2)$。

(3) 选择排序

与插入排序类似,选择排序始终将整个序列切分为两部分:有序的后缀及无序的前缀,并要求后缀中所有元素均大于前缀中所有元素。一般开始时通过选出序列的最大值作为有序后缀的第一个值。通过迭代,反复地将无序部分中的最大元素转移至有序的后缀第一位,具体例子如图 6-3 所示。

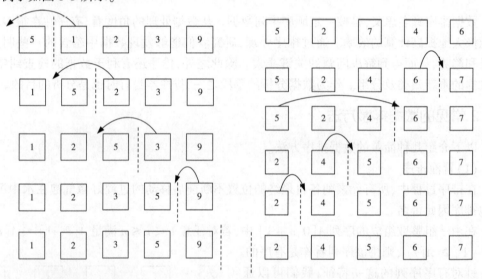

图 6-2　一个简单的插入排序　　　　图 6-3　一个简单的选择排序

其中,选择排序的复杂度主要由无序序列中最大值的选取方式决定。一般的列表选取最大值,需要耗时 $O(n^2)$,而用二叉树的结构选取最大值,仅需要 $O(n\log n)$。

(4) 归并排序

归并排序可以理解为是通过反复调用二路归并算法来实现的。二路归并,是指将两个有序序列合并为一个有序序列的过程。

两个有序序列 $\{1,2,6\}$ 及 $\{3,7\}$ 的二路归并如图 6-4 所示。每次比较两个序列队首的元素大小,并选取较小的放入新队列(这里是从小到大排列的有序序列),最终形成新的序列 $\{1,2,3,6,7\}$。

在做归并排序时,需要将无序向量不断做递归分解直至不可分,再利用二路归并合并拆分的序列。具体过程如图 6-5 所示。

将序列分割至不可分的若干小段(1 个或 2 个元素)后,不断进行二路归并。根据上述二路归并的原理,每一次迭代都需要做一次比较,并移出序列中最小的元素,因此,最终的时

间复杂度 $T(n) = O(n)$。

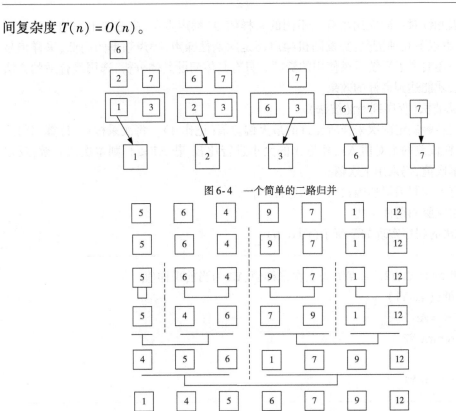

图 6-4 一个简单的二路归并

图 6-5 一个简单的归并排序

以上四种较为常用的排序方法,相关实验详见第 8 章第 6 节。

第 2 节 数 据 滤 波

1.基本概念

滤波一词最早出现在通信理论中,是指将信号中特定波段频率滤除,从而在含有干扰的接收信号中提取有用信号,达到抑制和防止干扰效果的一个重要手段。在交通等领域,"接收信号"相当于观测到的过程,"有用信号"相当于真实的过程。例如测得的两地之间的 OD 数据中,含有测量误差及其他随机干扰,如何利用这些数据尽可能准确地估计出两地之间每一时刻的 OD 数据,并预测两地未来某一时刻的 OD,就是一个滤波与预测问题。由于在开放环境下,控制对象的干扰源较多,如突发性活动、恶劣天气导致的监控设备故障等,因此为了减少对采样值的干扰,提高系统的性能,一般在进行数据处理之前先要对采样值进行数据滤波。所谓数据滤波,就是通过一定的计算程序去除错误点,减少干扰信号在有用信号中的比重。

2.数据采集滤波的常见方法

以下介绍十一种数据采集滤波的方法及其 Python 编程示例。[2] 这些方法具有不同的性能和优缺点,因此针对不同应用场合和不同的采样信号、噪声类型,应选取不同的方法。噪声分类主要考虑以下几种情况:突发随机噪声还是周期性噪声、噪声频率的高低、采样信号的类型等,另外还要考虑系统可供使用的资源。只有具体问题具体分析,选用最合适的方法及合理的参数,才能达到良好的效果。

(1) 限幅滤波法(程序判断滤波法)

方法:根据经验确定两次采样所允许的最大偏差值(记作 A)。每次采样后,计算当前采样值与上次采样值差的绝对值 ΔY,并与 A 的大小进行比较,若 $\Delta Y \leq A$,则本次值有效,反之则无效,放弃本次值,仍采用上次值。

优点:能有效克服因偶然因素引起的脉冲干扰。

缺点:无法克服周期性干扰。

限幅滤波法的程序实现如下所示(图6-6):

```
def data_filter1(Y1,Y2,A): #Y1 为上次采样值,Y2 为当前采样值
    dY = abs(Y2-Y1)
    if dY < = A:
        return Y2
    else:
        return Y1
```

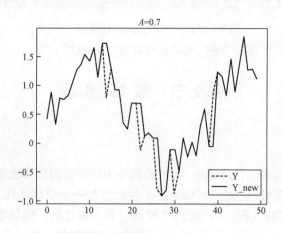

图 6-6 限幅滤波法的效果图

(2) 中位值滤波法

方法:连续进行奇数次(N 次)采样,将所有采样值按大小排列,取中间值为本次有效值。N 一般取值 3 或 5。

优点:能有效克服因偶然因素引起的波动干扰;对温度、液位等变化缓慢的被测参数有良好的滤波效果。

缺点:流量、速度等快速变化的参数不宜使用多次采样的方法。

中位值滤波法的程序实现如下所示(图6-7):

```
def data_filter2(Y,N): #Y 为 N 次采样值的集合
    Y.sort( )
    return Y[int((N-1)/2)]
```

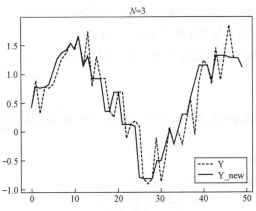

图 6-7 中位值滤波法的效果图

(3)算术平均滤波法

方法：连续进行 N 次采样后,对采样所得值进行算术平均运算。N 值较大时,信号平滑度较高,但灵敏度较低;N 值较小时,信号平滑度较低,但灵敏度较高。

优点：适用于存在平均值的信号,即信号在某一数值范围附近上下波动。

缺点：不适用于测量速度较慢或要求数据计算速度较快的实时控制。

算术平均滤波法的程序实现如下所示(图 6-8)：

```
def data_filter3(Y,N): #Y 为 N 次采样值的集合
    return sum(Y)/N
```

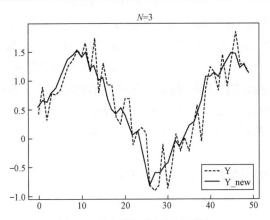

图 6-8 算术平均滤波法的效果图

在上述基本算法的基础上,还有算术加权平均滤波法等改进方法。

(4)递推平均滤波法(滑动平均滤波法)

方法:把连续采集的 N 个采样值看作一个固定长度为 N 的队列,每采样到一个新数据,就放入此队列队尾,并扔掉原来队首的一个数据。每次对队列中的 N 个数据进行算术平均运算,就可获得新的滤波结果。

优点:平滑度高,能够良好地抑制周期性干扰,对于高频振荡系统尤其适用。

缺点:灵敏度低,对偶然出现的脉冲性干扰的抑制作用较差,不易消除由于脉冲干扰所引起的采样值偏差,不适用于脉冲干扰比较严重的场合。

递推平均滤波法的程序实现如下所示(图6-9):

```
global Y
def data_filter4(Y,N,Ynew): #Y 为 N 个采样值,Ynew 为当前采样值
    Y = Y[1:N]
    Y.append(Ynew)
    return sum(Y)/N
```

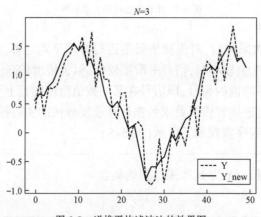

图6-9　递推平均滤波法的效果图

(5)中位值平均滤波法(防脉冲干扰平均滤波法)

方法:相当于中位值滤波法和算术平均滤波法的结合体。连续进行 N 次采样,得到 N 个数据,去掉最大值和最小值后,再对剩余的 N-2 个数据计算算术平均值。

优点:融合了两种滤波法的优点,能够消除偶然出现的脉冲干扰引起的采样值偏差。

缺点:和算术平均滤波法缺点相同,测量速度较低。

中位值平均滤波法的程序实现如下所示(图6-10):

```
def data_filter5(Y,N): #Y 为 N 次采样值的集合
    Y.sort()
    Y = Y[1:N-1]
    return sum(Y)/(N-2)
```

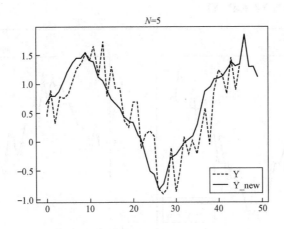

图 6-10　中位值平均滤波法的效果图

(6) 限幅平均滤波法

方法:相当于限幅滤波法与递推平均滤波法的结合。每次采样到的新数据先进行限幅处理,再送入队列进行递推平均滤波处理。

优点:很好地结合了两种滤波法的优点。

缺点:和算术平均滤波法缺点相同,测量速度较低。

限幅平均滤波法的程序实现如下所示(图 6-11):

```
global Y
def data_filter6(Y,N,Y2,A): # Y2 为当前采样值
    Y1 = Y[N-1]
    dY = abs(Y2-Y1)
    if dY < = A:
        Y = Y[1:N]
        Y.append(Y2)
    return sum(Y)/N
```

(7) 一阶滞后滤波法

方法:取 $\alpha=0\sim1$,记 Y_1 为上次采样值,Y_2 为当前采样值,则本次滤波结果 $Y'_2 = (1-\alpha) \times Y_2 + (\alpha) \times Y_1$。

优点:良好地抑制了周期性干扰,适用于波动频率较高的场合。

缺点:相位滞后程度取决于 α 值大小,灵敏度低,且不能消除滤波频率高于采样频率的 1/2 的干扰信号。

一阶滞后滤波法的程序实现如下所示(图 6-12):

```
def data_filter1(Y1,Y2,a): #Y1 为上次采样值,Y2 为当前采样值
```

```
return (1-a)* Y2 + a* Y1
```

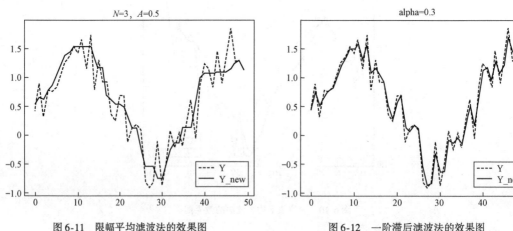

图 6-11 限幅平均滤波法的效果图　　图 6-12 一阶滞后滤波法的效果图

（8）加权递推平均滤波法

方法：是对递推平均滤波法的改进方法，即给不同时刻的数据赋予不同的权重。通常越接近当前时刻的数据具有越大的权重。

优点：新采样值的权重系数越大，灵敏度越高。适用于有较大纯滞后时间常数的对象和采样周期较短的系统。

缺点：采样周期较长，信号变化缓慢时，不能迅速反映系统当前所受干扰的严重程度，滤波效果差。

加权递推平均滤波法的程序实现如下所示（图 6-13）：

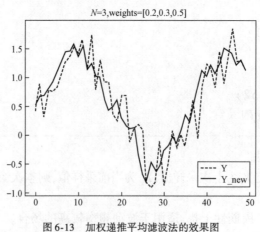

图 6-13 加权递推平均滤波法的效果图

```
global Y
def data_filter4(Y,N,Ynew, w): #Y 为 N 个采样值，Ynew 为当前采样值，w 为权重
    Y = Y[1:N]
```

```
Y.append(Ynew)
s = 0
for i in range(0, N):
    s = s + Y[i] * w[i]
return s/N
```

(9) 消抖滤波法

方法:设置一个滤波计数器,将每次采样值与当前有效值比较,若采样值等于当前有效值,则计数器清零,否则计数器值+1。判断计数器是否超出上限 N(溢出);若溢出,则将计数器的值清0,并替换当前有效值为本次值。

优点:当被测参数变化缓慢时,能够达到较好的滤波效果,能够避免在临界值附近的数值抖动。

缺点:不适用快速变化的参数,有可能将干扰值当作有效值导入系统。

(10) 限幅消抖滤波法

方法:相当于限幅滤波法与消抖滤波法的结合,先判断限幅约束,后进行消抖。

优点:同时具备限幅和消抖的优点,改进了消抖滤波法中的一些缺陷,避免将干扰值导入系统。

缺点:依然不适用于快速变化的参数。

(11) 卡尔曼滤波法

卡尔曼滤波(Kalman filtering)是一种利用线性系统状态方程,通过系统输入/输出观测数据,对系统状态进行最优估计的算法。其以最小均方误差作为估计的最佳准则,进行递推估计。其基本思想是利用前一时刻的估计值和当前时刻的观测值对状态变量的估计值进行更新,求出新时刻的估计值。这种滤波方法适合于实时处理及计算机运算。卡尔曼滤波的实质是由量测值重构系统的状态向量,它以"预测→实测→修正"的顺序递推,根据系统量测值消除随机干扰,复现系统的状态。

由于观测数据中包括系统中的噪声和干扰的影响,所以最优估计可看作是滤波过程。卡尔曼滤波过程,可看作是两个高斯分布的融合。具有方差 σ^2 和均值 μ 的高斯曲线可以用下式表示:

$$N(x,\mu,\sigma) = \frac{1}{\sigma\sqrt{2\pi}} e^{-\frac{(x-\mu)^2}{2\sigma^2}} \tag{6-1}$$

两个具有不同方差和均值的高斯曲线相乘,可得到一个新的高斯曲线:

$$N(x,\mu_0,\sigma_0) \times N(x,\mu_1,\sigma_1) = N(x,\mu',\sigma') \tag{6-2}$$

其中:

$$\mu' = \mu_0 + \frac{\sigma_0^2(\mu_1-\mu_0)}{\sigma_0^2+\sigma_1^2} \tag{6-3}$$

$$\sigma'^2 = \sigma_0^2 - \frac{\sigma_0^4}{\sigma_0^2+\sigma_1^2} \tag{6-4}$$

记:

$$k = \frac{\sigma_0^2}{\sigma_0^2 + \sigma_1^2} \tag{6-5}$$

则：

$$\mu' = \mu_0 + k(\mu_1 - \mu_0) \tag{6-6}$$

$$\sigma'^2 = \sigma_0^2 - k\sigma_0^2 \tag{6-7}$$

接下来将以一个具体例子简单介绍卡尔曼滤波的过程。假设我们要研究的对象是一个 OD 对之间的流量。根据研究人员的经验判断，在某一段时间内 OD 对间的流量恒定，即这个 OD 对之间下一分钟的流量等于现在这一分钟的流量（假设用 1min 来做统计间隔）。众所周知，经验不是 100% 可靠的，估算的流量会存在一点偏差，可以把这些偏差看成是高斯白噪声（White Gaussian Noise），也就是这些偏差跟前后时间无关，而且符合高斯分配（Gaussian Distribution）。另外，我们在路侧放置检测设备检测流量，但是这个检测设备也不是 100% 准确，测量值和实际值之间存在偏差，这些偏差也被看成是高斯白噪声。那么现在某一分钟某个 OD 对之间就能获得两个流量参考值：一个是根据经验的预测值，另一个是检测设备的测量值。下面用这两个值并结合他们各自的噪声来估算该 OD 对间的实际流量值。

首先，根据 $n-1$ 时刻 OD 对之间的流量值，预测 n 时刻的 OD 对之间的流量值。因为研究者相信流量值是恒定的，所以就会得到 n 时刻该 OD 对之间流量的预测值是跟 $n-1$ 时刻一样的，假设是 50 辆车，同时该值的高斯噪声的偏差是 10 辆车（10 是这样得到的：如果 $n-1$ 时刻估算出的流量值的偏差（估计值误差）是 6 辆车，研究人员对自己预测的不确定度（预测误差）是 8 辆车，他们平方相加再开方，就是 10）。然后，从检测设备那里能够得到 n 时刻的 OD 对之间的流量测量值，假设是 58 辆车，同时该值的偏差是 4 辆车（测量误差）。由于用于估算 n 时刻的实际流量值有两个参考值，分别为 50 辆车和 58 辆车。此时就存在着哪一个参考值更加可靠的问题。对此，可以采用它们的协方差（covariance）来判断。因为：

$$k^2 = \frac{10^2}{10^2 + 4^2} \tag{6-8}$$

所以 $k = 0.86$，可以估算出 n 时刻的实际流量值是：$50 + 0.86 \times (58-50) = 56.88$ 辆车。可以看出，因为检测设备的误差比较小（更相信检测设备），所以估算出的最优流量值偏向检测设备的测量值。

利用以上这些数据滤波方法进行数据处理后，能够很好地从采集到的 OD 信息中得到有效的信息，从而进行下一步的操作，相关实验详见第 8 章第 7 节。

第 3 节 数 据 抽 样

1.基本概念

在数据采集过程中，绝大多数情况下，并不采取普查的方式获取总体中所有样本的数据信息，而是以各类抽样方法抽取其中若干代表性样本来进行数据分析。在获得待分析数据集后,需要再次通过抽样技术选取出训练集和测试集,以便比较选择出最优的挖掘算法。数据抽样方式简单来说是指通过抽样技术选出数据符合分析模型要求或算法要求的方式。[3]

根据样本抽取的方式不同,有非随机抽样和随机抽样之分。其中,随机抽样方法是最常用的,主要包括简单随机抽样、分层抽样、等距抽样、整群抽样等。

2.常见的数据抽样方法

(1)简单随机抽样

对于大小为 N 的总体,抽取样本量为 n 的样本,若全部可能的样本被抽中的概率都相等,则称为简单随机抽样。简单随机抽样是随机抽样中最基本、最成熟、最简单的抽取样本方式。它的效率较高,但是在实施之前必须有一个编制完好的抽样框,这大大限制了简单随机抽样方法在实际中的应用。此外,样本单位比较分散,可能抽到一个坏的样本,以及未能充分利用辅助信息等,也是制约它使用的因素。因此,围绕这些问题的解决和辅助信息的利用,发展了其他抽样方法。

(2)分层抽样

分层抽样就是在抽样之前,先将总体 N 个单位划分为 L 个互不重复的子总体,每个子总体称为层,它们分别为 $N_1, N_2, \cdots, N_L$,这 L 层构成整个总体($N = \sum\limits_{h=1}^{L} N_h$)。然后,在每个层中分别独立地进行抽样,称为分层抽样。如果每层都是简单随机抽样,则称为分层随机抽样,所得到的样本称为分层随机抽样样本。分层是按单位的某个特征或标志进行的,通常要考虑以下原则:①层内单位具有相同性质;②尽可能使层内单位的标志值相近,层间单位的差异尽可能大;③既按类型又按层内单位标志值相近的原则进行多重分层,达到提高估计精度的目的;④为了抽样组织实施方便,通常按行政管理机构设置进行分层。例如:对全省范围客车运输的抽样调查,调查目的是要推算全省客车完成的运量。为方便组织,先将客车总体按地市分层,由各地市运输管理部门负责该地区的调查工作;各地市再将省内汽车按照经营班线进行分层;为提高抽样效率,再按客位对客车进行分层。

分层抽样技术是实际工作中被广泛应用的抽样技术之一,主要是因为它具有其他抽样方式所没有的特点。第一,分层抽样可以提高估计精度。这是因为分层抽样估计量的方差只是与层内方差有关,和层间方差无关。因此,通过对总体分层,尽可能地降低层内差异,扩大层间差异,从而提高估计精度。第二,分层抽样不仅能对总体估计,而且能对各层(子总体)进行估计。第三,便于依托行政管理机构进行组织和实施。

在分层随机抽样中,N 为总体单位总数,n 为样本单元总数,h 为子层号($h=1,2,\cdots,L$)。对第 h 子层,单元总数为 N_h,样本单元为 n_h,第 i 单位的观测值为 y_{hi},层的权重为 $w_h = \dfrac{N_h}{N}$,抽样率为 $f_h = \dfrac{n_h}{N_h}$,总体均值为 $\bar{Y}_h = \dfrac{1}{N_h}\sum\limits_{i=1}^{N_h} Y_{hi}$,样本均值为 $\bar{y}_h = \dfrac{1}{n_h}\sum\limits_{i=1}^{n_h} y_{hi}$,总体方差为 $S_h^2 = \dfrac{1}{N_h-1}\sum\limits_{i=1}^{N_h}(Y_{hi}-\bar{Y}_h)^2$,样本方差为 $s_h^2 = \dfrac{1}{n_h-1}\sum\limits_{i=1}^{n_h}(y_{hi}-\bar{y}_h)^2$。

在层内进行简单随机抽样,则第 h 子层内样本均值的方差为 $V(\bar{y}_h) = \dfrac{1-f_h}{n_h} s_h^2$。

总体均值的估计为 $\bar{Y} = \sum_{h=1}^{L} W_h \bar{y}_h$。

(3) 等距抽样

等距抽样又称为机械抽样、系统抽样,其主要步骤是先将总体的全部单元按照一定顺序排列,采用简单随机抽样抽取第一个样本单元(或称为随机起点),然后按照一定的规则,等间隔(或等距)的顺序抽取所需的样本单元。等距抽样往往不能给出估计量的估计方差。它最主要优点是简便易行,且当对总体结构有一定了解时,充分利用已有信息对总体单位进行排队后再抽样,可提高抽样效率。但是在总体单位排列时,一些总体单位数可能包含隐蔽的形态或"不合格样本",调查中容易被忽视且可能被选中为样本。等距抽样的特点是:抽出的单位在总体中是均匀分布的,且抽取的样本可少于纯随机抽样。

(4) 整群抽样

整群抽样是在被抽中的初级单元内对次级单元全部调查的抽样方式。即先将总体按某种特征划分为若干个群体,然后以群作为抽样单位,从群中随机抽取一部分,再对抽到的群内所有个体进行全面调查。在实际中,当缺少调查单位的必要信息无法对其直接编制抽样框实施随机抽样,而由调查单位组成群容易被划分,则会采用整群抽样。在调查单位样本量相同的条件下,整群抽样的精度不如直接对调查单位进行的简单随机抽样高,但是整群抽样调查单位相对集中,平均单位调查费用较少,因此可以通过适当扩大群样本量以提高整群抽样的精度,同时使调查费用较少。

3. 数据抽样的意义

相对于全面调查来说,对数据进行抽样调查的优点有:

(1) 抽样调查周期较短,有很强的时效性。如公路营运性客车月度运输量的调查,由于班车线路十分复杂,如果采用全面调查,其工作量巨大,耗时长,难以在规定的时间内提供调查结果。但如果对部分车辆和线路采用抽样调查方法,将大大提高调查的时效性。因此对于时效性要求较强的调查通常会选抽样调查的方法。

(2) 抽样调查费用较低。抽样调查能节约人力、物力和财力,从而大大降低调查的费用。由于抽样调查只抽取总体中的一部分单位进行调查,与全面调查相比可节约在调查、整理、汇总和录入等方面的人力和费用。

(3) 采用随机抽样进行调查可以估计抽样误差。随机抽样要求总体中每一个单位被抽中的概率是已知的,可以根据概率论的原理随机地抽取部分单位构成样本,然后用样本构造统计量去推断总体的特征,并且可以估计调查结果的精确度和可靠度,为评估调查结果提供了理论支撑。

(4) 抽样调查能提高调查结果的质量。抽样调查虽然是非全面调查,但是可通过调查总体中的一部分,用局部样本单位的数据推断总体相关数据,调查的结果中必然存在着抽样误差。实际上,任何一项调查都存在观察和调查误差,如可能发生重复或者遗漏记录等错误。在全面调查中,由于调查的数量多,规模大,产生误差的概率更大。而抽样调查由于调查工作量较少,调查人员进行过严格的培训或采用更加先进的调查仪器和手段,所得到的数据质量相对于全面调查更高。

以上是抽样调查相对于全面调查的优势,但是并不表明抽样调查可以代替全面调查和其他调查方法,抽样调查也存在局限性。如果需要全面详尽的资料,必须采取全面调查的方法。

值得特别提出的是,大数据时代数据资源虽然更丰富,但计算开销也是巨大的;如果抽样统计能够获得相同或接近的统计精度,则采用抽样统计可节约大量的计算资源与时间。

第4节 数据插值

1. 数据插值简介

插值是离散函数逼近的重要方法,利用它可通过函数在有限个点处的取值情况,估算出函数在其他点处的近似值。与拟合不同的是,要求曲线通过所有的已知数据。[4]

Python 的 Scipy 库中的 interpolate 模块提供了许多对数据进行插值运算的函数,范围涵盖简单的一维插值到复杂多维插值。当样本数据变化归因于一个独立的变量时,就使用一维插值;当样本数据归因于多个独立变量时,则使用多维插值。

2. 一维线性插值

最简单的一维线性插值仅用到初中的线性函数知识,例如图 6-14 中,x 作为唯一影响因素,已知点 $A(x_0,y_0)$ 和点 $B(x_1,y_1)$,要对位于两点之间的 x_2 进行插值计算,轻易可以得知:

$$y_2 = y_0 + \frac{y_1 - y_0}{x_1 - x_0}(x - x_0)^2 \tag{6-9}$$

进一步地,假设点 $C(x_2,y_2)$ 是位于线段 AB 上的任一点,那么它的坐标可以表示为 $[x_0 t + (1-t)x_1, y_0 t + (1-t)y_1]$,可以简写为 $C = tA + (1-t)B$,其中 $0 \leq t \leq 1$,我们称这三点所在的曲线为一阶 B 样条曲线,此时只用到了两个基准点,t 的幂为 1,在 interpolate 模块中利用一阶 B 样条曲线进行插值的方法有 slinear 和 linear,通常称之为线性插值。

当使用三个基准点进行插值时,假设存在点 $D(x_d,y_d)$、$E(x_e,y_e)$ 和 $F(x_f,y_f)$,此时需要确定位于三点所在的曲线上的点 G 的插值,那么它的坐标可能是 $[x_d t + (1-t)x_e + (at^2 + bt + c)x_f, y_d t + (1-t)y_e + (at^2 + bt + c)y_f]$,可以简写为 $G = tD + (1-t)E + (at^2 + bt + c)F$,此时用到的曲线为二阶 B 样条曲线,涵盖了三个基准点,t 的幂为 2,在 interpolate 模块中利用二阶 B 样条曲线进行插值的方法为 quadratic。

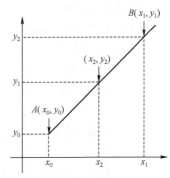

图 6-14 加权递推平均滤波法的效果图

利用三阶 B 样条曲线进行插值的方法为 cubic,这里暂不展开论述。

同时还存在 0 阶 B 样条曲线,nearest 为最近邻插值法,直接将距离待求点横坐标最近的点的横坐标作为该待求点的值,zero 为阶梯插值,指将距离待求点横坐标最近且横坐标小于该点横坐标的点作为该待求点的值。由于 nearest 和 zeros 插值绘制的图形皆为阶梯形状,因为都被称为阶梯插值。

一维线性插值运算可以通过函数 interp1d( ) 完成,调用形式如下:

scipy.interpolate.interp1d(x,y,kind = 'linear',axis = -1,copy = True,bounds_error = None,fill_value = nan,assume_sorted = False)

其中:
x:一维实数数组。
y:函数值数组。沿插值轴的 y 长度必须等于 x 的长度。
kind:插值类型指定的字符串("zero","nearest","slinear","linear","quadratic","cubic","previous"和"next",其中"zero","nearest"是指零阶 B 样条曲线插值,"slinear","linear"是指一阶 B 样条曲线插值,"quadratic"是二阶 B 样条曲线插值,"cubic"是三阶 B 样条曲线插值;"previous"和"next"仅返回该点的上一个或下一个值),默认值为"linear"。
interp1d( ) 函数还存在其他的参数,感兴趣的读者可以查阅资料继续了解。
方法调用例子如下:

```
import numpy as np
from scipy import interpolate
import pylab as pl
x = np.linspace(0,10,11)
y = np.sin(x)
xnew = np.linspace(0,10,101)
pl.plot(x,y,'ro')
list1 = ['linear','nearest']
list2 = [0,1,2,3]
for kind in list1:
    print(kind)
    f = interpolate.interp1d(x,y,kind = kind)
    #f 是一个函数,用这个函数就可以找插值点的函数值了:
    ynew = f(xnew)
    pl.plot(xnew,ynew,label = kind)
pl.legend(loc = 'lower right')
pl.show( )
```

绘制得到折线图,如图 6-15 所示。

3.二维线性插值

二维线性插值与一维线性插值类似,只是影响因素增至 2 个,但是无论影响因素有多少,都可以类似于一维线性插值的 $C = tA + (1-t)B$、$G = tD + (1-t)E + (at^2 + bt + c)F$ 等,采用的 interpolate 模块方法也都一样。

二维线性插值运算可以通过函数 interp2d( )完成,调用形式如下

　　interp2d(x,y,z,kind = 'linear')

　　其中:

　　x:一维实数数组。

　　y:一维实数数组。y 的长度等于 x 的长度。

　　z:函数值数组。沿插值轴的 y 长度必须等于 x 的长度。

　　kind:插值类型指定的字符串("zero"、"nearest"、"slinear"、"linear"、"quadratic"、"cubic"、"previous"和"next",其中

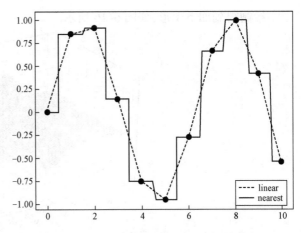

图 6-15　一维线性插值 linear 和 nearest 方法效果图

"zero"、"nearest"是指零阶,"slinear"、"linear"是指一阶,"quadratic"是二阶,"cubic"是三阶 B 样条曲线插值;"previous"和"next"仅返回该点的上一个或下一个值),默认值为"linear"。

　　interp2d( )函数还存在其他的参数,感兴趣的读者可以查阅资料继续了解。

　　方法调用例子如下:

```
import matplotlib.pyplot as plt
import numpy as np
from scipy import interpolate
# 定义函数
def func(x, y):
    return (x + y) * np.exp(-5 * (x**2 + y**2))
x, y = np.mgrid[-1:1:8j, -1:1:8j]  # 生成 8*8 的矩阵
# a:b:cj, cj 表示步长,为复数表示点数,在区间[a,b]中取三个值
z = func(x, y)
# x,y,z 为示例值,采用这些值进行插值
func = interpolate.interp2d(x, y, z, kind = 'cubic')
xnew = np.linspace(-1, 1, 100)
ynew = np.linspace(-1, 1, 100)
znew = func(xnew, ynew)   # xnew, ynew 是一维的,输出 znew 是二维的
# xnew,ynew,znew 为插值完成的函数中取得的值
xnew, ynew = np.mgrid[-1:1:100j, -1:1:100j]  # 统一变成二维,便于下一步画图
# 绘图
ax = plt.subplot(111, projection = '3d')
ax.plot_surface(xnew, ynew, znew)
ax.scatter(x, y, z, c = 'r', marker = '^')
plt.show()
```

绘制得到如下图形,如图 6-16 所示。

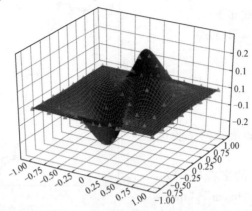

图 6-16　二维线性插值 cubic 方法效果图

第 5 节　数据特征缩放

1.特征缩放的目的

数据来源十分丰富,且不同类型数据的量纲以及量纲单位可能会有所差异,因此在进行数据处理时不容易得出正确的结论。当不同来源的数据混合在一起时,由于特征本身的表达方式存在一定差异,而导致在一些较大的数据中,较小的数据不容易显现出来。因此需要进行数据的特征缩放,使得这些相异数据有共同的特征范围。[4]

2.特征缩放的目标

(1)去除量纲及单位限制:特征缩放可以简便计算,去除量纲,将有量纲的表达式转变为无量纲的纯量表达式。

(2)将数限制为 0 到 1 之间的小数:将数据的范围映射到[0,1]内处理,将原始数进行等效缩放,使其控制在同一个范围内。

3.常见的数据特征缩放方法

(1)min-max 归一化

min-max 归一化又可称作离差标准化,通过对原始数据的线性变换,将结果限制在区间[0,1]内,线性归一化函数公式为:

$$X_{\text{normalization}} = \frac{X - \text{Min}}{\text{Max} - \text{Min}} \tag{6-10}$$

式中:Min——样本数据最小值;
　　　Max——样本数据最大值。

例如,0-1 归一化的程序实现如下所示:

```
def MaxMinNormalization(x, Max, Min):
    x = (x - Min)/(Max - Min)
    return x
```

(2) z-score 标准化(zero-mean normalization)

z-score 标准化是指对原始数据进行标准化处理,得到的数据符合标准正态分布,即均值 μ 为 0,标准差 σ 为 1。z-score 标准化公式为:

$$X_{normalization} = \frac{X - \mu}{\sigma} \tag{6-11}$$

z-score 标准化的 Python 实现:

```
def Z_ScoreNormalization(x, mu, sigma):
    x = (x - mu)/sigma
    return x
```

其中 mu 为均值,sigma 为标准差。

4. 特征缩放的意义

在未进行特征缩放时,由于不同特征值之间相差较大,目标函数显得相对较"扁"。这样在进行梯度下降(机器学习常用训练算法)的时候,梯度的方向会走一个"之"字形路线,迭代时间会变长。

未进行特征缩放处理如图 6-17 所示。

特征缩放处理后如图 6-18 所示。

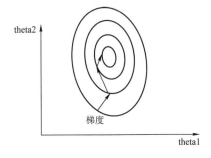
图 6-17 未进行特征缩放处理

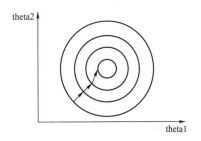
图 6-18 特征缩放处理后

在特征缩放处理后,目标函数会显得相对较"圆",迭代速度明显加快,节省时间。

因此,数据经过特征缩放处理后,寻找最优解的过程会变得明显平缓,收敛至正确最优解的可能性也变得更大,这也是数据特征缩放的一个意义所在。

课 后 习 题

1. 数据排序有哪些方法？这些方法的时间复杂度分别为多少？
2. 采用冒泡排序对数组[5,2,1,4,6]排序(从小到大),需要进行多少次交换？
3. 数据滤波的目的是什么？
4. 数据抽取和数据扩样的原理是什么？
5. 数据进行特征缩放的原因是什么？
6. 采用 z-score 标准化,计算[1,2,3,4,5]标准化后的结果。

参 考 文 献

[1] 邓俊辉.数据结构[M].3 版.北京:清华大学出版社,2013.
[2] 黄红梅,等.Python 数据分析与应用[M].北京:人民邮电出版社,2018.
[3] 金勇进.抽样:理论与应用[M].2 版.北京:高等教育出版社,2016.
[4] 司守奎,等.Python 数学实验与建模[M].北京:科学出版社,2020.
[5] 迈克尔·T.古德里奇.数据结构与算法:Python 语言实现[M].北京:机械工业出版社,2018.

第7章 数 据 分 析

第1节 交通数据统计

在大数据时代,任何事物都可以通过量化的数值对其特性进行研究,交通领域同样如此。通过城市道路或高速公路上布设好的探测设备,如摄像头、感应线圈、射频识别装置等,可以轻松采集到所需要的交通流量数据。

然而,采集到的数据往往以一条一条数据行的形式进行传输和存储,每条数据行都包含了许多字段,因此若不对数据进行统计分析,很难直观地发现数据中蕴含的规律,挖掘出更深层的交通内涵。本节将从交通数据的角度出发,探索常见的交通指标及其统计方法[1],相关实验详见第8章第5节。

1.交通量

交通量是指在选定时间段内,通过道路某一地点、某一断面或某一车道的交通实体数。按照交通类型划分,有机动车交通量、非机动车交通量以及行人交通量,本章中如不加以说明一般指机动车交通量,且指两个方向的合计车辆数。

交通量往往随着时间的变化而动态变化,通常取某一时间段内的平均值作为该时间段的交通量,即平均交通量。平均交通量的表达式为:

$$\text{平均交通量} = \frac{1}{n}\sum_{i=1}^{n} Q_i \tag{7-1}$$

式中:n——统计的时间段个数;

Q_i——某个时间段内的交通量。

根据计算平均值所取的时间长度,常用的平均交通量有:年平均日交通量(Annual Average Daily Traffic,AADT);月平均日交通量(Monthly Average Daily Traffic,MADT);周平均日交通量(Week Average Daily Traffic,WADT),接下来介绍它们的计算方法,其中 Q_i 均为每天的日交通量。

年平均日交通量(AADT):

$$\text{AADT} = \frac{1}{365}\sum_{i=1}^{365} Q_i \text{ 或闰年 AADT} = \frac{1}{366}\sum_{i=1}^{366} Q_i \tag{7-2}$$

月平均日交通量(MADT):

$$\text{MADT} = \frac{1}{k}\sum_{i=1}^{k} Q_i \tag{7-3}$$

式中:k——该月份的天数。

周平均日交通量(WADT)：

$$\text{WADT} = \frac{1}{7}\sum_{i=1}^{7} Q_i \tag{7-4}$$

2.月变系数

年平均日交通量与某一月平均日交通量之比称为交通量的月变系数(或称月不均衡系数)，以 $K_月$ 表示：

$$K_月 = \frac{\text{AADT}}{\text{MADT}} \tag{7-5}$$

3.高峰小时系数

高峰小时交通量与高峰小时内高峰时段 t 的交通量扩大为 1 小时的交通量之比称为高峰小时系数。

$$\text{PHF}_t = \frac{\text{高峰小时交通量}}{(\text{高峰小时内}\, t\, \text{时段的交通量}) \times \frac{60}{t}} \tag{7-6}$$

式中，通常取 $t = 15\text{min}$。

4.时间平均速度

统计在单位时间内测得的通过道路某断面各车辆的点速度，计算这些点速度的算术平均值，即为该断面的时间平均速度。

$$\bar{v}_t = \frac{1}{n}\sum_{i=1}^{n} v_i \tag{7-7}$$

式中：$\bar{v}_t$——时间平均速度；

v_i——第 i 辆车的地点车速；

n——单位时间内观测到的车辆总数。

5.区间平均速度

区间平均速度是指在某一特定时刻行驶于道路某一特定长度内全部车辆的车速平均值。当观测道路长度一定时，其数值为所有车辆行程速度的调和平均值。

$$\bar{v}_s = \frac{s}{\frac{1}{n}\sum_{i=1}^{n} t_i} = \frac{1}{\frac{1}{n}\sum_{i=1}^{n}\frac{1}{v_i}} \tag{7-8}$$

式中：$\bar{v}_s$——区间平均速度；

s——路段长度；

n——观测到的车辆数；

t_i——第 i 辆车的行驶时间；

v_i——第 i 辆车的行程速度。

6. 密度

密度是指某一时刻单位道路长度上的车辆数目。

$$K = \frac{N}{L} \tag{7-9}$$

式中：N——路段内的车辆数；

L——路段长度。

7. 占有率

占有率分为空间占有率和时间占有率。空间占有率是指在某道路路段内，所有车辆的总长度与路段总长度之比(%)，表达式为：

$$O_s = \frac{1}{s} \sum_{i=1}^{n} s_i \tag{7-10}$$

式中：O_s——空间占有率；

s——观测路段的总长度；

s_i——第 i 辆车的长度；

n——观测路段内的车辆数。

时间占有率是指所有车辆通过某观测点所需时间的累计值与观测总时间之比(%)，表达式为：

$$O_t = \frac{1}{T} \sum_{i=1}^{n} t_i \tag{7-11}$$

式中：O_t——时间占有率；

T——观测总时间；

t_i——第 i 辆车通过的时间；

n——通过的车辆数。

8. 车头时距

车头时距是指连续行驶的前后相邻两车(用前保险杠等具有代表性的点测量)通过行车道上某一点(或某一断面)的时间差。计算时一般采用平均车头时距，表达式为：

$$\bar{h}_t = \frac{3600}{Q} \tag{7-12}$$

式中：$\bar{h}_t$——平均车头时距(s)；

Q——交通量(辆/h)。

9. 车头间距

车头间距是指在一条车道上同向行驶的一列车队中，前后相邻两车(用前保险杠等具有代表性的点测量)之间的距离。计算时一般采用平均车头间距，表达式为：

$$\bar{h}_s = \frac{1000}{K} \tag{7-13}$$

式中：$\bar{h}_s$——平均车头间距(m)；
　　　K——密度(辆/km)。

第2节　交通数据概率分布验证

1.常用的交通数据概率分布

描述车辆到达随机性的统计分布规律有两种方法：一种是以概率论中的离散型分布为基础，考察在固定时间或距离内到达某场所的交通数量的波动性；另一种以概率论中的连续型分布为基础，研究事件发生的时间间隔的统计特性，如车头时距、速度分布等事件发生的时间间隔[2]等。

(1)离散型分布

①泊松分布

$$P(a) = \frac{(\lambda t)^a e^{-\lambda t}}{a!}, a = 0,1,2,\cdots \tag{7-14}$$

式中：$P(a)$——在间隔时间 t 内到达车辆数为 a 的概率；
　　　λ——车辆在每个间隔 t 内的平均到达率(辆/s)；
　　　t——计数间隔时长(s)；
　　　e——值约为2.718的常量。

假设在时间间隔 t 内，车辆的平均到达数为 m，则有 $m = \lambda t$，式(7-14)可变形为：

$$P(a) = \frac{m^a e^{-m}}{a!}, a = 0,1,2,\cdots \tag{7-15}$$

当平均到达车辆数为确定的常数，即 m 为已知时，可根据式(7-15)求出在间隔时间 t 内到达观测断面车辆数为 a 的概率。用泊松分布拟合观测数据时，参数 m 按式(7-16)计算：

$$m = \frac{\text{观测的总车辆数}}{\text{总计间隔数}} = \frac{\sum_{j=1}^{g} a_j f_j}{\sum_{j=1}^{g} f_j} = \frac{\sum_{j=1}^{g} a_j f_j}{N} \tag{7-16}$$

式中：g——观测数据分组数；
　　　f_j——计数间隔 t 内到达 a_j 辆车的频数；
　　　a_j——第 j 次计数间隔 t 内到达的车辆数；
　　　N——调查的总计间隔数。

当交通流到达随机且密度不大，车辆之间的相互影响微弱，且几乎不受外界交通环境干扰时，泊松分布可以较好地用于拟合观测数据。当方差与均值比 S^2/m 显著接近1.0时，样本数据可以用泊松分布进行描述。其中，方差 S^2 可用式(7-17)进行计算：

$$S^2 = \frac{1}{N-1}\sum_{j=1}^{N}(a_j - m)^2 = \frac{1}{N-1}\sum_{j=1}^{g}(a_j - m)^2 f_j \tag{7-17}$$

式中符号意义同上。

②二项分布

$$P(a) = C_n^a \left(\frac{\lambda t}{n}\right)^a \left(1 - \frac{\lambda t}{n}\right)^{n-a}, a = 0, 1, 2, \cdots \quad (7-18)$$

式中：$P(a)$——在间隔时间 t 内到达车辆数为 a 的概率；
　　　λ——车辆在每个间隔 t 内的平均到达率(辆/s)；
　　　t——计数间隔时长(s)；
　　　n——取正整数。

$$C_n^a = \frac{n!}{a!(n-a)!} \quad (7-19)$$

通常令 $p = \lambda t/n$，代入式(7-18)中可得：

$$P(a) = C_n^a p^a (1-p)^{n-a}, a = 0, 1, 2, \cdots \quad (7-20)$$

式中：n, p——二项分布的参数，$0 < p < 1$。

二项分布公式的期望为 $M = np$，方差 $D = np(1-p)$，且 $M > D$。将样本数的均值 m、方差 S^2 代替 M、D，可按式(7-21)、式(7-22)对 p、n 进行估算：

$$p = \frac{m - S^2}{m} \quad (7-21)$$

$$n = \frac{m}{p} = \frac{m^2}{m - S^2}(\text{取整数}) \quad (7-22)$$

式中，观测数据的 m、S^2 分别按式(7-16)、式(7-17)计算。

当交通流密度较大，车辆之间的相互影响较强，易受外界交通环境干扰。当研究各因素干扰、速度有较大波动的车辆、路段的超速车辆以及交叉口转弯车辆到达分布时，二项分布可较好地拟合观测数据。当 S^2/m 小于 1.0 时，二项分布可以用于拟合观测数据。

③负二项分布

$$P(a) = C_{a+\beta-1}^{\beta-1} p^\beta (1-p)^a, a = 0, 1, 2, \cdots \quad (7-23)$$

式中：β, p——负二项分布的参数，且 $0 < p < 1, \beta$ 为整数且 $\beta > 0$；
　　其他符号意义与上文相同。

负二项分布公式的期望 $M = \beta(1-p)/p$，方差 $D = \beta(1-p)/p^2$，且 $M < D$。将样本数据的均值 m、方差 S^2 代替 M、D，可按式(7-24)、式(7-25)对 β、p 进行估算：

$$\beta = \frac{m^2}{S^2 - m}(\text{取整数}) \quad (7-24)$$

$$p = \frac{m}{S^2} \quad (7-25)$$

式中，观测数据的 m、S^2 分别按式(7-16)、式(7-17)计算。

当交通流到达离散程度较高，观测数据的方差较大时，可以用负二项分布对断面的观测数据进行拟合。当 S^2/m 显著超过 1.0 时，能够用负二项分布对到达断面的观测数据进行拟合分析。

(2) 连续型分布

连续型分布可用于描述事件时间间隔分布特征，如车头时距或穿越空挡、车速等交通流特性，一般分为负指数分布、移位负指数分布、韦布尔分布及爱尔朗分布等。

①负指数分布

$$P(h_t \geq t) = e^{-\lambda t} \tag{7-26}$$

若 Q 表示每小时的交通量，则 $\lambda = Q/3600$ 辆，式(7-26)可以写成：

$$P(h_t \geq t) = e^{-Qt/3600} \tag{7-27}$$

式中，$Qt/3600$ 是到达车辆数的概率分布的平均值。若令 M 为负指数分布的均值，则有：

$$M = \frac{Qt}{3600} = \frac{1}{\lambda} \tag{7-28}$$

负指数分布的方差为：

$$D = \frac{1}{\lambda^2} \tag{7-29}$$

将样本数据的均值 m、方差 S^2 代替 M、D，可计算出负指数分布的参数 λ。

负指数分布适用于车辆到达是随机的、有充分超车机会的单列车流和密度不大的多列车流的情况。通常认为当每小时每车道的不间断车流量等于或小于 500 辆时，用负指数分布描述车头时距是比较符合实际的。

②移位负指数分布

$$P(h \geq t) = e^{-\lambda(t-\tau)}, t \geq \tau \tag{7-30}$$

式中，$\lambda = \dfrac{1}{M-\tau}$，$M$ 为分布的均值。分布的方差为 $D = \dfrac{1}{\lambda^2}$。用样本数据的均值 m、方差 S^2 代替 M、D，则可算出移位负指数分布的两个参数 λ 和 τ。

移位负指数分布适用于描述不能超车的单列车流的车头数据分布和车流量较低的车流的车头时距分布。

③韦布尔分布

$$P(h \geq t) = e^{\left[-\left(\frac{t-\gamma}{\beta-\gamma}\right)^\alpha\right]}, \gamma \leq t < \infty \tag{7-31}$$

式中：β, γ, α——分布参数，取正值且 $\beta > \gamma$，γ 称为起点参数，α 称为形状参数，β 称为尺度参数。

显然，负指数分布和移位负指数分布是韦布尔分布的特例。

应用韦布尔分布拟合数据时，可根据观测数据查阅相关的韦布尔分布拟合表，得到各参数估计值，从而确定所用的韦布尔分布的具体形式。

韦布尔分布的适用范围较广，交通流中的车头时距分布、速度分布等一般都可以用韦布尔分布来描述。韦布尔分布随机数产生简便，拟合步骤也不复杂，其分布函数也相对较简单。因此，当负指数分布和移位负指数分布不能拟合观测数据时，可选用韦布尔分布来进行拟合。

④爱尔朗分布

除了韦布尔分布，交通流中的车头时距分布、速度分布也可用爱尔朗分布来描述，累积的爱尔朗分布可以写成以下形式：

$$P(h_t \geq t) = \sum_{i=0}^{l-1} (\lambda l t)^i \frac{e^{-\lambda/t}}{i!} \tag{7-32}$$

当 $l = 1$ 时，上式可简化成负指数分布；当 $l = \infty$ 时上式将产生均一的车头时距。这说明在爱尔朗分布中,参数 l 可以反映畅行车流和拥挤车流之间的各种车流条件。l 越大,说明车流越拥挤,驾驶员自由行车越困难。因此,l 值是非随机性程度的粗略表述,非随机性程度随着 l 值的增大而增加。

2.拟合优度检验——χ^2 检验

上述各种交通流特性的统计分布均为理论分布,且有各自的适用条件。但仅通过适用条件选择统计分布模型对样本数据进行拟合的结果是否可信?这便需要对拟合结果进行拟合优度的检验。数理统计常用的拟合优度检验方法是 χ^2 检验,相关实验详见第 8 章第 10 节。

(1)χ^2 检验步骤

①建立原假设 H_0

原假设 H_0:设随机变量 X 服从某概率分布(以下简称 B 分布)。

②确定统计量 χ^2

假设总观测变量 X 的样本分别为 $x_1,x_2,\cdots,x_i,\cdots,x_n$,在实数轴上分别选取 $t_1,t_2,\cdots,t_{g-1}$ ($t_1<t_2<\cdots<t_{g-1}$)共 $g-1$ 个点,即把该范围为 $(-\infty,+\infty)$ 的实数轴共分成 g 组:第一组范围为 $(-\infty,t_1)$,第二组范围为 (t_1,t_2),$\cdots$,第 j 组范围为 (t_{j-1},t_j),$\cdots$,第 g 组范围为 $(t_{g-1},+\infty)$。在样本 $x_1,x_2,\cdots,x_i,\cdots,x_n$ 中,用频数 $f_j(j=1,2,\cdots,g)$ 来表示第 j 组的样本个数,则 f_j/n 为第 j 组的频率。

假设 B 分布在第 j 组区间上相应的概率记为 p_j,则通过计算可确定 p_j,$F_j=np_j$ 称为理论频数。当样本量较大时,频率值逐渐趋于概率值,此时常用事件发生的频率对其概率进行估计。根据概率与频率的关系可知,若原假设 H_0 成立,p_j 应与 f_j/n 近似相等,此时 $(f_j/n-p_j)^2$ 应为极小值,但是当概率 p_j 较小时,即使 p_j、f_j/n 有较大差异,$(f_j/n-p_j)^2$ 的值也可能较小,因此带入参数项 n/f_j 作为扩大系数,扩大 p_j、f_j/n 之间的差异性,当 p_j、f_j/n 之间差异较小时,可直接认为式(7-33)的取值也很小。

$$\sum_{j=1}^{g}\left(\frac{f_j}{n}-p_j\right)^2\cdot\frac{n}{f_j} \tag{7-33}$$

综上,为了便于进行拟合检验,K. Pearson 构造了一个检验统计量 χ^2 用下式表达:

$$\chi^2=\sum_{j=1}^{g}\left(\frac{f_j}{n}-p_j\right)^2\cdot\frac{n}{p_j} \tag{7-34}$$

在拟合过程中,令理论观测总数等于实验观测总数,即 $\sum_{j=1}^{n}f_j=\sum_{j=1}^{n}F_j=n$。式(7-34)也可以写作式(7-35):

$$\chi^2=\sum_{j=1}^{g}\frac{f_j^2}{np_j}+\sum_{j=1}^{g}np_j-\sum_{j=1}^{g}2f_j=\sum_{j=1}^{g}\frac{f_j^2}{F_j}+\sum_{j=1}^{g}F_j-\sum_{j=1}^{g}2f_j=\sum_{j=1}^{g}\frac{f_j^2}{F_j}-n \tag{7-35}$$

③确定统计量 χ^2 的临界值

由样本 $x_1,x_2,\cdots,x_i,\cdots,x_n$ 为一组随机数可知,χ^2 也是随机数,为了判断假设检验是否正确,需要求 χ^2 的分布。可知当 $n\to\infty$,$g\to\infty$ 时,式(7-35)趋向于服从自由度为 $g-1$ 的 χ^2 分布。在实际应用中,当 n 足够大,便可根据 χ^2 分布来确定式(7-34)统计量的临界值 χ_α^2,作为原假设 H_0 的取舍根据。确定置信水平 α 后,根据表 7-1 查询自由度 DF(Degree of Freedom),再根据自由度 DF 从 χ^2 分布表查出对应的临界值 χ_α^2。

常用离散型分布的自由度 DF 表 7-1

分 布	DF	分 布	DF
泊松分布	$g-2$	负二项分布	$g-3$
二项分布	$g-3$		

④判定检验结果

比较由式(7-34)计算出的统计量 χ^2 和由 χ^2 分布表查出的统计量临界值 χ_α^2,若 $\chi_\alpha^2 \geq \chi^2$,则接受原假设 H_0,即认为随机变量 X 服从假设的概率分布;反之,若 $\chi_\alpha^2 < \chi^2$,则拒绝原假设 H_0,即认为随机变量 X 不服从假设的概率分布。

(2)χ^2 检验应用过程注意事项

①样本容量大小

由数理统计知识可知,待验证的样本容量应较大,且不少于 50。

②分组数量要求

应保证分组的连续,各组概率值 p_j 不宜过大,因此分组数 g 不宜过小,通常不小于 5。

③理论频数的限制

各组内的理论频数 $f_j = np_j$ 应不小于 5[3]。如果某组内的理论频数 f_j 小于 5,则应合并相邻的其他组,最终保证所有合并理论频数皆不小于 5。合并理论频数后,也应对组数进行相应的缩减,且应将减少后的组数作为计算 χ^2 自由度的 g 值。

④置信水平 α 的取值

置信水平指总体参数值落在样本统计值某一区间内的概率。实验样本不可避免地存在一定的随机性,通常认为研究结论会存在不严谨的可能。因此需采用一种概率的陈述方法,即估计值与总体参数在一定允许的误差范围以内,其相应的概率称作置信度。当自由度 DF 固定时,α 取值越大意味着假设越可能被拒绝;反之,若 α 取值越小,假设越可能被接受。在交通量统计等工作中,通常取 $\alpha = 0.05$。

(3)应用举例

以断面交通流到达分布规律为例介绍 χ^2 检验的具体应用。流程如下:首先分析数据,然后选择合适的分布模型进行假设,并进行拟合优度检验,最终获得交通流到达分布模型。如图 7-1 所示。

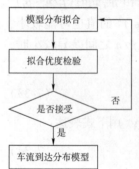

图 7-1 交通流到达规律拟合检验流程

【案例】 在某高速公路收费站以 60s 的间隔对一个方向车流车辆的到达数作连续观测,得到 120 个观测值,列于表 7-2(以表左上角按列从上到下为时序)。试求其统计分布并检验之。

某高速公路收费站以 60s 为间隔观测的到达车辆数据 表 7-2

6	3	7	3	4	5	6	4
3	4	3	4	2	5	5	2
8	4	3	1	5	3	8	2
3	2	6	2	5	4	5	9

续上表

2	10	4	4	5	6	5	3
4	3	2	3	5	4	6	5
1	6	3	5	5	3	4	1
3	7	3	2	2	5	6	2
5	6	5	5	5	4	4	2
2	3	5	6	4	3	1	1
3	5	3	3	1	2	3	2
4	1	1	1	6	4	3	4
5	2	7	2	5	3	3	2
6	4	1	0	5	2	1	4
4	4	4	0	2	3	3	5

上表数据的均值、方差等6种数据特征见表7-3。

样本数据的描述统计   表7-3

样本容量	最小值	最大值	均值	标准差	方差
120	0	10	3.74	1.858	3.454

由上表可得,样本均值 $m=3.74$,样本方差 $S^2=3.454$,观测数据出现方差显著小于均值的情况,方差与均值比 $S^2/m=0.924$,接近1。因此,使用泊松分布拟合样本数据。

在此运用 χ^2 检验对模型进行验证,计算结果如表7-4所示。

① 建立原假设 H_0

H_0:假设车辆到达数据服从分布参 $m=3.74$ 的泊松分布,即:

$$P(a)=\frac{3.74^a e^{-3.74}}{a!}, a=0,1,2,\cdots \tag{7-36}$$

② 计算统计量

到达数据拟合观测值整理表如表7-4所示,分别计算并填入不同到达数 a_j 所对应的概率、实际频数、理论频数等值。将小于5的理论频数合并后分为7组,最后通过下式计算得 $\chi^2=122.976-120=2.976$。

$$\chi^2=\sum_{j=1}^{g}\frac{(f_j-np_j)^2}{np_j}=\sum_{j=1}^{g}\frac{f_j^2}{np_j}-n=\sum_{j=1}^{g}\frac{f_j^2}{F_j}-n \tag{7-37}$$

到达数据拟合观测值整理表   表7-4

到达数 a_j	概率 $P(a_j) \cdot n$	实际频数 f_j	理论频数 $F_j=P(a_j) \cdot n$	实际频数合并	理论频数合并	各组 $\frac{f_j^2}{F_j}$
0	0.024	2	2.850	—	—	—
1	0.089	11	10.661	13	13.511	12.508
2	0.166	19	19.936	19	19.936	18.108
3	0.207	25	24.853	25	24.853	25.148
4	0.194	22	23.238	22	23.238	20.828

续上表

到达数 a_j	概率 $P(a_j) \cdot n$	实际频数 f_j	理论频数 $F_j = P(a_j) \cdot n$	实际频数合并	理论频数合并	各组 $\dfrac{f_j^2}{F_j}$
5	0.145	23	17.382	23	17.382	30.434
6	0.090	11	10.835	11	10.835	11.168
7	0.048	3	5.789	—	—	—
8	0.023	2	2.706	—	—	—
9	0.009	1	1.125	—	—	—
10	0.004	1	0.421	—	—	—
>10	0.002	0	0.205	7	10.245	4.783
Σ	1	120	120	120	120	122.976

③确定统计量临界值

计算得到 DF = $g-2 = 7-2 = 5$，显著水平 $\alpha = 0.05$，查 χ^2 分布表，得统计量临界值 $\chi_\alpha^2(5) = 11.07$，由于 $\chi^2 < \chi_\alpha^2$，因此接受原假设 H_0，即该收费站该时段车辆到达分布符合参数 $m = 3.74$ 的泊松分布，即：

$$P(a) = \frac{3.74^a e^{-3.74}}{a!}, a = 0, 1, 2, \cdots \tag{7-38}$$

第3节 相关性分析法

1.相关关系

如果变量之间的关系难以用具体的函数来度量，但确实存在数量上不是严格对应的相互依存关系，称之为相关关系。这种依存关系存在两个显著的特征：①客观事物之间存在一定的内在联系，通常表现在一个变量的数量发生变化，另一个变量受其影响也会发生数量上的变化。例如，运输距离的增加会对运输成本产生影响。②客观事物之间的数量依存关系不是固定的，也不是唯一的，而是具有一定的随机性，表现为给定自变量一个数值，因变量会存在多个数值与它对应，呈现一对多的映射关系，并且因变量总是遵循一定规律围绕这些数的平均值上下波动，其原因是对因变量产生影响的因素往往不止一个。

相关分析根据其分析方法和处理对象不同，可以分为简单相关分析、偏相关分析和非参数相关分析等。相关分析根据相关关系表现形式不同，可以分为线性相关分析和非线性相关分析。在本书中将重点介绍简单相关分析和偏相关分析，相关实验详见第8章第11节。

2.相关性分析

相关性是指两个因素之间存在的联系。但是相关性不等于因果性，在不同的学科里面的定义也有很大的差异。

在统计学中，相关性分析是指对两个或两个以上的具备相关性的变量进行分析，从而衡量两个变量因素的相关密切程度[4]。但变量因素之间需要存在一定的联系或者概率才可以进行相关性分析。相关性分析被广泛应用于生产活动、学术研究、社会科学及经济管理等领域,主要用于解决以下问题:①确定变量之间是否存在相关关系,如果存在,则找出它们的依存关系并构建适当的数学模型;②根据一个或几个变量值,预测或控制另一个变量的取值,并估计预测或控制所达到的精度;③进行因素分析,若一个因素受多个因素的影响,可基于相关性分析找出因素的主次,分析因素间的关系。

相关性分析的方法很多,初级方法可以快速地发现数据之间的关系,如正相关、负相关或不相关。中级方法可以对数据间关系的强弱进行度量,如完全相关、不完全相关等。高级方法可以将数据间的关系转化为模型,并通过模型对未来的业务发展进行预测(详见本章第4节回归分析法)。本书主要介绍以下三种常见的相关分析方法。

(1)图表法

第一种相关性分析方法是通过绘制图表,将数据进行可视化处理。单纯地观察数据难以发现其中的发展趋势与内在联系,而将数据点绘制成图表后,其趋势和联系就会变得直观清晰。对于有明显时间维度的数据,可以选择使用折线图或者散点图进行展示。利用Python编程实现散点图矩阵的绘制,代码如下:

```python
import numpy as np
import pandas as pd
from scipy import stats
import matplotlib.pyplot as plt
import seaborn as sns
#导入数据(数据纯属虚构)
car_dict = {'brand_model':['Audi A8L','Audi 100','Audi Q5L','Audi A6L','Audi A4L'],
    'weight':[3270,2940,3645,2885,3470],
    'circle':[42,39,39,41,41],
    'max_speed':[165,143,211,153,234],
    'horsepower': [162, 132, 210, 112, 167]}
car = pd.DataFrame(car_dict)
print(car)
#画散点图矩阵
sns.pairplot(car)
plt.show()
```

绘制的散点图矩阵如图7-2所示。

(2)协方差

第二种相关性分析方法是计算协方差。在统计学中,协方差主要用于衡量两个变量的总体误差。以下是协方差的计算公式:

$$\text{cov}(X,Y) = \frac{\sum_{i=1}^{n}(X_i - \bar{X})(Y_i - \bar{Y})}{n-1} \tag{7-39}$$

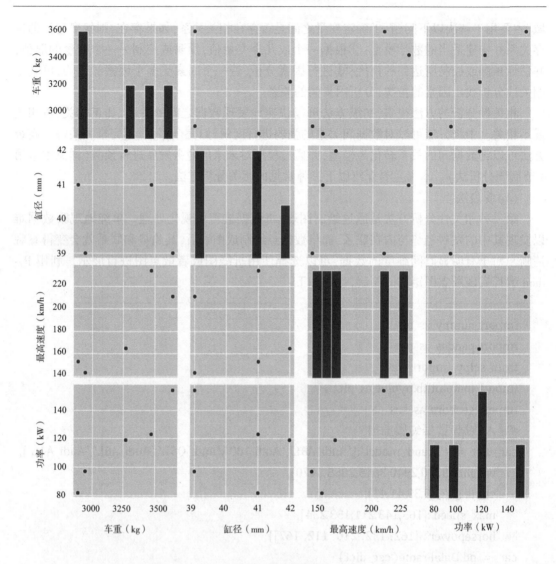

图 7-2 散点图矩阵

其中,协方差 $cov(X,Y)$ 的性质为:

(1) $cov(X,Y) > 0$:说明 X 和 Y 两个变量为正相关,其变化趋势一致。

(2) $cov(X,Y) < 0$:说明 X 和 Y 两个变量为负相关,二者的变化趋势相反。

(3) $cov(X,Y) = 0$:说明 X 和 Y 两个变量不相关,二者相互独立。

在实际工作中可以通过 Excel 中 COVAR( ) 函数直接获得两组数据的协方差值,也可以通过 Python 的函数 numpy.cov( ) 实现,具体代码如下所示:

```
#协方差
covxy = np.cov(car['weight'],car['circle'])
print('输出两变量的协方差为')
```

```
print(covxy)
```

此外,由于协方差只能对两组数据进行相关性分析,当有两组以上数据时就需要使用协方差矩阵来计算。三组数据 x,y,z 的协方差矩阵计算公式为:

$$C = \begin{pmatrix} \text{cov}(x,x) & \text{cov}(x,y) & \text{cov}(x,z) \\ \text{cov}(y,x) & \text{cov}(y,y) & \text{cov}(y,z) \\ \text{cov}(z,x) & \text{cov}(z,y) & \text{cov}(z,z) \end{pmatrix} \quad (7-40)$$

协方差的优点在于可通过数值来定量分析变量间的相关性,正值表示正相关,负值表示负相关;缺点是无法对相关的密切程度进行度量,同时面对多个变量时,也无法通过协方差来说明哪两组数据的相关性最高。因此,为避免协方差的局限性,需要选择其他方法(如相关系数)来衡量和对比相关性的密切程度。

(3) 相关系数

相关系数分析是最常用的相关性分析方法。在上一小节中,我们把变量之间不稳定、不确定的变化关系称为相关关系,那么描述两个变量线性相关关系密切程度的量就称之为相关系数,用 r 表示。

若存在两个变量,分别是自变量 X 和随机变量 Y,并且对于给定 X 值,Y 的取值具有不确定性。如果 X 和 Y 的联合分布是二维正态分布,随机变量 X 和 Y 之间的总体相关系数 ρ_{xy} 定义为:

$$\rho_{xy} = \frac{\text{Cov}(X,Y)}{\sqrt{\text{Var}(X)}\sqrt{\text{Var}(Y)}} \quad (7-41)$$

若变量 X 和 Y 的 n 次独立观测值为 $(x_1,y_1),(x_2,y_2),\cdots,(x_n,y_n)$,则样本估计的总体相关系数 r 定义为:

$$r = \frac{\sum_{i=1}^{n}(x_i-\bar{x})(y_i-\bar{y})}{\sqrt{\sum_{i=1}^{n}(x_i-\bar{x})}\sqrt{\sum_{i=1}^{n}(y_i-\bar{y})}} \quad (7-42)$$

式中,$\bar{x} = \frac{1}{n}\sum_{i=1}^{n}x_i$ 和 $\bar{y} = \frac{1}{n}\sum_{i=1}^{n}y_i$ 分别为 x_i 和 y_i 的平均数。

在实际工作中,可通过 Excel 的数据分析模块中的相关系数功能自动求得相关系数的值,也可通过 Python 编程实现,具体如下所示:

```
# numpy 包计算样本相关系数
print('numpy 包计算样本相关系数为:')
print(np.corrcoef((car['weight'],car['circle'],car['max_speed'],car['horsepower'])))
# pandas 包的 DataFrame 计算简单相关系数
print('pandas 包的 DataFrame 计算样本相关系数为:')
```

```
print( car.corr( ) )
# scipy 包计算样本相关系数
print( 'scipy 包计算样本相关系数为:')
print( stats.pearsonr( car['weight'],car['max_speed']) )
# scipy 包同时计算多个变量间的相关系数
corralation = []
for i in car[['weight','circle','horsepower']].columns:
    corralation.append( stats.pearsonr( car['max_speed'],car[i]) )
print( 'scipy 包同时计算多个变量间的相关系数为:')
print( corralation)
```

相关系数的优点是可以通过数值定量分析变量之间的关系,并且带有方向性。其中,相关系数 r 的性质为: $r \in [-1,1]$, r 越大,表明两个变量 X 和 Y 之间相关程度越高。其中,$0 < |r| \leq 0.3$ 为低度相关;$0.3 < |r| \leq 0.8$ 为中度相关;$0.8 < |r| \leq 1$ 为高度相关。具体来看:

① $0 < r \leq 1$:表明两个变量 X 和 Y 之间为正相关;若 $r = 1$,表明两个变量 X 和 Y 之间存在着完全正相关的关系。

② $-1 \leq r < 0$:表明两个变量 X 和 Y 之间存在负相关;若 $r = -1$ 表明两个变量 X 和 Y 的关系为完全负相关。

③ $r = 0$:表示两个变量 X 和 Y 之间无线性相关。

总体而言,三种相关性分析方法各有特点。其中,图表方法最为简单直观,协方差方法可判断变量间是否具有相关性,相关系数法可有效衡量两个变量线性相关关系的密切程度。

3.偏相关分析

相关性分析用于分析两个事物之间的关系情况,在现实分析中,相关性分析往往有第三变量的影响或作用,而使得相关系数不能真实地体现其线性相关程度。

由于相关系数的不可传递性,在进行相关性分析时,往往要控制对 x、y 同时产生作用的变量 z 的影响。剔除其他变量影响之后再进行相关分析的方法称之为偏相关分析(partial correlation analysis)。

比如,研究货运周转量与载货量之间的关系,行驶里程与载货量都同货运周转量有关系,如果不考虑行驶里程的影响,就会使得载货量越重,货运周转量越大,这显然是不准确的。因此,当存在可能会影响两变量之间相关性的其他因素时,可使用模型实现偏相关分析,以得到更加科学的结论。

偏相关系数度量了两个变量在排除其余变量影响情形下的相关性,故亦称净相关系数。当控制变量个数为 1 时,偏相关系数称为一阶偏相关;控制变量个数为 2,则称之为二阶偏相关。本节将重点研究一阶偏相关,其计算公式如下:

$$r_{xy(z)} = \frac{r_{xy} - r_{xz}r_{yz}}{\sqrt{(1-r_{xz}^2)}\sqrt{(1-r_{yz}^2)}} \tag{7-43}$$

式中: $r_{xy(z)}$ ——控制变量 z 的线性作用后,x 和 y 之间的一阶偏相关系数;

r_{xy}, r_{xz}, r_{yz}——x 和 y、x 和 z、y 和 z 之间的相关系数。

计算得到偏相关系数后,还需要对样本来自的两个总体是否存在显著的净相关进行推断,具体步骤为:

(1)提出原假设,即两总体的偏相关系数与零无显著差异。

(2)选择检验统计量。偏相关分析的检验统计量为 t 统计量,它的数学定义为:

$$t = \frac{r_{xy(z)}\sqrt{n-q-2}}{\sqrt{1-r_{xy(z)}^2}} \tag{7-44}$$

式中:$r_{xy(z)}$——偏相关系数;

n——样本数;

q——阶数。

统计量服从 $n-q-2$ 个自由度的 t 分布。

(3)计算检验统计量的观测值和对应的概率 p 值。

(4)如果检验统计量的概率 p 值小于给定的显著性水平 α,则应拒绝原假设,反之,则不能拒绝原假设。

由于 Python 中没有计算偏相关系数的模块,自定义函数如下所示:

```
#偏相关系数
# python 中无模块可计算偏相关系数,自定义一个偏相关系数函数
def partial_corr(x, y, partial = []):
    # x,y 分别为考察相关关系的变量, partial 为控制变量
    xy, xyp = stats.pearsonr(x, y)
    xp, xpp = stats.pearsonr(x, partial)
    yp, ypp = stats.pearsonr(y, partial)
    n = len(x)
    df = n - 3
    r = (xy - xp * yp) / (np.sqrt(1 - xp * xp) * np.sqrt(1 - yp * yp))
    if abs(r) == 1.0:
        prob = 0.0
    else:
        t = (r * np.sqrt(df)) / np.sqrt(1 - r * r)
        prob = (1 - stats.t.cdf(abs(t), df)) * * 2
    return r, prob
pcorrelation = []
for i in car[['weight', 'circle']].columns:
    pcorrelation.append(partial_corr(car[i], car['max_speed'], partial = car['horsepower']))
print('偏相关系数为:')
print(pcorrelation)
```

第4节 回归分析法

1.基本概念

说到"回归分析",首先需要理解"回归"是什么。"回归"一词由高尔顿提出,他做过一个非常经典的调查——探究父辈身高和子辈身高之间的关系,该调查最终得到一个结论:子辈的平均身高是其父辈平均身高以及他们所处族群平均身高的加权平均和,即:子辈的平均身高=父辈平均身高×权重1+父辈所在族群的平均身高×权重2,尽管子辈的身高有高有低,但是往往会向父辈的平均身高靠拢,也就是"回归"到父辈的平均身高。

"回归分析"本质上来说就是通过对数据规律的研究,找到自变量和因变量之间的函数关系模型[5]。在得到较为合适的模型之后,可以利用模型关系和自变量去计算未知的因变量,比如:体重和身高、人口和地区生产总值、车辆数量和尾气排放量等。

"回归分析"根据自变量的数量,可以分为一元回归和多元回归,根据函数关系模型的形式,可以分为线性回归和非线性回归。通过组合可分为一元线性回归、一元非线性回归、多元线性回归、多元非线性回归,以下将举例分别进行介绍。

判断两个变量之间的函数关系,首先要通过散点图(图7-3)观察变量的变化趋势:

```
from matplotlib import pyplot as plt
def plot(xlist, ylist):
    plt.figure(1)
    plt.title("xy_scatter")
    plt.xlabel("x")
    plt.ylabel("y")
    plt.grid(True)
    plt.plot(xlist, ylist, "* ")
    plt.show( )
if __name__ == "__main__":
    xlist = [1, 2, 3, 4, 5, 6, 7, 8, 9, 10]
    ylist = [2, 3, 4, 5, 6, 7, 8, 9, 10, 11]
    plot(xlist, ylist)
```

2.一元线性回归

一元线性回归分析是指,在只有一个自变量的情况下,寻找其与因变量呈现线性关系的模型的方法,模型形式为:

$$y_t = ax_t + b \tag{7-45}$$

式中:x_t——第 t 个自变量的值;

y_t——第 t 个因变量的值；
a、b——模型的参数。

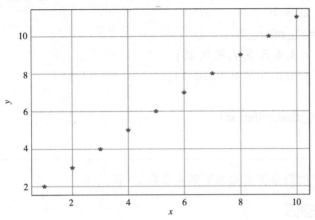

图7-3 散点图

a、b 的计算公式[6]为：

$$a = \frac{n\sum x_i y_i - \sum x_i \sum y_i}{n\sum x_i^2 - (\sum x_i)^2} \quad (7\text{-}46)$$

$$b = \frac{\sum y_i}{n} - a\frac{\sum x_i}{n} \quad (7\text{-}47)$$

式中：x_i,y_i——第 i 个自变量和因变量；
　　　n——x 和 y 的个数。

Python 编程实现：

```
import numpy as np
def get_a(xlist, ylist):
    xy_muti_sum = sum(np.multiply(np.array(xlist), np.array(ylist)))
    xy_sum_muti = sum(xlist) * sum(ylist)
    x_sqr_sum = sum(np.array(xlist) ** 2)
    x_sum_sqr = sum(xlist) ** 2
    n = len(xlist)
    return (n * xy_muti_sum - xy_sum_muti) / (n * x_sqr_sum - x_sum_sqr)
def get_b(xlist, ylist, a):
    y_sum = sum(ylist)
    x_sum = sum(xlist)
    n = len(xlist)
    return y_sum / n - a * x_sum / n
def get_yt(xlist, ylist, xt):
```

```
        a = get_a(xlist, ylist)
        b = get_b(xlist, ylist, a)
        return a * xt + b
if __name__ == "__main__":
    xlist = [1, 2, 3, 4, 5, 6, 7, 8, 9, 10]
    ylist = [2, 3, 4, 5, 6, 7, 8, 9, 10, 11]
    xt = 11
    yt = get_yt(xlist, ylist, xt)
    print(yt)
```

详细的一元线性回归分析实验请见第8章第12节。

3.一元非线性回归

一元非线性回归,亦称一元曲线回归,它是将有非线性关系的两个随机变量进行适当的变换,将非线性关系通过换算转变为线性关系的一类回归分析,具体如下所示:

$$v_t = au_t + b \tag{7-48}$$

(1)倒幂函数

原形式：
$$y = \frac{a}{x} + b$$

转换：
$$v = y, u = \frac{1}{x}$$

得到：
$$v = au + b$$

(2)双曲线函数

原形式：
$$\frac{1}{y} = \frac{a}{x} + b$$

转换：
$$v = \frac{1}{y}, u = \frac{1}{x}$$

得到：
$$v = au + b$$

(3)幂函数

原形式：
$$y = bx^a$$

两边使用对数转换：
$$\ln y = \ln b + a \ln x$$

转换：
$$v = \ln y, u = \ln x$$

得到：
$$v = au + b$$

(4)指数函数

原形式：
$$y = be^{ax}$$

两边使用对数转换：
$$\ln y = \ln b + ax$$

转换：
$$v = \ln y, u = x, b = \ln b$$

得到：
$$v = au + b$$

(5) 对数函数

原形式：$\quad\quad\quad\quad\quad\quad y = b + a\ln x$

转换：$\quad\quad\quad\quad\quad\quad\quad v = y, u = \ln x$

得到：$\quad\quad\quad\quad\quad\quad\quad v = au + b$

其他函数关系读者可以自行计算，在转换完成之后，x 和 y 的非线性函数关系将转换为 u 和 v 的线性函数关系，计算方式与一元线性回归分析相同。

4. 多元线性回归

所谓多元线性回归分析，是指探讨两个及以上的自变量与因变量之间的函数关系模型。例如：年龄、身高与体重的关系，人口数量、企业数量、道路长度等与地区生产总值之间的关系等，公式如下：

$$y_i = b_0 + \sum_{k=1}^{n} b_i x_{ki} + u_i \quad\quad (7\text{-}49)$$

式中：b_0——常数项；

$\quad\quad b_i$——偏回归系数；

$\quad\quad x_{ki}$——自变量，k 为自变量 x 的个数；

$\quad\quad i$——第 i 个批次；

$\quad\quad u_i$——随机误差项。

推荐使用 sklearn 方法库中的 LinearRegression 方法进行多元线性回归分析。

在工程应用中，要善于分析采集到的数据，根据数据特征选择适合的算法；在工具包中调用算法，仅需调整算法的参数，就能获取需要的信息，从而实现算法效率和效果之间的平衡。而 sklearn 正是这样一个可以帮助我们高效实现算法应用的工具包。本次使用到的仅仅是 sklearn 中的多元线性回归分析模块。

LinearRegression(fit_intercept = True, normalize = False, copy_X = True, n_jobs = 1)

其中：

fit_intercept：是否有截距，如果没有则直线过原点。

Normalize：是否将数据归一化。

copy_X：默认为 True，当为 True 时，X 会直接使用输入的 X 变量值，否则 X 可能会为了降低算法的计算量而对数据进行适量的改动。

n_jobs：默认值为 1。计算时使用的 CPU 核数。

使用步骤：

引入 numpy、LinearRegression 和 train_test_split：

```
import numpy as np
from sklearn.linear_model import LinearRegression
from sklearn.model_selection import train_test_split
```

使用 train_test_split 方法对样本数据进行随机划分。train_test_split 是交叉验证中常用的函数，功能是从样本中随机地按比例选取 traindata 和 testdata，形式为：

X_train,X_test,y_train,y_test = train_test_split(train_data,train_target,test_size = 0.4, random_state = 0)

其中：
X_train：用来训练的自变量数据集。
X_test：用来测试的自变量数据集。
Y_train：用来训练的因变量数据集，与 X_train 对应。
Y_test：用来测试的因变量数据集，与 X_test 对应。
train_data：所要划分的样本特征集。
train_target：所要划分的样本结果。
test_size：X_test 和 Y_test 验证样本占比，如果是整数的话就是验证样本的数量，剩余的数据集为 X_train 和 Y_train。
random_state：随机数的种子。是该组随机数的编号，在需要重复试验的时候，保证得到一组一样的随机数。比如每次都填1，其他参数一样的情况下得到的随机数组是一样的。不填的话默认值为 False，即每次切分的比例虽然相同，但是切分的结果不同。

train_test_split 方法实际上自动将训练数据集转换训练集和测试集，省去了手动转换的麻烦，如果不需要测试集的话可以直接使用 X 和 Y 数据集进行训练，但是为了验证效果仍需要手动输入测试集。

定义 LinearRegression( ) 类，简单情况下使用默认参数，对其进行训练：

```
reg = LinearRegression( )
reg.fit(X_train, y_train)
```

检验训练结果：

```
print(reg.predict(X_test))
```

完整代码：

```
#多元线性回归分析，其中 X 和 Y 分别为自变量数据集和因变量数据集
def muti_linear_regre(X, Y):
    X_train, X_test, y_train, y_test = train_test_split(X, Y, test_size = 2, random_state = 1)
    reg = LinearRegression( )
    reg.fit(X_train, y_train)
    print(reg.predict(X_test))    #利用训练的神经网络进行预测/检验
```

多元线性分析的相关实验详见第8章第13节。

第5节 Bayesian 算法

1. 分类问题综述

贝叶斯分类算法是一类重要的分类算法,这类算法均以贝叶斯定理为基础,故将其称为贝叶斯分类。在贝叶斯分类中最为简单常见的分类方法是朴素贝叶斯分类法。

分类问题在生活中是再常见不过的一类问题,交通领域中也一样,例如对于高速公路出入口就需要对通行车辆的车型进行分类判别,广州市公共交通电子收费系统"羊城通"也需要对刷卡的乘客是否满足打折优惠的条件进行判断分类,这些都属于分类操作。

从数学角度来说,分类问题可做如下定义:

已知集合 $C = y_1, y_2, \cdots, y_n$ 和 $I = x_1, x_2, \cdots, x_n$,确定映射规则 $y = f(x)$,使得任意 $x_i \in I$ 有且仅有一个 $y_i \in C$ 使得 $y_i \in f(x_i)$ 成立。其中 C 叫作类别集合,每一个元素即一个类别,而 I 叫作项集合(也称特征集合),其中每一个元素是一个待分类项。分类算法的任务就是构造分类器 f。

这里要强调的是,分类问题往往采用经验性方法构造映射规则,即一般情况下的分类问题往往难以获取完全的信息来构造完全正确的映射规则,而是通过学习历史经验数据从而实现一定概率意义上正确的分类,因此通过分类问题所训练出的分类器并不总是能够将每个待分类项精准地映射到其正确分类中,分类器的质量与分类器构造方法、待分类数据的特性以及训练样本数量等诸多因素有关。

2. 贝叶斯分类的基础——贝叶斯定理

首先重温一下条件概率的定义:表示事件 B 已经发生的前提下,事件 A 发生的概率,叫作事件 B 发生的情况下事件 A 发生的条件概率。下面给出贝叶斯定理(具体推导过程参见第2章第4节):

$$P(B \mid A) = \frac{P(A \mid B)P(B)}{P(A)} \tag{7-50}$$

贝叶斯定理的实用性很强,是因为在日常生活中经常遇到这种情况:可以很容易直接得出 $P(A \mid B)$,$P(B \mid A)$ 则很难直接得出,但我们更关心 $P(B \mid A)$,贝叶斯定理就是 $P(A \mid B)$ 和 $P(B \mid A)$ 之间的一座桥梁,即已知某条件概率,就可以通过贝叶斯定理得到两个事件交换后的概率,也就是在已知 $P(A \mid B)$ 的情况下求得 $P(B \mid A)$[7]。

3. 朴素贝叶斯分类

朴素贝叶斯(分类器)是一种生成模型,它会基于训练样本对每个可能的类别建模。朴素贝叶斯分类采用了属性条件独立性假设,也就是假设每个属性独立地对分类结果产生影响。即有下面的公式:

$$P(C \mid X) = \frac{P(X \mid C)P(C)}{P(X)} = \frac{P(C)}{P(X)} \prod_{i=1}^{n} P(X_i \mid C) \tag{7-51}$$

公式中连乘处要注意的是,如果有一项概率值为 0 就会影响后面估计,所以我们对未出现的属性概率设置一个不为 0 的很小的值,这就是拉普拉斯修正。拉普拉斯修正实际上假设了属性值和类别的均匀分布,在学习过程中额外引入了先验知识。

整个朴素贝叶斯分类分为三个阶段:

步骤 1:准备工作阶段,这个阶段的任务是为朴素贝叶斯分类做必要的准备,主要工作是根据具体情况确定特征属性,并对每个特征属性进行适当划分,然后由人工对一部分待分类项进行分类,形成训练样本集合。这一阶段的输入是所有待分类数据,输出是特征属性和训练样本。这一阶段是整个朴素贝叶斯分类中唯一需要人工完成的阶段,其质量对整个过程具有重要影响,分类器的质量很大程度上由特征属性、特征属性划分及训练样本质量决定。

步骤 2:分类器训练阶段,这个阶段的任务就是生成分类器,主要工作是计算每个类别在训练样本中的出现频率及每个特征属性划分对每个类别的条件概率估计,并记录结果。其输入是特征属性和训练样本,输出是分类器。这一阶段是机械性阶段,根据前面讨论的公式可以由程序自动计算完成。

步骤 3:应用阶段,这个阶段的任务是使用分类器对待分类项进行分类,其输入是分类器和待分类项,输出是待分类项与类别的映射关系。这一阶段也是机械性阶段,由程序完成。

朴素贝叶斯分类法的优点在于其算法逻辑简单且易于实现,同时在分类过程中的计算开销较小,并且在属性相关性较小时,朴素贝叶斯性能最好。而其缺点在于朴素贝叶斯模型假设属性之间相互独立,这个假设在实际应用中不成立的概率较大,因此在属性个数比较多或者属性之间相关性较大时,朴素贝叶斯的分类效果不好。对于这一点,学者们建立了半朴素贝叶斯之类的算法,通过考虑部分关联性适度改进。

朴素贝叶斯分类的相关实验详见第 8 章第 14 节。

4.贝叶斯算法实例

现有一个 14 天的天气状况与是否打网球的训练样例,如表 7-5 所示。

贝叶斯算法数据集　　　　　　　　　　　　　表 7-5

Day	Outlook	Temperature	Humidity	Wind	PlayTennis
D1	Sunny	Hot	High	Weak	No
D2	Sunny	Hot	High	Strong	No
D3	Overcast	Hot	High	Weak	Yes
D4	Rain	Mild	High	Weak	Yes
D5	Rain	Cool	Normal	Weak	Yes
D6	Rain	Cool	Normal	Strong	No
D7	Overcast	Cool	Normal	Strong	Yes
D8	Sunny	Mild	High	Weak	No
D9	Sunny	Cool	Normal	Weak	Yes
D10	Rain	Mild	Norrmal	Weak	Yes
D11	Sunny	Mild	Normal	Strong	Yes
D12	Overcast	Mild	High	Strong	Yes
D13	Overcast	Hot	Normal	Weak	Yes
D14	Rain	Mild	High	Strong	No

现根据"打网球"与"不打网球"的结果,统计两种结果下各种天气条件的条件概率,如表 7-6 所示。

表 7-6 贝叶斯算法数据集统计结果

Outlook			Temperature			Humidity		Wind		PlayTennis	
Sunny	Overcast	Rain	Hot	Mild	Cool	High	Normal	Weak	Strong	—	—
2	4	3	2	4	3	3	6	6	3	Yes	9
3	0	2	2	2	1	4	1	2	3	No	5

现在假设有一个样例 $x:x=\{Sunny,Hot,High,Weak\}$,等于 yes 的概率:

$$P(Yes\mid x) = p(Yes) \cdot p(Sunny\mid Yes) \cdot p(Hot\mid Yes) \cdot p(High\mid Yes) \cdot p(Weak\mid Yes)$$
$$= 0.643 \times 0.222 \times 0.222 \times 0.333 \times 0.667$$
$$= 0.007039$$

等于 No 的概率:

$$P(No\mid x) = p(No) \cdot p(Sunny\mid No) \cdot p(Hot\mid No) \cdot p(High\mid No) \cdot p(Weak\mid No)$$
$$= 0.357 \times 0.6 \times 0.4 \times 0.8 \times 0.4$$
$$= 0.027418$$

计算得到 $\max[P(Yes\mid x), P(No\mid x)] = P(No\mid x)$,所以把 x 分类为 No,即天气条件为晴朗、炎热、湿度大、风力弱的情况下选择不打网球。

第 6 节　随机森林算法

1.决策树

(1)定义

决策树模型是一种对实例进行分类的树形结构[8]。决策树由结点(node)和有向边(directed edge)组成。结点有两种类型:内部结点(internal node)和叶结点(leaf node)。内部结点表示一个特征或属性,叶结点表示一个类。

用决策树分类,从根节点开始,对实例的某一特征进行测试,根据测试结果,将实例分配到其子节点,这时,每一个子节点对应着该特征的一个取值。如此递归地对实例进行测试并分配,直至达到叶节点,最后将实例分到叶节点的类中。图 7-4 所示为一个描述泰坦尼克号上乘客生存的决策树,每个决策叶下标识该类乘客的生存概率和观察到的比率。

(2)if-then 规则

可以将决策树看成一个 if-then 规则的集合。将决策树转换成 if-then 规则的过程是:由决策树的根节点到叶结点的每一条路径构建一条规则,路径上内部结点的特征对应着规

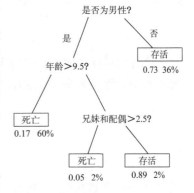

图 7-4　描述泰坦尼克号上乘客生存的决策树

则的条件,而叶节点的类对应着规则的结论。决策树的路径或其对应的 if-then 规则集合具有一个重要的性质:互斥并且完备,这就是说,每一个实例都被一条路径或一条规则所覆盖,而且只被一条路径或一条规则所覆盖。这里所谓覆盖是指实例的特征与路径上的特征一致或实例满足规则的条件。

（3）计算步骤

①特征选择

特征选择在于选取对训练数据具有分类能力的特征。这样可以提高决策树学习的效率。如果利用一个特征进行分类的结果与随机分类的结果没有很大差别,则称这个特征是没有分类能力的,经验上扔掉这样的特征对决策树学习的精度影响不大。通常特征选择的准则是信息增益或信息增益比。

②决策树生成

从根结点出发,对结点计算所有可能的特征的信息增益或信息增益比,选择该值较大的特征作为结点的特征,由该特征的不同取值建立子结点;之后对子结点递归地调用以上方法,构建决策树,直到所有特征的信息增益或信息增益比很小或没有特征可以选择为止,最后得到一个决策树。

③决策树剪枝

剪枝是对已生成的决策树进行简化。具体地,剪枝从已生成的树上裁掉一些子树或叶结点,并将其根结点或父结点作为新的叶结点,从而完成简化。剪枝的主要目的是防止出现过拟合现象。

（4）典型决策树生成算法

①ID3 算法

ID3 算法(Iterative Dichotomiser 3,迭代二叉树 3 代)是一个由 Ross Quinlan 发明的用于决策树的算法。这个算法是建立在奥卡姆剃刀原理的基础上:越是小型的决策树越优于大的决策树。该算法用信息增益来选择特征,信息增益是划分样本数据集的信息熵和划分后样本数据集的信息熵的差值。

假定 X 为训练集, X 有 k 个不同的类别,记为 $C_1, C_2, \cdots, C_k$,假定类别 C_i 出现的概率为 $p_i, (i=1,2,\cdots,k)$,则 X 的信息熵 $I(X)$ 计算公式为:

$$I(X) = -\sum_{i=1}^{k} p_i \log_2 p_i \qquad (7\text{-}52)$$

然后用属性 T 来划分样本集 X,按属性 T 划分 X 的信息增益 $\text{Gain}(X,T)$ 为样本集 X 的熵减去按属性 T 划分 X 后的样本集的熵,即:

$$\text{Gain}(X,T) = I(X) - I(X,T) \qquad (7\text{-}53)$$

$$I(X,T) = \sum_{i=1}^{l} \frac{|X_i|}{|X|} I(X_i) \qquad (7\text{-}54)$$

式中: X_i ——X 被属性 T（共有 l 个取值）划分后的第 i 个子集;

$|X|$ ——样本集大小;

$|X_i|$ ——样本子集大小。

②C4.5 算法

C4.5 算法也是由 Ross Quinlan 开发的用于产生决策树的算法。该算法是对 Ross Quinlan 之前开发的 ID3 算法的一个扩展,相对于 ID3,C4.5 则是采用信息增益比来选择特征。

这里依旧采用 ID3 算法中的 X 为训练集,则信息增益比为:

$$\text{GainRatio}(X,T) = \frac{\text{Gain}(X,T)}{IV(T)} \tag{7-55}$$

其中:

$$IV(T) = \sum_{i=1}^{l} \frac{|X_i|}{|X|} \log_2 \frac{|X_i|}{|X|} \tag{7-56}$$

(5)优缺点

①优点

a. 决策树易于理解和实现,人们在通过解释后都有能力去理解决策树所表达的意义。

b. 对于决策树,数据的准备往往是简单或者是不必要的,其他的技术往往要求先把数据一般化,比如去掉多余的或者空白的属性。

c. 能够同时处理数据型和符号型属性,其他的技术往往要求数据属性的单一。

d. 决策树是一个白盒模型,如果给定一个观察的模型,那么根据所产生的决策树很容易推出相应的逻辑表达式。

e. 易于通过静态测试来对模型进行评测,即能够测量该模型的可信度。

f. 在相对短的时间内能够利用大型数据源得出可行且效果良好的结果。

②缺点

a. 容易发生过拟合(随机森林可以很大程度上减少过拟合)。

b. 对于各类别样本数量不一致的数据,在决策树当中信息增益的结果偏向于那些具有更多数值的特征。

2. 随机森林

在机器学习中,随机森林是一个包含多个决策树的分类器,并且其输出的类别由所有决策树输出的类别的众数决定。

随机森林训练算法把 bagging 算法(Bootstrap aggregating,引导聚集算法)的一般技术应用到树学习中。给定训练集 $X = x_1, x_2, \cdots, x_n$ 和目标 $Y = y_1, y_2, \cdots, y_n$,bagging 方法每次从样本集中有放回地随机采样 n 个样本,重复采集 T 次,因为随机的缘故,T 个样本子集不会相同,然后利用 T 个样本子集训练决策树模型。在训练结束之后,对未知样本 x 的预测可以通过对 T 个树的预测结果求平均或在分类任务中选择多数投票的类别来实现。

(1)计算步骤

①用 N 来表示训练用例(样本)的个数,M 表示特征数目。

②输入特征数目 m,用于确定决策树上一个节点的决策结果,其中 m 应远小于 M。

③从 N 个训练用例(样本)中以有放回抽样的方式,取样 N 次,形成一个训练集,并用未抽到的用例(样本)作预测,评估其误差。

④对于每一个节点,随机选择 m 个特征,决策树上每个节点的决定都是基于这些特征确

定的。根据这 m 个特征,计算其最佳的分裂方式。

⑤每棵树都会完整成长而不会剪枝。

⑥重复步骤(1)~(5)构建大量的决策树,这样就构成了随机森林。

(2)优缺点

①优点

a. 对于大多数数据集,随机森林算法都可以产生高准确度的分类器。

b. 可以处理大量的输入变量。

c. 可以在决定类别时,评估变量的重要性。

d. 模型泛化能力强。

e. 学习过程快,可实现并行训练。

②缺点

取值划分较多的属性会对随机森林产生更大的影响,所以随机森林在这种数据上产出的属性权值是不可信的。

关于随机森林算法的具体实验详见第8章第15节。

第7节 神经网络

常用的神经网络主要包括前馈神经网络和循环神经网络(图7-5)。本节将着重介绍多层感知机、卷积神经网络、长短时记忆网络以及简单循环神经网络[9]。

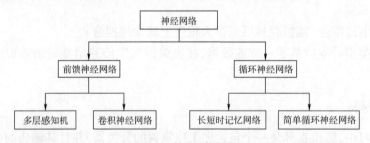

图7-5 神经网络架构

1.反向传播算法

反向传播(Backpropagation,BP)是"误差反向传播"的简称,是一种与最优化方法(如梯度下降法)结合使用、用来训练人工神经网络的常见方法。该方法对网络中所有权重计算损失函数的梯度,这个梯度会反馈给最优化方法,用来更新权值以最小化损失函数。

反向传播需要根据输入值期望得到的已知输出,来计算损失函数的梯度,进而更新权值。因此,它通常被认为是一种监督式学习方法,虽然它也用在一些无监督网络(如自动编码器)中。它是多层前馈网络的 Delta 规则的推广,可以用链式法则对每层迭代计算梯度。反向传播要求人工神经元(或"节点")的激励函数可微。

反向传播通常使用梯度下降法,需要计算平方误差函数对网络权重的导数。假设对于一个输出神经元,平方误差函数为:

$$E = \frac{1}{2}(t-y)^2 \tag{7-57}$$

式中：E——平方误差；

t——训练样本的目标输出；

y——输出神经元的实际输出。

加入系数 1/2 是为了抵消微分出来的指数。由于之后会乘以一个任意的学习速率，因此在这里乘上一个常系数是没有关系的。对每个神经元 j，它的输出 o_j 定义为：

$$o_j = \varphi(\text{net}_j) = \varphi\left(\sum_{i=1}^{n} w_{ji} o_i\right) \tag{7-58}$$

通向一个神经元的输入 net_j 是之前神经元的输出 o_i 的加权和。若该神经元处于输入层后的第一层，输入层的输出 o_i 就是网络的输入 x_i，该神经元的输入数量是 n，变量 w_{ji} 表示神经元 i 与 j 之间的权重，激活函数 φ 一般是非线性可微函数。常用作激活函数的 sigmoid 函数为：

$$\varphi(z) = \frac{1}{1+e^{-z}} \tag{7-59}$$

其导数形式为：

$$\frac{\partial \varphi}{\partial z} = \varphi(1-\varphi) \tag{7-60}$$

计算误差对权重 w_{ji} 的偏导数是使用链式法则得到的：

$$\frac{\partial E}{\partial w_{ji}} = \frac{\partial E}{\partial o_j} \frac{\partial o_j}{\partial \text{net}_j} \frac{\partial \text{net}_j}{\partial w_{ji}} \tag{7-61}$$

在右边的最后一项中：

$$\frac{\partial \text{net}_j}{\partial w_{ji}} = \frac{\partial}{\partial w_{ji}} \left(\sum_{k=1}^{n} w_{ji} o_k\right) = o_i \tag{7-62}$$

神经元 j 的输出对其输入的导数就是激活函数的偏导数（这里假定使用 sigmoid 函数）：

$$\frac{\partial o_j}{\partial \text{net}_j} = \frac{\partial}{\partial \text{net}_j} \varphi(\text{net}_j) = \varphi(\text{net}_j)[1-\varphi(\text{net}_j)] \tag{7-63}$$

这就是为什么反向传播需要的激活函数是可微的。

如果神经元在输出层中，因为此时 $o_j = y$，所以 E 关于 o_j 的导数的计算公式为：

$$\frac{\partial E}{\partial o_j} = \frac{\partial E}{\partial y} = \frac{\partial}{\partial y}\left(\frac{1}{2}\right)(t-y)^2 = y-t \tag{7-64}$$

但如果 j 是网络中任一内层，求 E 关于 o_j 的导数就不太简单了。

考虑 E 为接受来自神经元 j 的输出的所有神经元 $L = u, v, \cdots, w$ 的输入的函数，则：

$$\frac{\partial E(o_j)}{\partial o_j} = \frac{\partial E(\text{net}_u, \text{net}_v, \cdots, \text{net}_w)}{\partial o_j} \tag{7-65}$$

关于 o_j 取全微分，可以得到该导数的一个递归表达式：

$$\frac{\partial E}{\partial o_j} = \sum_{l \in L}\left(\frac{\partial E}{\partial \text{net}_l} \frac{\partial \text{net}_l}{\partial o_j}\right) = \sum_{l \in L}\left(\frac{\partial E}{\partial o_l} \frac{\partial o_l}{\partial \text{net}_l} \frac{\partial \text{net}_l}{\partial o_j}\right) = \sum_{l \in L}\left(\frac{\partial E}{\partial o_l} \frac{\partial o_l}{\partial \text{net}_l} w_{lj}\right) \tag{7-66}$$

因此，若已知所有关于下一层（更接近输出神经元的一层）的输出 o_l 的导数，则可以计算 o_j 的导数。把它们放在一起：

$$\frac{\partial E}{\partial w_{ji}} = o_i \delta_j \qquad (7\text{-}67)$$

其中：

$$\delta_j = \frac{\partial E}{\partial o_j}\frac{\partial o_j}{\partial \text{net}_j} = \begin{cases} (o_j - t_j)\varphi(\text{net}_j)[1-\varphi(\text{net}_j)], j\text{ 为输出神经元} \\ (\sum_{l\in L}\delta_l w_{lj})\varphi(\text{net}_j)[1-\varphi(\text{net}_j)], j\text{ 为中间神经元} \end{cases} \qquad (7\text{-}68)$$

要使用梯度下降法更新 w_{ji}，必须选择一个学习速率 α。要加在原本的权重上的权重的变化，等于学习速率与梯度的乘积，乘以 -1：

$$\Delta w_{ji} = -\alpha \frac{\partial E}{\partial w_{ji}} \qquad (7\text{-}69)$$

之所以要乘以 -1 是因为要更新误差函数极小值而不是极大值的方向。

对于单层网络，这个表达式变为 Delta 规则。

2.多层感知机

多层感知机(Multilayer Perceptron,MLP)是一种前向结构的人工神经网络，映射一组输入向量到一组输出向量。MLP 可以被看作是一个有向图，由多个节点层所组成，每一层都全连接到下一层，除了输入节点，每个节点都是一个带有非线性激活函数的神经元(或称处理单元)。

反向传播算法的监督学习方法常被用来训练 MLP。多层感知器遵循人类神经系统原理，学习并进行数据预测。多层感知的基本结构由三层或三层以上神经元组成：第一输入层，中间隐藏层和最后输出层，输入元素和权重的乘积输出给具有激活函数的求和结点，主要优势在于其快速解决复杂问题的能力。MLP 是感知器的推广，克服了感知器不能对线性不可分数据进行识别的弱点。MLP 基本网络结构如图 7-6 所示。

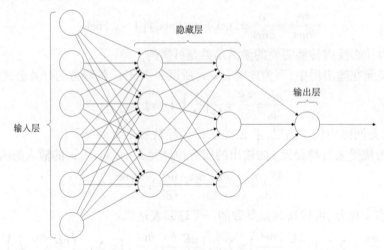

图 7-6 MLP 基本网络结构

若每个神经元的激活函数都是线性函数，那么，任意层数的 MLP 都可被约简成一个等价的单层感知器。

实际上,MLP 本身可以使用任何形式的激活函数,但为了使用反向传播算法进行有效学习,激活函数必须限制为可微函数。双曲正切函数(Hyperbolic tangent)及 sigmoid 函数都常被采用为激活函数。

两个常见的激活函数,形式是:

$$y(v_i) = \tanh(v_i) \tag{7-70}$$

$$y(v_i) = (1 + e^{-v_i})^{-1} \tag{7-71}$$

第一个是个双曲正切函数,定义域为 $-1 \sim 1$;第二个是个 sigmoid 函数,定义域为 $0 \sim 1$。其中,y_i 为第 i 个节点(神经元)的输出,而 v_i 是输入连接的加权和。

多层感知机预测的相关实验详见第 8 章第 16 节。

3.循环神经网络

对于 MLP 而言,它只能单独地去计算一个个的输入,即输入数据之间是没有联系的,但是,某些任务需要能够更好地处理序列的信息,即输入数据的顺序位置也是有关系的(如交通流时间序列数据)。

比如,当我们在理解一句话意思时,孤立地理解这句话的每个词是不够的,需要处理这些词连接起来的整个序列;当我们处理视频的时候,也不能只单独地去分析每一帧,而要分析这些帧连接起来的整个序列。

以自然语言处理(NLP)的一个最简单词性标注任务来说,将"我、看、书"三个单词标注词性为:我/nn 看/v 书/nn(/nn:名词,/v:动词)。

那么这个任务的输入就是:

我看书(已经分词好的句子)

这个任务的输出是:

我/nn 看/v 书/nn(词性标注好的句子)

对于这个任务来说,当然可以直接用普通的神经网络来做,给网络的训练数据格式就是:我→我/nn,这样的多个单独的单词→词性标注好的单词。

但是很明显,一个句子中,前一个单词其实对于当前单词的词性预测是有很大影响的,比如预测"书"的时候,由于前面的"看"是一个动词,那么很显然"书"作为名词的概率就会远大于动词的概率,因为动词后面接名词很常见,而动词后面接动词很少见。

所以为了解决一些这样类似的问题,能够更好地处理序列的信息,循环神经网络(Recurrent Neural Network,RNN)就诞生了(图 7-7)。

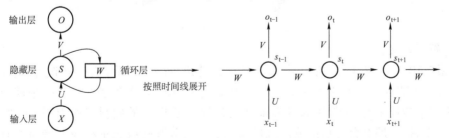

图 7-7 RNN 时间线展开图

这个网络在 t 时刻接收到输入 x_t 之后,隐藏层的值是 s_t,输出值是 o_t。关键在于,s_t 的值不仅仅取决于 x_t,还取决于 s_{t-1}。可以用下面的公式来表示循环神经网络的计算方法:

$$O_t = g(V \cdot S_t) \tag{7-72}$$

$$S_t = f(U \cdot X_t + W \cdot S_{t-1}) \tag{7-73}$$

4.长短时记忆网络

长短时记忆网络(Long Short Term Memory networks),通常叫作"LSTMs"——是 RNN 中一个特殊的类型[10]。Hochreiter & Schmidhuber 于 1997 提出 LSTMs,广受欢迎,此后被很多学者加以改进。LSTMs 被广泛地用于解决各类问题,并都取得了非常好的效果。

明确来说,设计 LSTMs 主要是为了避免 RNN 中存在的长时期依赖(long-term dependency)问题。它们的本质就是能够记住很长时期内的信息。

所有循环神经网络结构(图 7-8)都是由完全相同结构的(神经网络)模块进行复制而成的。在普通的 RNN 中,这个模块结构非常简单,比如仅是一个单一的 tanh 层。

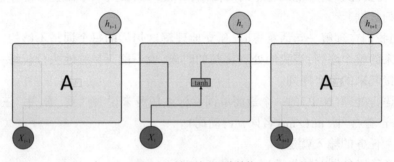

图 7-8　循环神经网络结构

LSTMs 也有类似的结构(图 7-9),但是它们不再是只用一个单一的 tanh 层,而是用了四个相互作用的层。

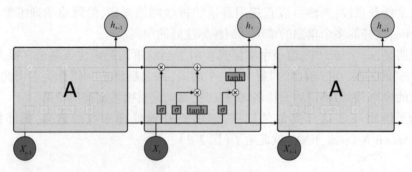

图 7-9　长短时记忆网络结构

(1)符号定义

如图 7-10 所示,在网络结构图中,每条线都传递着一个向量,从一个节点中输出,然后输入到另一个节点中。圆圈表示逐点操作,比如向量相加;矩形框表示的是一个神经网络层(就是很多个神经节点);合并的线表示把两条线上所携带的向量进行合并(比如一个带 h_{t-1},另一个带 x_t,那么合并后的输出就是 $[h_{t-1}, x_t]$);分开的线表示将线上传递的向量复制一份,传给两个地方。

第7章 数据分析

图7-10 符号定义

（2）核心思想

LSTMs 最关键的地方在于 cell（整个蓝色的框就是一个 cell）的状态和结构图上面的那条横穿的水平线。

cell 状态的传输就像一条传送带，向量从整个 cell 中穿过，只是做了少量的线性操作。这种结构能够很轻松地实现信息从整个 cell 中穿过而不做改变。如图7-11所示。

若只有上面的那条水平线是没办法实现添加或者删除信息的，而是需要通过一种叫作门（gates）的结构来实现。门可以实现选择性地让信息通过，主要是通过一个 sigmoid 的神经层和一个逐点相乘的操作来实现的。sigmoid 层输出（是一个向量）的每个元素都是一个在0和1之间的实数，表示让对应信息通过的权重（或者占比）。比如，0表示"不让任何信息通过"，1表示"让所有信息通过"。每个 LSTMs 有三个这样的门结构（分别是"forget gate"，遗忘门；"input gate"，输入门；"output gate"，输出门），来实现信息的保护和控制。

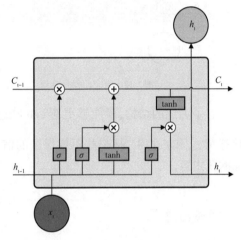

图7-11 LSTMs 的 cell 状态传输

（3）门结构

①遗忘门

如图7-12所示。首先，LSTMs 要决定让哪些信息继续通过这个 cell，这是通过一个叫作"遗忘门"的 sigmoid 神经层来实现的。它的输入是 h_{t-1} 和 x_t，输出是一个数值都在0-1之间的向量（向量长度和 cell 的状态 C_{t-1} 一样），表示让 C_{t-1} 的各部分信息通过的比例。

$$f_t = \sigma(W_f \cdot [h_{t-1}, x_t] + b_f) \tag{7-74}$$

②输入门

下一步是决定让多少新的信息加入 cell 状态中来。主要包括两个步骤：首先，一个叫作"输入门"的 sigmoid 层决定哪些信息需要更新；一个 tanh 层生成一个向量，也就是备选的用来更新的内容 $\tilde{C}_t$。在下一步，把这两部分联合起来，对 cell 的状态进行一个更新。输入门操作流程如图7-13所示。

$$i_t = \sigma(W_i \cdot [h_{t-1}, x_t] + b_i) \tag{7-75}$$

$$\tilde{C}_t = \tanh(W_C \cdot [h_{t-1}, x_t] + b_C) \tag{7-76}$$

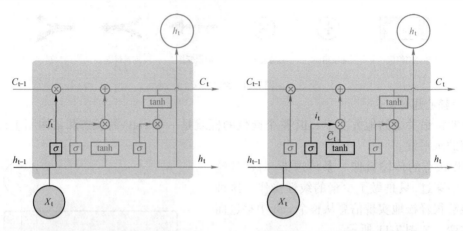

图 7-12 遗忘门操作流程 　　　　　图 7-13 输入门操作流程

有了上述的结构,就能够更新 cell 状态了(图 7-14),即把 $\tilde{C}_{t-1}$ 更新为 $\tilde{C}_t$。首先把旧的状态 $\tilde{C}_{t-1}$ 和 f_t 相乘,把一些不想保留的信息忘掉,然后加上 $i_t \cdot \tilde{C}_t$,这部分信息就是需要添加的新内容。

$$C_t = f_t \cdot C_{t-1} + i_t \cdot \tilde{C}_t \tag{7-77}$$

③输出门

最后,我们需要来决定输出什么值。这个输出主要是依赖于 cell 的状态 $\tilde{C}_t$,但是又不仅仅依赖于 $\tilde{C}_t$,而是需要经过一个过滤的处理。首先,需要使用一个 sigmoid 层通过计算来决定 $\tilde{C}_t$ 中的哪部分信息会被输出。接着,把 $\tilde{C}_t$ 通过一个 tanh 层(把数值都归一化到 -1 和 1 之间),然后把 tanh 层的输出和 sigmoid 层计算出来的权重相乘,这样就得到最后输出的结果。输出门操作流程如图 7-15 所示。

$$o_t = \sigma(W_o \cdot [h_{t-1}, x_t] + b_o) \tag{7-78}$$
$$h_t = o_t \cdot \tanh(C_t) \tag{7-79}$$

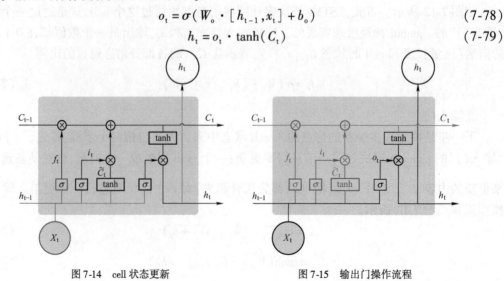

图 7-14 cell 状态更新 　　　　　图 7-15 输出门操作流程

长短时记忆神经网络预测的相关实验详见第8章第17节。

5.卷积神经网络

(1) 传统神经网络的劣势

在图像领域,用传统的神经网络并不合适。图像是由一个个像素点构成,每个像素点有三个通道,分别代表 RGB 颜色,那么,如果一个图像的尺寸是(28,28,1),即代表这是一个长宽均为 28、channel 为 1 的图像(channel 即通道,也叫 depth,此处为 1 则代表灰色图像,如果是红绿蓝三色图像,通道应为 3)。如果使用全连接的网络结构,即网络中的神经与相邻层上的每个神经元均连接,那就意味着网络有 $28 \times 28 = 784$(个)神经元,hidden 层采用 15 个神经元,那么简单计算一下,需要的参数个数(w 和 b)就有:$784 \times 15 \times 10 + 15 + 10 = 117625$(个),这个网络结构的参数数量庞大,进行一次反向传播的计算量都是巨大的,从计算资源和调参的角度都不建议用传统的神经网络。图 7-16 表示用传统神经网络实现手写数字识别的网络结构。

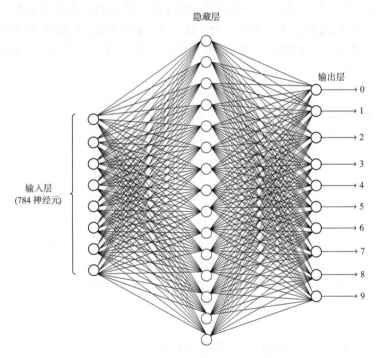

图 7-16　三层神经网络识别手写数字

(2) 基本层

① 卷积层

上文提到用传统的三层神经网络需要大量的参数,原因在于每个神经元都和相邻层的神经元相连接。全连接层的方式对于图像数据来说似乎显得不太友好,因为图像本身具有"二维空间特征",通俗点说就是局部特性。比如我们看一张猫的图片,可能会看到猫的眼睛或者嘴巴就知道这是猫,而不需要每个部分都看完了才知道。所以如果可以用某种方式识别出一张图片的某个典型特征,那么也就知道这张图片的类别了。这时候就用到了卷积的概念[11]。举个例子,现在有一个4×4的图像,设计两个卷积核,看看运用卷积核后图片会变成什么样。如图7-17所示。

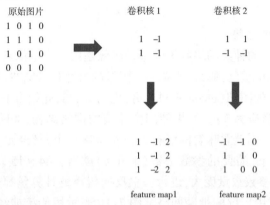

图 7-17 卷积操作示例

由上图可以看到,原始图片是一张灰度图片,每个位置表示的是像素值,1表示白色,0表示黑色,(0,1)区间的数值表示灰色。对于这个4×4的图像,我们采用两个2×2的卷积核来计算。设定步长为1,即每次以2×2的固定窗口往右滑动一个单位。以第一个卷积核为例,计算过程如下:

feature_map1(1,1) = 1×1 + 0×(-1) + 1×1 + 1×(-1) = 1
feature_map1(1,2) = 0×1 + 1×(-1) + 1*1 + 1*(-1) = -1
……
feature_map1(3,3) = 1×1 + 0×(-1) + 1×1 + 0×(-1) = 2

可以看到这就是最简单的内积公式。feature_map1(1,1)表示在通过第一个卷积核计算完后得到的feature_map的第一行第一列的值,随着卷积核的窗口不断地滑动,可以计算出一个3×3的feature_map1;同理可以计算通过第二个卷积核进行卷积运算后的feature_map2,那么这一层卷积操作就完成了。feature_map尺寸计算公式为:[(原图片尺寸 – 卷积核尺寸)/步长] +1。

②池化层

通过上一层2×2的卷积核操作后,就将原始图像由4×4的尺寸变为了3×3的一个新的图片。池化层的主要目的是通过降采样的方式,在不影响图像质量的情况下,压缩图片,减少参数。简单来说,假设现在设定池化层采用MaxPooling算法,即取每个窗口中最大的数值来代表该窗口,滑动窗口大小为2×2,滑动步长为1,那么图片的尺寸就会由3×3变为2×2:(3-2)+1=2,从上例来看,会有如下变换(图7-18):

通常来说,池化方法一般有以下两种:

a. MaxPooling:取滑动窗口里最大的值。
b. AveragePooling:取滑动窗口内所有值的平均值。

到现在为止,图片由4×4通过卷积层变为3×3,再通过池化层变化2×2,如果再添加层,那么图片会越变越小。这个时候就需要"Zero Padding"(补零),它可以帮助我们保证每次经过卷积或池化输出后图片的大小不变,如果上述例子加入 Zero Padding,再采用 3×3 的卷积核,那么变换后的图片尺寸与原图片尺寸相同,如图 7-19 所示。

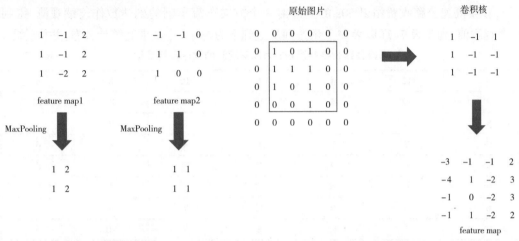

图 7-18 池化操作示例　　　　　图 7-19 Zero Padding 示例

通常情况下,我们希望图片做完卷积操作后保持图片大小不变,所以一般会选择尺寸为 3×3 的卷积核与 1 的 Zero Padding(在矩阵周围补一圈 0),或者 5×5 的卷积核与 2 的 Zero Padding(在矩阵周围补两圈 0),这样通过计算后,可以保留图片的原始尺寸。那么加入 Zero Padding 后的 feature_map 尺寸 = (width + 2 × padding_size- filter_size)/stride + 1。

③全连接层

到这一步,其实一个完整的"卷积部分"就算完成了,如果想要叠加层数,一般也是叠加"卷积-池化",通过不断地设计卷积核的尺寸、数量,提取更多的特征,最后识别不同类别的物体。做完池化后,就可以把这些数据"拍平",即三维数据展开成一维(Flatten),然后把 Flatten 层的输出放到全连接层里,采用 softmax 对其进行分类。数据展平示例如图 7-20 所示。

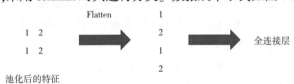

图 7-20 数据展平示例

图 7-21 为一个完整的卷积网络结构图。

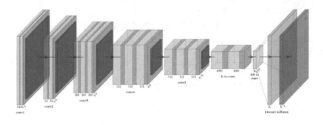

图 7-21 FCN-32

关于卷积神经网络的具体实验详见第 8 章第 18 节。

课后习题

1. 在某高速公路收费站以 60s 的间隔对一个方向车流车辆的到达数作连续观测,得到 120 个观测值,列于表 7-7(以表左上角按列从上到下为时序)。试求其统计分布,并检验之。

某高速公路收费站以 60s 为间隔观测的到达车辆数据　　　　表 7-7

8	12	4	6	10	8	6
8	12	5	10	9	12	10
8	6	8	7	8	9	8
12	7	7	6	4	8	6
9	6	9	7	9	6	8
10	6	6	12	7	7	8
6	6	9	11	7	9	9
10	6	10	8	7	10	6
10	7	11	7	9	11	6
6	9	8	8	9	5	8
9	9	9	10	7	5	11
11	8	13	10	11	7	7
10	5	7	7	7	7	7
8	5	9	3	10	6	6
12	9	8	11	7	10	7

2. 某物流公司在 2009—2019 年的运输成本为 $X = [46.53, 54.29, 66.95, 64.26, 81.68, 105.64, 109.85, 134.35, 148.69, 188.33]$,营业收入为 $Y = [257.1, 302.65, 373.88, 360.8, 433.57, 500.49, 490.27, 537.79, 601.56, 689.77]$,分别用 Excel 软件和 Python 编程计算两变量之间的相关系数,比较使用不同工具软件计算得到的结果是否存在差异,并根据计算结果判断两个变量之间是否存在相关关系。

3. 什么叫高峰小时系数?如何计算确定?有何用途?

4. 一元非线性回归分析可以转化为一元线性回归分析,尝试一下将第四节中的一元非线性回归分析的代码使用 python 写出来。

5. 某个医院早上收了八个门诊病人,见表 7-8。

八个门诊病人的相关信息　　　　表 7-8

症　状	职　业	疾　病
打喷嚏	护士	感冒
打喷嚏	农夫	过敏
头痛	建筑工人	脑震荡
头痛	建筑工人	感冒
打喷嚏	建筑工人	过敏

续上表

症　　状	职　　业	疾　　病
打喷嚏	教师	感冒
头痛	教师	脑震荡
打喷嚏	教师	过敏

现在又来了第九个病人,是一个打喷嚏的建筑工人。请问他患上感冒的概率有多大?

6. 常用于神经网络的激活函数有哪些?

参 考 文 献

[1] 王炜,过秀成,等.交通工程学[M].2版.南京:东南大学出版社,2011.

[2] 张生瑞.交通流理论与方法[M].北京:中国铁道出版社,2010.

[3] 庄楚强,高英仪.应用数理统计基础[M].3版.广州:华南理工大学出版社,2006.

[4] 胡郁葱,黄玲.交通运输预测与决策技术[M].长沙:中南大学出版社,2015.

[5] 盛骤,谢式千,潘承毅.概率论与数理统计[M].4版.北京:高等教育出版社,2008.

[6] 茆诗松,王静龙,濮晓龙.高等数理统计[M].北京:高等教育出版社,2006.

[7] 茆诗松,汤银才.贝叶斯统计[M].北京:中国统计出版社,2012.

[8] 李航.统计学习方法[M].北京:清华大学出版社,2012.

[9] 伊恩·古德费洛,约书亚·本吉奥,亚伦·库维尔.深度学习[M].北京:人民邮电出版社,2017.

[10] Hochreiter S, Schmidhuber J. Long short-term memory[J]. Neural computation, 1997, 9(8): 1735-1780.

[11] LeCun Y, Bottou L, Bengio Y, et al. Gradient-based learning applied to document recognition[J]. Proceedings of the IEEE, 1998, 86(11): 2278-2324.

第 8 章 实 验

第 1 节 数据库创建实验

1. 实验目的

(1) 熟悉 MySQL 环境。
(2) 熟练掌握和使用 SQL 语句建立数据库基本表。
(3) 使用 Navicat for MySQL 操作数据库。
有关 MySQL 的安装和使用请见第 3 章。

2. 实验环境

(1) Windows10 专业版。
(2) MySQL Sever 5.1。
(3) Navicat for MySQL 11.0.10。

3. 实验内容

使用 Navicat for MySQL 的图形界面,建立高速公路数据库中的各个关系。

4. 实验步骤

(1) 启动 Mysql(图 8-1)
将鼠标移动至 Windows 徽标处,右击后从列表中选择"Windows PowerShell(管理员)",开启 Windows 的 PowerShell 命令行,在该窗口中运行的命令均为管理员身份的命令,可以保证完全启动 Mysql:在窗口中输入:

net start mysql ——该语句以管理员身份启动 mysql 服务。

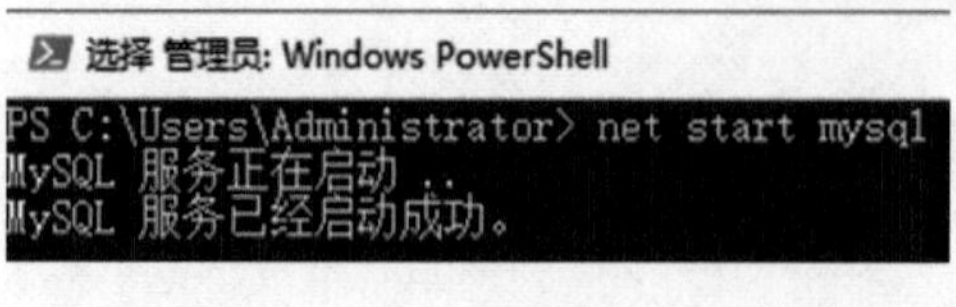

图 8-1 使用 PowerShell 启动 Mysql 服务

(2) 新建连接
界面操作。点击"连接"按钮,输入连接名和安装 MySQL Sever 数据库时预先设置的用户密码,即可成功新建连接。
输入连接名:test,输入预设密码 root,如图 8-2 所示。此时,双击左侧边栏中已创建的连接"test"即可打开连接。

第 8 章 实　　验

图 8-2　新建连接

(2) 创建用户

数据库已默认为连接的用户名和主机名创建用户。若要创建新用户,可用以下两种方法。

方法一:界面操作。双击打开连接"test"后,点击"新建用户"按钮,即可开始新建用户。在"常规"栏输入用户名:test(16 个字符以内),主机名:localhost(可以用主机名、IP 地址、通配符%等),密码设为 mysql,并在"服务器权限"栏中勾选赋予新用户的权限,点击"新建"即可完成创建。如图 8-3、图 8-4 所示。

方法二:由 SQL 语句创建。

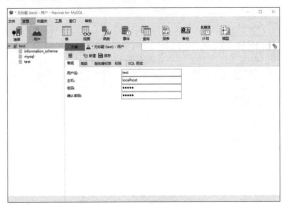

图 8-3　界面操作创建用户-1

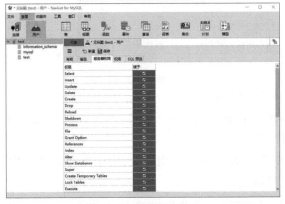

图 8-4　界面操作创建用户-2

CREATE USER 'test'@'localhost' IDENTIFIED BY 'mysql';   --该语句创建一个用户名为"test"、主机名为"localhost"且密码为"mysql"的新用户；
GRANT ALL PRIVILEGES ON *.* TO 'test'@'localhost'   --给用户赋予所有权限；
GRANT SELECT ON *.* TO 'test'@'localhost';   --给用户赋予选择的权限；
GRANT INSERT ON *.* TO 'test'@'localhost';   --给用户赋予插入的权限；
GRANT ALTER ON *.* TO 'test'@'localhost';   --给用户赋予调整的权限；
GRANT EXECUTE ON * .* TO 'test'@'localhost';   --给用户赋予执行的权限(如执行存储过程等)。

(3)创建数据表

方法一：界面操作。点击"表"，再点击下属栏目"新建表"即可新建表，本实验新建高速公路收费流水数据存储表 GDFT，合计 29 个字段，如图 8-5、图 8-6 所示。

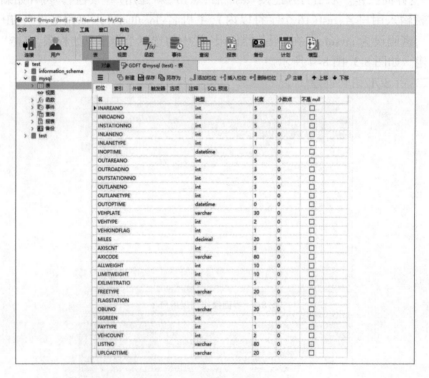

图 8-5 界面操作创建数据表-1

方法二：由 SQL 语句建立。在旧版本 Navicat 中，点击上方操作栏中的"查询"，而后点击"新建查询"，即可新建一个 SQL 语句输入窗口；在新版本 Navicat 中直接点击上方操作栏靠左侧的"新建查询"即可。

以下为创建 MySQL 数据表的 SQL 通用语法，应注意列类型与数据类型相匹配，语句输入完毕之后点击"运行"即可。

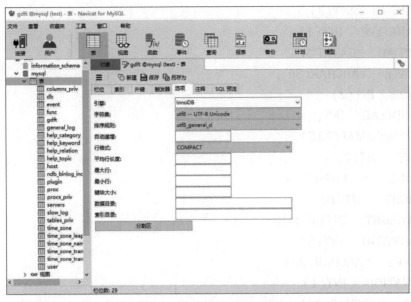

图 8-6　界面操作创建数据表-2

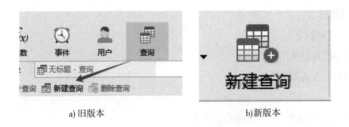

a) 旧版本　　　　　　　　b) 新版本

图 8-7　Navicat 创建查询窗口操作

CREATE TABLE table_name（column_name column_type）;

创建广东省高速公路收费流水数据存储表 GDFT 的 SQL 语句具体如下：

CREATE TABLE GDFT（
INAREANO　　INT（5），
INROADNO　　INT（3），
INSTATIONNO　　INT（5），
INLANENO　　INT（3），
INLANETYPE　　INT（1），
INOPTIME　　DATETIME，
OUTAREANO　　INT（5），
OUTROADNO　　INT（3），
OUTSTATIONNO　　INT（5），

```
OUTLANENO    INT(3),
OUTLANETYPE    INT(1),
OUTOPTIME    DATETIME,
VEHPLATE    VARCHAR(30),
VEHTYPE    INT(2),
VEHKINDFLAG    INT(1),
MILES    DECIMAL(20,5),
AXISCNT    INT(3),
AXISCODE    VARCHAR(80),
ALLWIGHT    INT(10),
LIMITWEIGHT    INT(10),
EXLIMITRATIO    INT(5),
FREETYPE    VARCHAR(20),
FLAGSTATION    INT(1),
OBUNO    VARCHAR(20),
ISGREEN    INT(1),
PAYTYPE    INT(1),
VEHCOUNT    INT(2),
LISTNO    VARCHAR(80),
UPLOADTIME    VARCHAR(20));
```

(4)创建一个和 GDFT 表字段相同的表

方法一：通过 SQL 语句新建查询创建新表。

①创建 GDFTNEW 表，具有和已有的 GDFT 表一样的字段，不保存 GDFT 表的数据。

```
CREATE TABLE GDFTNEW AS SELECT *  FROM GDFT WHERE 1 = 0;
```

②创建 GDFTNEW 表，具有和已有的 GDFT 表一样的字段，同时保存 GDFT 表已有的数据，一般可以用于备份。

```
CREATE TABLE GDFTNEW AS SELECT *  FROM GDFT WHERE 1 = 1;
```

方法二：通过查看建表语句创建新表。

①新建查询，查看创建 GDFT 表时的 SQL 语句(图 8-8)。

```
SHOW CREATE TABLE GDFT;
```

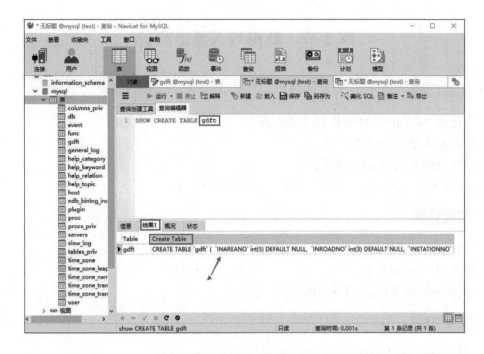

图 8-8　查看建表语句

②复制"结果"栏中"Create Table"子栏中的建表 SQL 语句,新建查询并修改表名为 GD-FTNEW 即可创建新表(图 8-9)。

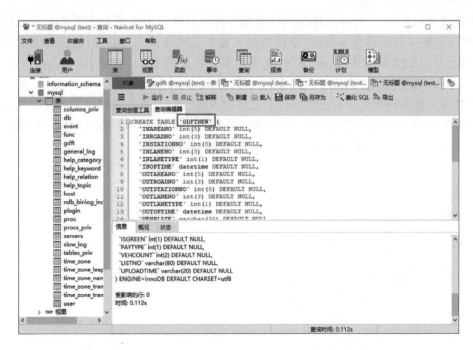

图 8-9　创建新表

第 2 节 数据导入导出实验

1.实验目的

(1)使用 Navicat for MySQL 操作数据库。
(2)将整表导入/导出数据库。
(3)将数据导入/导出数据库。
有关 MySQL 数据库的数据导入/导出方法请见第 4 章。

2.实验环境

(1)Windows10 专业版。
(2)MySQL Sever 5.1。
(3)Navicat for MySQL 11.0.10。

3.实验内容

使用 Navicat for MySQL 导入、导出高速公路收费流水数据。

4.实验步骤

(1)MySQL 导入、导出。

需要注意的是,在进行导入导出操作时需要根据后续的工作需求选择合适的编码或格式,目前主流的文件编码为 UTF-8,方便数据传输的文件格式为.sql 文件,如果需要 python 操作,推荐使用 UTF-8 格式的 csv 文件,如果需要直接使用 Excel 查看,推荐选择.xlsx 文件格式。在导入过程中也注意选择文件编码,以防导入的文件乱码。

文件导出的编码需要在导出向导的第二步中点击"高级"按钮进行选择。文件导入的编码在选择数据源时设置,如果是代码程序导出的文件一般为 UTF-8 编码,无需额外设置;如果是由 Excel 转存的 csv 文件编码一般为 ANSI,读者可自行尝试。

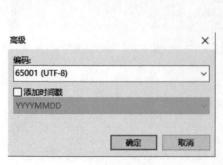
a) 文件导出的编码选择

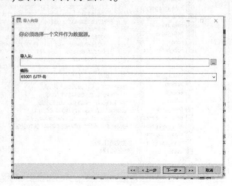
b) 文件导入的编码选择

图 8-10　格式选择(默认为 UTF-8)

本实验的导入导出操作选择使用默认编码 UTF-8 的.sql 文件。

方法一：界面操作。

导出：先点击"表"，再点击"导出向导"，如图 8-11 所示。

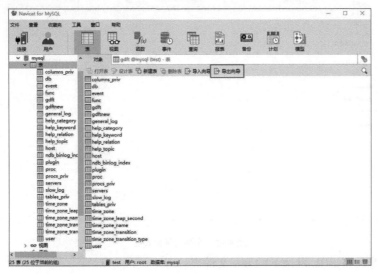

图 8-11　界面操作导出表

随后，根据需要选择导出格式、表文件、栏位（列）、附加项等即可完成导出。

同样的，通过 Navicat 导入表的步骤与导出表相同。

方法二：命令行导出。

导出：①进入 MySQL 目录下的 bin 文件夹：

> cd C:\Program Files（x86）\MySQL\MySQL Server 5.1\bin

②通过指令进入数据库并指定需导出的数据库名、数据表名、导出的文件名及其路径：

> mysqldump -u 用户名 -p 数据库名 数据表名 ＞ 导出的文件名和路径
> mysqldump -u root -p mysql gdft ＞ E:\test\gdft.sql

③输入密码并完成导出。

以上步骤的实现如图 8-12 和图 8-13 所示，可见目标导出到文件夹中已生成了相应的文件。

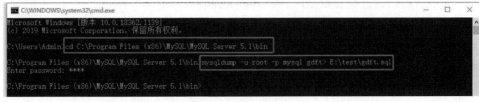

图 8-12　命令行导出表-1

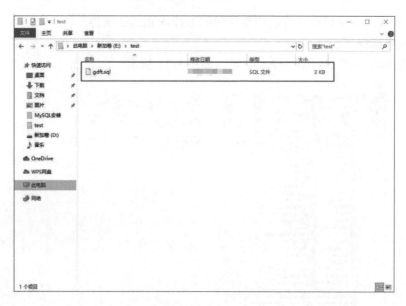

图 8-13　命令行导出表-2

导入：①进入 MySQL 目录下的 bin 文件夹：

> cd C:\Program Files（x86）\MySQL \MySQL Server 5.1 \bin

②连接到 MySQL 数据库并输入密码：

> mysql -u root -p

③运用 source 命令完成导入：

> use ceshi;（"use + 数据库名称"指定数据库，这里选用新建的"ceshi"数据库）
> source E:/test/gdft.sql;（导入方法一："source + 文件路径"，注意结尾的半角分号）

也可以运用 LOAD DATA 语句将数据导入到已知表中。

> LOAD DATA LOCAL INFILE "E:/test/gdft.sql" into table gdft;

导入完成后可以通过查看数据库、表结构来检验：

> show tables from ceshi;（查看数据库）
> desc ceshi.gdft;（查看表结构）

值得一提的是，虽然方法二的可视化程度不如方法一，但其导入/导出速度更快。命令行导入表如图 8-14 所示。

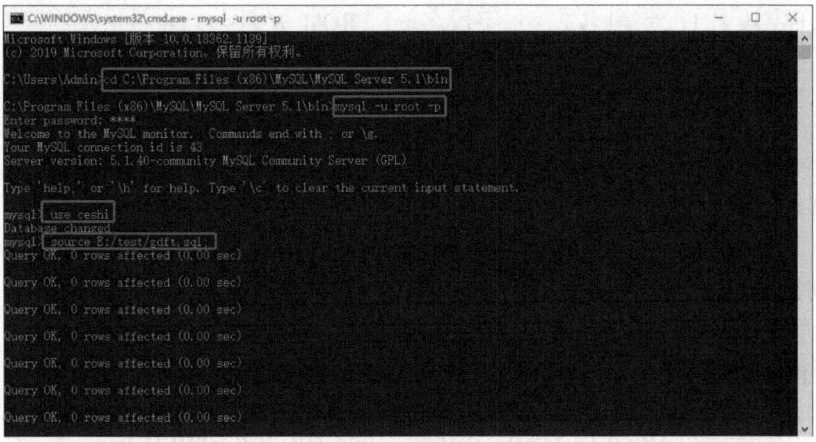

图 8-14　命令行导入表

第 3 节　数据查询和视图制作实验

1. 实验目的

(1) 掌握各种数据查询方式,包括单表查询、多表连接查询、嵌套查询、集合查询等。
(2) 掌握数据库视图制作方法。
关于 MySQL 数据库的数据查询与视图制作方法请见第 4 章。

2. 实验环境

(1) Windows10 专业版。
(2) MySQL Sever 5.1。
(3) Navicat for MySQL 11.0.10。

3. 实验内容

(1) 连接高速公路收费流水数据库进行数据查询。
(2) 利用某地区高速公路收费流水数据库建立视图。

4. 实验步骤

(1) 单表查询
① 查询所有字段
SELECT * FROM 表名;
在 SELECT 语句中,"*"表示查询表中的所有字段。例:

SELECT *　FROM GDFT201906;

②查询指定字段

SELECT 字段名1[,字段名2,…,字段名n] FROM 表名;

在 SELECT 语句中,可通过指定列名查询表格的部分字段信息。例:

SELECT VEHTYPE, AXISCNT FROM GDFT201906;

此查询语句可以查询2019年6月高速公路收费流水数据中所有数据行的车型、车轴字段。

③查询指定记录

SELECT 字段名1[,字段名2,…,字段名n] FROM 表名 WHERE 查询条件;

在 SELECT 语句中,通过 WHERE 子句可以对数据进行筛选过滤。例:

SELECT VEHTYPE, AXISCNT FROM GDFT201906 WHERE VEHKINDFLAG = 0;

此查询语句可以查询2019年6月高速公路收费流水数据中所有客货标识为0的数据行的车型和车轴字段。

④带 IN 关键字的查询

IN 操作符用来查询满足指定范围内的条件的记录,使用 IN 操作符,将所有检索条件用括号括起来,检索条件之间用逗号隔开,只要满足条件范围内的一个值即匹配项。

在 IN 关键字前面加上 NOT 即可使得查询的结果正好相反。例:

SELECT * FROM GDFT201906 WHERE VEHTYPE IN (1, 3, 4);

此查询语句可以查询2019年6月高速公路收费流水数据中车型为1、3、4型的所有车辆的数据行。

⑤带 BETWEEN AND 的范围查询

BETWEEN AND 用来查询某个范围内的值,该操作符需要有两个参数,即范围的开始值和结束值(包括开始值和结束值)。如果字段值满足指定的范围查询条件,则这些记录被返回。同样,在 BETWEEN AND 关键字前面加上 NOT 即可使得查询的结果正好相反。例:

SELECT * FROM GDFT201906 WHERE VEHTYPE BETWEEN 1 AND 4;

此查询语句可以查询车型编码为1-4的车辆(包括1和4)。

⑥带 LIKE 的字符匹配查询

LIKE 关键字即是使用通配符来进行匹配查找,可以查找某字段中包含 LIKE 后面关键字的数据行。通配符是一种在 SQL 的 WHERE 条件子句中拥有特殊含义的字符,可以和 LIKE 一起使用的通配符有 % 和 _。其中,百分号通配符 %,匹配任意长度的字符,甚至包括零字符;下划线通配符 _,一次只能匹配任意一个字符。例:

SELECT * FROM GDFT201906 WHERE VEHPLATE LIKE '粤A%';

此查询语句可以查询车牌号以粤 A 开头的车辆。
⑦查询空值
空值不同于 0,也不同于空字符串。空值一般表示数据未知、不适用或将在以后添加数据。在 SELECT 语句中使用 IS NULL 子句,可以查询某字段内容为空的记录。例:

SELECT * FROM GDFT201906 WHERE OUTOPTIME IS NULL;

此查询语句可以查询 2019 年 6 月的高速公路收费流水数据中驶出高速时间为空值的数据行。
⑧带 AND 的多条件查询
AND 主要用于 WHERE 子句中,用来链接两个甚至多个查询条件,表示所有的条件都需要满足才会返回值。例:

SELECT * FROM GDFT201906 WHERE VEHKINDFLAG = 0 AND VEHTYPE = 3;

此查询语句可以查询客货标识为 0(客车)且车型为 3(即三型客车)的车辆。
⑨带 OR 的多条件查询
OR 主要用于 WHERE 子句中,用来链接两个甚至多个查询条件,表示所有的条件仅需满足其中之一项便会返回值。例:

SELECT * FROM GDFT201906 WHERE OUTOPTIME > '2019-06-26 14:00:00' OR OUT-OPTIME < '2019-06-05 14:00:00';

此查询语句可以查询车辆驶出时间晚于 2019 年 6 月 26 日 14 时或早于 2019 年 6 月 5 日 14 时的车辆。
⑩查询结果不重复
SELECT DISTINCT 字段名 FROM 表名;
在 SELECT 语句中,使用 DISTINCT 关键字来指示 MySQL 消除重复的记录。例:

SELECT DISTINCT VEHPLATE FROM GDFT201906;

此查询语句可以查询 2019 年 6 月所有行驶过高速公路车辆的车牌号。
⑪对查询结果排序
用 ORDER BY 语句来对查询的结果进行排序。
在后面添加 DESC 表示降序排序,在后面添加 ASC 或默认,表示升序排序。例:

SELECT DISTINCT VEHPLATE FROM GDFT201906 ORDER BY VEHPLATE DESC;

此查询语句可以查询 2019 年 6 月所有行驶过高速公路车辆的车牌号,并按降序排列。

⑫分组查询

在 MySQL 中使用 GROUP BY 来对数据进行分组。

［GROUP BY 字段］［HAVING ＜条件表达式＞］［WITH ROLLUP］;

此时 HAVING 关键字用来筛选过滤数据,弥补了 WHERE 关键字不能和聚合函数联用的不足。WITH ROLLUP 关键字则是在所有查询出的记录之后增加一条记录,该记录计算查询出的所有记录的总和,即统计记录数量。但是 ROLLUP 不能够与 ORDER BY 同时使用。

基本语法:

SELECT column1, column2, ... column_n, aggregate_function（expression）
FROM tables
WHERE predicates GROUP BY column1, column2, ... column_n
HAVING condition1 ... condition_n;

例:

SELECT VEHKINDFLAG, VEHTYPE, AVG(MILES) FROM GDFT201906
WHERE INOPTIME < "2019/06/02 00:00:00"
GROUP BY VEHKINDFLAG, VEHTYPE
HAVING AVG(MILES) > 50;

此查询语句可以从进入高速公路时间早于 2019 年 6 月 2 日的车辆记录中,按照客货标识和车型的分类查询各类车型的平均行驶里程,并筛选出平均里程大于 50km 的车型。

（2）使用聚合函数查询

①AVG( )函数

返回某列的平均值。例:

SELECT AVG(MILES) FROM GDFT201906;

此查询语句可以返回 2019 年 6 月所有经由高速公路行驶的车辆的行驶里程均值。

②COUNT( )函数

返回某列的行数。例:

SELECT COUNT(*) FROM GDFT201906;

此查询语句可以返回 2019 年 6 月高速公路所有流水数据的总行数。
③MAX( )函数
返回某列的最大值。例：

SELECT MAX(MILES) FROM GDFT201906;

此查询语句可返回 2019 年 6 月高速公路收费流水数据中单趟次行驶里程最大的一条数据行。
④MIN( )函数
返回某列的最小值。例：

SELECT MIN(MILES) FROM GDFT201906;

此查询语句可返回 2019 年 6 月高速公路收费流水数据中单趟次行驶里程最小的一条数据行。
⑤SUM( )函数
返回某列值的和。例：

SELECT SUM(MILES)/COUNT(*) FROM GDFT201906;

此查询语句可返回 2019 年 6 月所有经由高速公路行驶的车辆所有趟次的平均行驶里程。

(3)连接查询
①内连接查询
在内连接查询中，只有满足条件的记录才能出现在结果关系中。两个表之间的关系通过(INNER)JOIN 指定。使用这种语法的时候，连接的条件使用 ON 子句给出，而不是用 WHERE。例：

SELECT * FROM GDFT201906 INNER JOIN GDFT201907 ON GDFT201906.VEHPLATE = GDFT201907.VEHPLATE;

②外连接查询
A. LEFT JOIN 左连接
返回包括左表中的所有记录和右表中连接字段相等的记录。例：

SELECT * FROM GDFT201906 LEFT JOIN GDFT201907 ON GDFT201906.VEHPLATE = GDFT201907.VEHPLATE;

此查询语句以 2019 年 6 月的流水数据为基础,返回 2019 年 6 月的所有记录以及 6 月、7 月均有记录的车辆在 7 月的记录。

B. RIGHT JOIN 右连接

返回包括右表中的所有记录和左表中连接字段相等的记录。例:

SELECT * FROM GDFT201906 RIGHT JOIN GDFT201907 ON GDFT201906.VEHPLATE = GDFT201907.VEHPLATE;

此查询语句以 2019 年 7 月的流水数据为基础,返回 2019 年 7 月的所有记录以及 6 月、7 月均有记录的车辆在 6 月的记录。

③复合条件连接查询

复合条件连接查询是在连接查询的过程中,通过添加过滤条件,限制查询的结果,使查询的结果更加准确。

(4)子查询

①带 ANY、SOME 关键字的子查询

ANY 和 SOME 关键字是同义词,表示满足其中任一条件,它们允许创建一个表达式对子查询的返回值列表进行比较,只要满足内层子查询中的任何一个比较条件,就返回一个结果作为外层查询的条件。例:

SELECT VEHPLATE, INOPTIME, OUTOPTIME, MILES FROM GDFT201906 WHERE MILES > ANY (SELECT MILES FROM GDFT201906 WHERE VEHKINDFLAG = 0 AND VEHTYPE = 4);

此查询语句返回 2019 年 6 月高速公路收费流水中行驶里程大于任意一条当月客货标识为 0 且车型为 4 的车辆的行驶里程(即大于客货标识为 0 且车型为 4 的车辆的行驶里程的最小值)的车辆的相关字段。

②带 ALL 关键字的子查询

使用 ALL 时,需要同时满足所有内层查询的条件。例:

SELECT VEHPLATE, INOPTIME, OUTOPTIME, MILES FROM GDFT201906 WHERE MILES > ALL (SELECT MILES FROM GDFT201906 WHERE VEHKINDFLAG = 0 AND VEHTYPE = 4);

此查询语句返回 2019 年 6 月高速公路收费流水中行驶里程大于所有当月客货标识为 0 且车型为 4 的车辆的行驶里程的车辆的相关字段。

③带 EXISTS 关键字的子查询

EXISTS 关键字后面的参数可以是任意一个子查询,系统对子查询进行运算以判断它是否返回行,如果至少返回一行,那么 EXISTS 的结果为 true,此时外层查询语句将进行查询;如果子查询没有返回任何行,那么 EXISTS 的结果为 false,此时外层语句不进行查询。例:

SELECT VEHPLATE, INOPTIME, OUTOPTIME FROM GDFT201907 WHERE EXISTS (SELECT * FROM GDFT201906 WHERE GDFT201906.VEHPLATE = GDFT201907.VEHPLATE);

此查询语句返回 2019 年 6 月和 7 月高速公路收费流水数据中均出现的车牌号在 7 月对应数据行中的相关字段。

④带比较运算符的子查询

子查询可以使用如'<','<=','=','>','>=','!='等比较运算符。

(5) 创建视图

基本语句：

CREATE[OR REPLACE][ALGORITHM = {UNDEFINED | MERGE| TEMPTABLE}]
VIEW view_name [(column_list)]
AS select_statement
[WITH CHECK OPTION]

语法解析：

OR REPLACE：若所创建的视图已经存在，则替换旧视图。

ALGORITHM：选择在处理定义视图的 SELECT 语句中使用的方法；UNDEFINED：MySQL 将自动选择所要使用的算法（默认）；MERGE：将视图的语句与视图定义合并起来，使得视图定义的某一部分取代语句的对应部分；TEMPTABLE：将视图的结果存入临时表，然后使用临时表执行 SELECT 语句。

COLUMN_LIST：可为视图产生的列定义别名。

SELECT_STATEMENT 表示一条完整的 SELECT 语句。

WITH CHECK OPTION：表示视图在更新时保证在视图的权限范围之内，插入或修改的数据行必须满足视图定义的约束，以保证数据的安全。

创建视图的语句如下所示：

CREATE OR REPLACE VIEW TOLLDATA1
AS
SELECT VEHPLATE, INOPTIME, OUTOPTIME, MILES FROM GDFT201906 WHERE MILES > ALL (SELECT MILES FROM GDFT201906 WHERE VEHKINDFLAG = 0 AND VEHTYPE = 4)
WITH CHECK OPTION;

视图创建成功后，可以从视图中检索数据，这点和从表中检索数据是一样的。此外，还可以查询视图的全部信息和指定的数据行和列。查询视图语句和结果如下所示（图 8-15）：

SELECT * FROM TOLLDATA1;
或
DESC TOLLDATA1;(查看视图详情)
或
SHOW FIELDS FROM TOLLDATA1;

	VEHPLATE	INOPTIME	OUTOPTIME	MILES
▶ 1	...	2019/6/15 22:16:24	2019/6/16 9:43:14	1800.978
2	...	2019/6/17 0:38:44	2019/6/17 11:59:59	2237.361

图 8-15　查看视图(SELECT * FROM TOLLDATA1;)

视图创建成功后,可以使用以下两种语句修改视图。

CREATE OR REPLACE VIEW 视图名 AS SELECT [...] FROM [...];
或
ALTER VIEW 视图名 AS SELECT 语句/视图;

DML 操作应遵循的原则包括:
①简单视图可以执行 DML 操作。
②在视图包含 GROUP 函数,GROUP BY 子句,DISTINCT 关键字时不能删除数据行。
③在视图不出现下列情况时可通过视图修改基表数据或插入数据:
a. 视图中包含 GROUP 函数,GROUP BY 子句,DISTINCT 关键字。
b. 使用表达式定义的列。
c. ROWNUM 伪列。
d. 基表中未在视图中选择的其他列定义为非空且无默认值。
④视图可用于保持数据库的完整性,但作用有限。通过视图执行引用完整性约束可在数据库级执行约束。对于可以执行 DML 操作的视图,定义时一般带上 WITH CHECK OPTION 约束。

第 4 节　数据库编程实验

1.实验目的

(1)掌握存储过程的编写方法。
(2)掌握存储过程的调用方法。
关于 MySQL 数据库存储过程的理论基础和具体操作详见第 4 章。

2.实验环境

(1)Windows10 专业版。

(2) MySQL Sever 5.1。
(3) Navicat for MySQL 11.0.10。

3. 实验内容

编写一个存储过程 tolldata2,分别统计出表 GDFT201906 中所有车型的平均行驶里程,并且只显示出平均行驶里程超过 50km 的车型,并调用此存储过程。

4. 实验步骤

创建存储过程的基本语句:

```
DELIMITER //
    CREATE PROCEDURE 存储过程名称([[IN| OUT| INOUT] 参数名数据 类型 …])
        BEGIN
            过程体;
        END
        //
DELIMITER ;
```

实验代码:

--创建存储过程
-- MySQL 默认以";"为分隔符,如果没有声明分割符,则编译器会把存储过程当成 SQL 语句进行处理,因此编译过程会报错,所以要事先用"DELIMITER //"声明当前段分隔符,让编译器把两个"//"之间的内容当作存储过程的代码,不会执行这些代码;最后的"DELIMITER ;"的意为把分隔符还原。
DROP PROCEDURE if EXISTS tolldata2;
DELIMITER //
CREATE PROCEDURE tolldata2( )   --注意:即使没有输入/输出参数也要带上括号( )
BEGIN
--本实验运用到了游标(cursor),所使用的变量需要在定义游标之前声明(DECLARE)。
--游标的作用是把数据按照指定要求提取出相应的数据集,然后逐条进行数据处理。
--使用游标的顺序:声明游标、打开游标、读取数据、关闭游标、(删除游标)。
    DECLARE vkindflag,vtype INT;   --声明变量
    DECLARE avgmiles FLOAT;
--设置游标遍历数据结束标志
    DECLARE done int default 0;
--定义游标
    DECLARE cur cursor for SELECT VEHKINDFLAG,VEHTYPE,AVG(MILES) FROM GD-

FT201906 GROUP BY VEHKINDFLAG,VEHTYPE;
　　--将结束标志绑定到游标
　　DECLARE CONTINUE HANDLER FOR NOT FOUND SET done = 1;
　　--建立临时表 t 存储统计结果
　　DROP TABLE IF EXISTS t;
　　CREATE TEMPORARY TABLE t（VEHKINDFLAG INT, VEHTYPE INT, AVGMILES FLOAT）;
　　--打开游标
　　OPEN cur;
　　--使用 loop 循环遍历数据
　　www:LOOP
　　-- FETCH INTO 语句:游标读取下一行(若有),并且前进游标指针。
　　FETCH cur INTO vkindflag,vtype,avgmiles;
　　-- if-then-else 语句判断游标循环是否结束,若结束则跳出 loop。
　　　if done = 1 THEN
　　　　LEAVE www;
　　　end if;
　　-- if-then-else 语句将符合约束条件(＞50 公里)的统计记录录入至临时表 t 中。
　　　if avgmiles＞50 THEN
　　　　INSERT INTO t VALUES（vkindflag,vtype,avgmiles）;
　　　end if;
　　　end loop;　　--结束 loop 循环
CLOSE cur;　　--关闭游标
SELECT * FROM t;　　--输出统计结果
END //
delimiter ;　　--还原分隔符
--调用存储过程
call tolldata2;

第 5 节　交通参数指标统计实验

1.实验目的

(1)掌握各类交通参数在数据库中的统计方法。
(2)进一步熟悉数据库的各种操作。
(3)深刻理解交通参数在实际场景中的应用。
交通参数指标统计的相关理论知识请见第 7 章第 1 节。

2. 实验环境

（1）Windows10 专业版。
（2）MySQL Sever 5.1。
（3）Navicat for MySQL 11.0.10。

3. 实验内容

（1）统计不同高速公路出入口在特定时间范围内的交通流量和月平均日交通量。
（2）统计不同高速公路出入口的高峰小时系数，并对其差异进行分析。
（3）估计某一路段的空间分布系数。
（4）统计不同高速公路路段的区间平均速度，并对其差异进行分析。

4. 实验步骤

（1）统计不同高速公路出入口在特定时间范围内的交通流量。

本实验选取位于广州市的科韵路收费站（路段编号32，收费站编号15）以及位于梅州市的径南收费站（路段编号69，收费站编号3）进行统计。时间范围选择为2019年6月1—15日。
首先对6月上半月进入科韵路收费站的交通流量进行统计：

SELECT COUNT(*) FROM GDFT201906 WHERE (INROADNO = 32 AND INSTATIONNO = 15);

得到结果为187203。
对6月上半月驶离科韵路收费站的交通流量进行统计：

SELECT COUNT(*) FROM GDFT201906 WHERE (OUTROADNO = 32 AND OUTSTATIONNO = 15);

得到结果为220700。
随后对6月上半月进入径南收费站的交通流量进行统计：

SELECT COUNT(*) FROM GDFT201906 WHERE (INROADNO = 69 AND INSTATIONNO = 3);

得到结果为4818。
对6月上半月驶离径南收费站的交通流量进行统计：

SELECT COUNT(*) FROM GDFT201906 WHERE (OUTROADNO = 69 AND OUTSTATIONNO = 3);

得到结果为8737。

选取科韵路收费站对其平均日交通量进行计算,得到驶离科韵路收费站的平均日交通量为14713.33,进入科韵路收费站的平均日交通量为12480.20。

相应的,驶离径南收费站的平均日交通量为582.47,进入径南路收费站的平均日交通量为321.20(图8-16)。

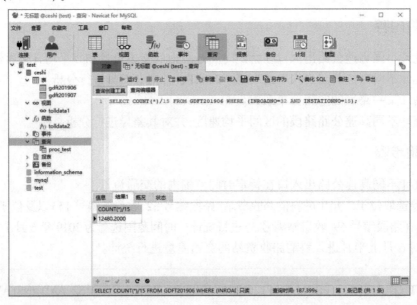

图8-16 查询科韵路收费站的平均日交通量

由于两地经济发展水平有较大差异,高速公路网络的发达程度也存在差距,因此分析计算结果可以发现,科韵路收费站的交通流量远远大于径南收费站。

(2)统计不同高速公路出入口的高峰小时系数,并对其差异进行分析。

本实验选取位于广州市的科韵路收费站(路段编号32,收费站编号15)以及位于梅州市的径南收费站(路段编号69,收费站编号3)进行统计。时间范围选择为2019年6月14日17—18时。

首先分别统计科韵路收费站17:00—18:00时段的驶出流量:

SELECT COUNT(*) FROM GDFT201906 WHERE OUTROADNO = 32 AND OUTSTA-TIONNO = 15 AND OUTOPTIME > '2019-06-14 17:00:00' AND OUTOPTIME < = '2019-06-14 18:00:00';

上述查询语句结果为1203。随后,为简化运算,本实验以15分钟为间隔,分别统计17:00—17:15、17:15—17:30、17:30—17:45和17:45—18:00四个时间段的流量,将其中流量最大的时段作为该小时内15分钟的最大交通量。查询结果分别为251、252、380、320,故该小时内15分钟的最大交通量出现在17:30—17:45时段,最大交通量为380,根据高峰小时系数公式可算得 PHF_{15}(科韵路) = 0.7914。

径南收费站的查询方法与之类似。通过查询得到小时交通量为37,四个时段的流量分别为8、15、4、10。故该小时内15分钟的最大交通量出现在17:15—17:30时段,最大交通量为15,根据高峰小时系数公式可算得 PHF_{15}(径南)=0.6167(图8-17)。

图8-17　查询径南收费站高峰小时15分钟交通量

由于径南收费站车流量少,车辆到达更为随机,可能出现某个随机时段车流量集中的现象,故径南收费站的高峰小时系数比科韵路收费站更小。

(3)估计某一路段的空间分布系数(方向分布系数 K_D)。

由于缺乏门架信息,无法对某一时间段行驶在某一路段的所有车辆进行统计,因此本实验采用估计的方法对路段的空间分布系数进行统计分析。

本实验选取的路段为两个相邻收费站——黄埔站(路段编号30,收费站编号5)和华快新洲站(路段编号30,收费站编号4)之间的路段,时间范围选择为2019年6月14日17:00—18:00时段。通过统计该时段内在黄埔站驶入并在华快新洲站驶出的车辆数以及在华快新洲站驶入并在黄埔站驶出的车辆数,估计黄埔—华快新洲路段的空间分布系数。

首先统计2019年6月14日17:00—18:00时段在黄埔站驶入并在华快新洲站驶出的车辆数:

SELECT COUNT(＊) FROM GDFT201906 WHERE INROADNO = 30 ANDINSTATIONNO = 5 AND OUTROADNO = 30 AND OUTSTATIONNO = 4 AND INOPTIME > '2019-06-14 17:00:00' AND OUTOPTIME <= '2019-06-14 18:00:00';

上述查询结果为60。随后统计2019年6月14日17:00—18:00时段在华快新洲站驶入并在黄埔站驶出的车辆数,查询语句与上述语句类似,查询结果为153。因此,通过空间分布系数估算可得空间分布系数为0.718,主要方向为华快新洲站往黄埔站方向(图8-18)。

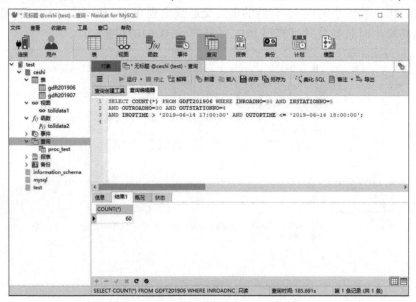

图8-18 查询黄埔往华快新洲路段的交通量

(4)统计不同高速公路路段的区间平均速度,并对其差异进行分析。

本实验选取麻涌站(路段编号1,收费站编号10)—长安站(路段编号1,收费站编号24),全长44.3km,以及长安站—福田站(路段编号1,收费站编号38),全长44km。时间范围选择为2019年6月14日17:00—19:00时段。对这两个路段的区间平均速度进行统计分析。

对麻涌—长安段的区间平均速度进行统计(需先将Datetime类型转换成秒):

SELECT SUM(MILES)/SUM((UNIX_TIMESTAMP(OUTOPTIME)-UNIX_TIMESTAMP(INOPTIME))/3600) FROM GDFT201906 WHERE INROADNO = 1 AND INSTATIONNO = 10 AND OUTROADNO = 1 AND OUTSTATIONNO = 24 AND INOPTIME > '2019-06-14 17:00:00' AND OUTOPTIME <= '2019-06-14 19:00:00';

结果为56.9131km/h。

对长安—福田段的区间平均速度进行统计(需先将Datetime类型转换成秒):

SELECT SUM(MILES)/SUM((UNIX_TIMESTAMP(OUTOPTIME)-UNIX_TIMESTAMP(INOPTIME))/3600) FROM GDFT201906 WHERE INROADNO = 1 AND INSTATIONNO = 24 AND OUTROADNO = 1 AND OUTSTATIONNO = 38 AND INOPTIME > '2019-06-14 17:00:00' AND OUTOPTIME <= '2019-06-14 19:00:00';

结果为70.6426km/h。由上述结果可知,在该时段内麻涌—长安段的区间平均速度小于长安—福田段的区间平均速度。这可能是广州—深圳方向的车流中,有许多车辆从东莞境内的收费站驶离高速公路所导致的。

第6节 数据排序实验

1. 实验目的

通过编程理解不同排序方法的原理,掌握以下四种排序方法:
（1）冒泡排序。
（2）选择排序。
（3）插入排序。
（4）归并排序。
关于数据排序的相关概念理论,详见第6章第1节。

2. 实验环境

（1）Windows10 专业版。
（2）python3.7 + numpy 方法库。

3. 实验内容及步骤

对于给定的一维数组,使用冒泡排序、选择排序、插入排序和归并排序的方法,将其按照从小到大的顺序排列为新的数组,这里格式统一为 np.ndarray,具体代码如下[1]:

```
import numpy as np
import time
# 冒泡排序:主要手段是多次比较多次交换位置,从而把最值交换到固定位置
def bubble_sort(arr):
    for i in range(len(arr)):
        # 找出前面最大的放在最后面,因此放在后面的可以不需要再次遍历
        for j in range(len(arr) - i - 1):
            if arr[j] > arr[j + 1]:
                # 相邻两两之间相互比较交换位置,小的在前,大的在后
                arr[j], arr[j + 1] = arr[j + 1], arr[j]
# 选择排序:主要手段是多次比较,选择出最值,放在固定位置
def selection_sort(arr):
    for i in range(len(arr)):
        # 本次循环的最值最终所在的位置一定是i,首先假定当前在i位置的值为最值
        min_index = i
        for j in range(i + 1, len(arr)):
            if arr[min_index] > arr[j]:
```

```
            # 如果假定的最值不符合,则定位最值此时所在的位置
            min_index = j
         # 在本次遍历中将最终确定的最值放到位置 i 上
         arr[i], arr[min_index] = arr[min_index], arr[i]
# 插入排序
def insertion_sort(arr):
    for i in range(1, len(arr)):
        # 需要进行插入的值
        insert_num = arr[i]
        # 从 0 ~j 是进行比较的元素序号
        j = i - 1
        while insert_num < arr[j] and j > = 0: # 找到插入位置
            arr[j + 1] = arr[j]
            j - = 1
        arr[j + 1] = insert_num
# 归并排序
def merge_sort(arr):
    # 基准情况:如果数组长度小于等于 1,则无需排序
    if len(arr) < = 1:
        return arr
    # 将数组分为两半
    mid = len(arr) // 2
    left_half = arr[:mid]
    right_half = arr[mid:]
    # 递归地对左右两半部分进行归并排序
    left_half = merge_sort(left_half)
    right_half = merge_sort(right_half)
    # 合并已排序的左右两半部分
    return np.array(merge(left_half, right_half))
def merge(left_half, right_half):
    merged_array = []
    left_index = 0
    right_index = 0
    # 比较左右两个数组的元素,并按顺序将较小的元素添加到合并后的数组中
```

```python
        while left_index < len(left_half) and right_index < len(right_half):
            if left_half[left_index] < right_half[right_index]:
                merged_array.append(left_half[left_index])
        left_index += 1
            else:
                merged_array.append(right_half[right_index])
                right_index += 1
        # 将剩余的元素添加到合并后的数组中
        merged_array.extend(left_half[left_index:])
        merged_array.extend(right_half[right_index:])
        return merged_array
if __name__ == "__main__":
    original_arr = np.random.randint(3000, size = 4000)
    arr = original_arr.copy() # 对数组副本排序,进行方法耗时对比
    t1 = time.time()
    bubble_sort(arr)
    print("冒泡排序: ", time.time() - t1)
    arr = original_arr.copy()
    t2 = time.time()
    selection_sort(arr)
    print("选择排序: ", time.time() - t2)
    arr = original_arr.copy()
    t3 = time.time()
    insertion_sort(arr)
    print("插入排序: ", time.time() - t3)
    arr = original_arr.copy()
    t4 = time.time()
    merge_sort(arr, 0, len(arr) - 1)
    print("归并排序: ", time.time() - t4)
```

实验测试结果如下。

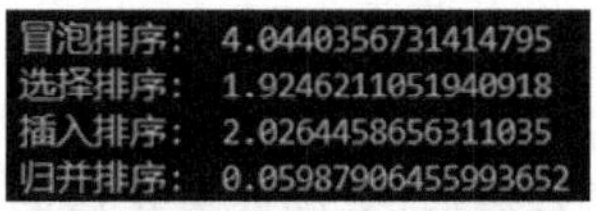

```
冒泡排序:  4.0440356731414795
选择排序:  1.9246211051940918
插入排序:  2.0264458656311035
归并排序:  0.05987906455993652
```

图 8-19　排序方法耗时对比

第7节 数据滤波实验

1.实验目的

通过编程理解不同数据滤波方法的原理,掌握以下十种基础简单方法:
(1)限幅滤波法。
(2)中位值滤波法。
(3)算术平均滤波法。
(4)递推平均滤波法。
(5)中位值平均滤波法。
(6)限幅平均滤波法。
(7)一阶滞后滤波法。
(8)加权递推平均滤波法。
(9)消抖滤波法。
(10)限幅消抖滤波法。
关于数据滤波的基础理论与计算方法,详见第6章第2节。

2.实验环境

(1)Windows10 专业版。
(2)python3.7 + numpy 方法库。

3.实验内容及步骤

对于给定的一组随机数,分别使用十种数据滤波方法,输出滤波完成之后的数据结果。本实验采用的数列为:

test_data = [28, 26, 23, 29, 23, 24, 27, 24, 25, 22, 24, 25, 24, 27, 26, 24, 22, 26, 20, 24, 23, 22, 24, 23, 21, 25, 28, 24, 26, 29, 24, 22, 20, 29, 23, 22, 24, 21, 26, 21, 23, 29, 26, 28, 21, 24, 24, 29, 27, 20, 21, 22, 24, 25, 20, 29, 26, 20, 21, 20, 20, 26, 28, 27, 22, 22, 21, 28, 28, 27, 27, 20, 20, 21, 27, 29, 25, 25, 28, 28, 20, 20, 21, 22, 24, 26, 26, 22, 25, 24, 22, 24, 29, 24, 23, 22, 20, 20, 26, 22]

使用到的算法程序如下[2]:

```python
import numpy as np
#使用到了冒泡排序法
def BubbleSort(xlist):
    for i in range(len(xlist)):
        #找出前面最大的放在最后面,因此放在后面的可以不需要再次遍历
```

```
            for j in range(len(xlist) - i - 1):
                if xlist[j] > xlist[j + 1]:
                    #相邻两两之间相互比较交换位置,小的在前,大的在后
                    xlist[j], xlist[j + 1] = xlist[j + 1], xlist[j]
    return xlist
#限幅滤波法
def range_filter(arr, fudu):    # fudu 为设定的限制幅度
    for i in range(1, len(arr)):
        if abs(arr[i] - arr[i - 1]) > fudu:
            arr[i] = arr[i - 1]
    return arr
#中位值滤波法:
def mid_filter(arr, times):    # times 为每次抽样的个数
    new_arr = np.zeros(len(arr))
    for i in range(len(arr)):
        rand_list = np.random.randint(len(arr), size = times)    #随机从总体 arr 中抽取 times 个样本
        rand_num = BubbleSort([arr[x] for x in rand_list])
        mid = rand_num[int((times - 1) / 2)]    #样本的中位数为本次选择的有效值
        new_arr[i] = mid    #存放到 new_arr 中
    return new_arr    # new_arr 为最后的滤波结果
#算术平均滤波法
def mean_filter(arr, mean_num):    # mean_num 为每次取样进行算术平均的样本个数
    new_arr = np.zeros(len(arr))
    for i in range(len(arr)):
        rand_list = np.random.randint(len(arr), size = mean_num)
        new_arr[i] = np.array([arr[x] for x in rand_list]).mean()    #进行算术平均
    return new_arr
#递推平均滤波法
def recurrence_filter(arr, mean_num):    #基于算术平均,mean_num 为算术平均的样本数
    new_arr = np.zeros(len(arr))
    rand_list = np.random.randint(len(arr), size = mean_num)    #取样出 mean_num 长度的队列
    for i in range(len(arr)):
        last_rand = np.random.randint(len(arr), size =1)[0]    #放入队尾的样本数据
        rand_list = np.append(rand_list[1:], last_rand)    #去除队首的数据,加入队尾的数据
```

```python
        new_arr[i] = np.array([arr[x] for x in rand_list]).mean()    #做算术平均
    return new_arr
#中位值平均滤波法：中位值滤波法 + 算术平均滤波法
def mid_mean_filter(arr, times):    # times 为取样次数
    new_arr = np.zeros(len(arr))
    for i in range(len(arr)):
        rand_list = np.random.randint(len(arr), size = times)
        rand_num = maopao([arr[x] for x in rand_list])[1:-1]    #去掉排序之后的最大最小值
        mean = np.array(rand_num).mean()    #取算术平均
        new_arr[i] = mean
    return new_arr
#限幅平均滤波法：限幅滤波法 + 递推平均滤波法，先后执行
def limit_range_filter(arr, therange, mean_num):
    arr = range_filter(arr, therange)
    return recurrence_filter(arr, mean_num)
#一阶滞后滤波法 以某一种滤波法为基础，结合滤波数据与实际数据，按照加权平均获得最后的抽样值
def first_order_lag_filter(arr, mean_num):
    weight = round(np.random.random(), 3)    #滤波结果所占权重，可以自行设定
    #以算术平均滤波为例
    new_arr = np.zeros(len(arr))
    for i in range(len(arr)):
        rand_list = np.random.randint(len(arr), size = mean_num)
        if i > 0:
            new_arr[i] = new_arr[i - 1] * weight + (1 - weight) * np.array([arr[x] for x in rand_list]).mean()    #加权平均
        else:    # i = 0,即一开始时没有上次滤波结果,直接取算术平均
            new_arr[i] = np.array([arr[x] for x in rand_list]).mean()
    return new_arr
#加权递推平均滤波法：对递推平均滤波法的改进
#不同时刻的权重通常是越接近现时刻越大
def weight_recurrence_filter(arr, mean_num):
    new_arr = np.zeros(len(arr))
    new_arr[0:mean_num] = arr[0:mean_num]
```

```python
    weight = np.array(range(1, mean_num + 1))  #假设权重与取样时刻的关系是线性
    weight = weight / weight.sum()   #获得分配的加权权重
    for i in range(mean_num, len(arr)):
        new_arr[i] = sum(np.multiply(np.array(arr[i - mean_num:i]), weight))
    return arr
#消抖滤波法设置一个滤波计数器  将每次采样值与当前有效值比较：
#如果采样值=当前有效值,则计数器清零
#如果采样值<>当前有效值,则计数器+1,并判断计数器是否>=上限N(溢出)
#如果计数器溢出,则将本次值替换当前有效值,并清空计数器
def shakeoff_filter(arr, limit):  # limit 代表计数器上限
    shake_value = arr[0]  #当前有效值取第一个样本值
    shake_num = 0   #计数器值,初始化为0
    for i, v in enumerate(arr):   #对 arr 遍历,i 代表从0开始的数组下标,v 代表值
        if v != shake_value:   #如果当前值与当前有效值不一致
            shake_num += 1
            if shake_num >= limit:  #当计数器达到上限
                arr[i] = shake_value
                shake_num = 0
    return arr
#限幅消抖滤波法:限幅滤波法"+"消抖滤波法"先后执行
def range_shakeoff_filter(arr, therange,limit):
    arr = range_filter(arr,therange)
    return shakeoff_filter(arr,limit)
if __name__ == "__main__":
    from book.data import test_data   #引入初始数列
    plt.rcParams['font.sans-serif'] = ['SimHei']   #用来正常显示中文标签
    plt.rcParams['figure.figsize'] = (12.0, 6.0)   #设置 figure_size 尺寸
    plt.ylim(0, 35)   #设置 y 坐标的范围为0~35
    arr = test_data
    #绘图
    plt.plot(arr,label = "滤波前")
    new_arr = shakeoff_filter(arr,3)
    plt.plot(new_arr,label = "滤波后")
    print(new_arr)
    plt.legend(loc=0)   #图例位置自动
```

```
plt.title("消抖滤波法")
plt.show( )    #展示折线图
```

第 8 节　数据抽样实验

1. 实验目的

通过编程理解不同数据抽样方法的原理,掌握以下四种方法[3]:
(1) 简单随机抽样。
(2) 等距抽样(系统抽样)。
(3) 分层抽样。
(4) 整群抽样。
关于数据抽样的基础理论与计算方法,详见第 6 章第 3 节。

2. 实验环境

(1) Windows10 专业版。
(2) python3.7 + pandas 数据包。引入方式如下:

```
import random
import pandas as pd
```

3. 实验准备

熟悉 pandas 的使用方法,关键的用法如下几个:

```
df = pd.read_excel("filename")    # 从 excel 中读取数据成为 Dataframe
```

(1) 位置索引:指仅根据数据位置序列进行索引。

```
df.iloc[2] #选择第二行所有数据, 是 Series 类型
df.iloc[[2]] #选择第二行所有数据, 是 DataFrame 类型
df.iloc[:, 2] #选择第二列所有数据, 是 Series 类型
df.iloc[:, [2]] #选择第二列所有数据, 是 DataFrame 类型
df.iloc[:, 0:2] #选择 0 到 2 列所有数据
df.iloc[[2,3], 0:2] #选择 2 和 3 行, 0 到 2 列所有数据
df.iat[1, 1] #根据位置快速取出数据,获取单个数据推荐这种方法
```

(2)自定义索引:指根据数据的字段名称进行索引。

```
df.loc['top']  #选择指定行数据,是 Series 类型
df.loc[['top']]  #选择指定行数据,是 DataFrame 类型
df.loc[:, 'xm']  #选择指定列数据,是 Series 类型(不推荐)
df.loc[:, ['xm']]  #选择指定列数据,是 DataFrame 类型(不推荐)
df.loc[:, ['bj','xm']]  #选择多列数据(不推荐)
df.loc[:, 'bj':'xb']  #选择多列之间所有数据,列切片只能用这种方法
df.loc[['top','count'], 'bj':'xb']  #选择指定行,指定列数据
df.at['top', 'xm']  #根据自定义索引快速取出数据,获取单个数据推荐这种方法
```

4.实验内容及步骤

利用 pandas 库对数据进行简单随机抽样、等距抽样、分层抽样和整群抽样。

```
import random
import pandas as pd
#导入数据
df = pd.read_excel("pythonBook//test_data.xlsx")
'''
使用 pandas
DataFrame.sample(n = None, frac = None, replace = False, weights = None, random_state = None,axis = None)
n 是要抽取的行数。(例如 n = 20000 时,抽取其中的 2W 行)
frac 是抽取的比列。(有时候,我们不是想抽取具体行数。而是想抽取其中的百分比,这个时候就可以选择使用 frac,例如 frac = 0.8,就是抽取其中 80%)
replace:是否为有放回抽样,取 replace = True 时为有放回抽样。
weights 这个是每个样本的权重,具体可以看官方文档说明。
random_state 这个在之前的文章已经介绍过了。
axis 是选择抽取数据的行还是列。axis = 0 的时是抽取行,axis = 1 时是抽取列(也就是说 axis = 1 时,在列中随机抽取 n 列,在 axis = 0 时,在行中随机抽取 n 行)
'''
#简单随机抽样:使用 DataFrame 自带的简单随机抽样
def simple_sampling():
    df_simple = df.sample(n = 20, replace = True)
    df_simple.to_excel("pythonBook//test_data_simple.xlsx")
#简单随机抽样 2:使用随机数的抽样
```

```python
    def simple_sampling2():
        samp_count = 20    #抽样数
        df_count = df.index.values    #整体样本的 index,index 在 dataframe 中作为每一行
记录的索引
        data_index = random.sample(list(df_count), samp_count)    #从整体样本中随机
选取一定数量的样本的 index
        df_sample = df.iloc[data_index]    #通过 index 获得样本记录
        df_sample.to_excel("pythonBook//test_data_simple2.xlsx")    #存储到指定路径的
xlsx 文件
    #等距抽样
    def range_sampling():
        samp_count = 20    #抽样数
        df_range = df.shape[0] // samp_count    #抽样的隔离距离
        data_id = [random.randint(x * df_range, (x + 1) * df_range) for x in range
(samp_count)]    #在等距内随机选择序号
        data_index = [list(df.index.values)[x] for x in data_id]    #根据序号选择 dat-
aframe 的 index
        df_sample = df.iloc[data_index]    #通过 index 获得样本记录
        df_sample.to_excel("pythonBook//test_data_range.xlsx")    #存储到指定路径的
xlsx 文件
    #分层抽样
    def layer_sampling():
        #可以自定义分层规则,这里按照年龄分为五层,每层抽取四个
        layer_num = 5    #层数
        single_sample_num = 4    #每一层随机抽样样本数
        #分层,根据 age 将 index 分层
        layers = [[] for i in range(layer_num)]
        for index, row in df.iterrows():
            age = row["age"]
            if age < 20:
                layers[0].append(index)
            elif age < 40:
                layers[1].append(index)
            elif age < 60:
                layers[2].append(index)
            elif age < 80:
                layers[3].append(index)
```

```python
        else:
            layers[4].append(index)
    data_index = []    #抽样的 index
    for layer in layers:
        rand_index = random.sample(layer, single_sample_num)    #从每一层中抽样指定数量的样本
        data_index.extend(rand_index)    #将选择的 index 放入 data_index 中
    df_sample = df.iloc[data_index]    #通过 index 获得样本记录
    df_sample.to_excel("pythonBook//test_data_layer.xlsx")    #存储到指定路径的 xlsx 文件

#整群抽样
#整群抽样具有其适用性,并不是对所有数据都适用
def whole_sampling():
    #划分整群,利用 id 结尾划分
    whole_num = 5    #整群总数
    samp_num = 2    #抽取整群数
    layers = [[] for i in range(whole_num)]
    for index, row in df.iterrows():
        suffix = row["id"] % 10    #除以 10 的余数
        if suffix < 2:
            layers[0].append(index)
        elif suffix < 4:
            layers[1].append(index)
        elif suffix < 6:
            layers[2].append(index)
        elif suffix < 8:
            layers[3].append(index)
        else:
            layers[4].append(index)
    rand_index_list = random.sample(layers, samp_num)    #随机抽取指定数量的整群 index 的 list 的集合
    data_index = sum(rand_index_list, [])    #合并整群的 index 为一个 list
    df_sample = df.iloc[data_index]    #通过 index 获得样本记录
    df_sample.to_excel("pythonBook//test_data_whole.xlsx")    #存储到指定路径的 xlsx 文件

if __name__ == "__main__":
    print("main start!")
```

simple_sampling( )
range_sampling( )
layer_sampling( )
whole_sampling( )
simple_sampling2( )

第9节　数据插值实验

1.实验目的

通过编程理解不同数据插值方法的原理，掌握 scipy 数据包的 interpolate 方法：
（1）'zero''nearest'零阶。
（2）'slinear''linear'线性。
（3）'quadratic''cubic'二阶和三阶样条曲线，更高阶的曲线可直接使用整数值指定。
关于数据插值方法的计算原理，详见第6章第4节。

2.实验环境

（1）Windows10 专业版。
（2）python3.7 + numpy 方法库 + matplotlib 方法库 + scipy 方法库。

3.实验内容及步骤

（1）引入 numpy、matplotlib 和 scipy 方法库的 interpolate 模块。
（2）利用准备一组 np.ndarray 类型的数作为插入的源数组 X。
（3）数组 $Y = \sin(X)$，根据数组 Y 对数组 X 进行数据插入处理，得到不同类型的 interpolate 方法下对应的函数，并利用 matlplotlib 进行画图展示（图 8-20、图 8-21）。

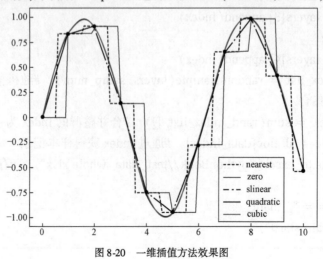

图 8-20　一维插值方法效果图

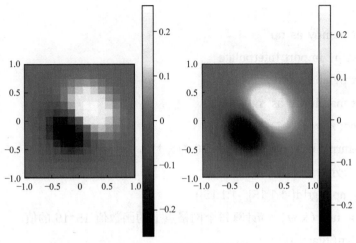

图 8-21　二维插值方法效果图

```
import numpy as np
from scipy import interpolate
import matplotlib.pylab as pl
def singleD_insert( ):
    x = np.linspace(0, 10, 11)
    # x = [ 0. 1. 2. 3. 4. 5. 6. 7. 8. 9. 10.]
    y = np.sin(x)
    xnew = np.linspace(0, 10, 101)
    pl.plot(x, y, "ro")
    for kind in ["nearest", "zero", "slinear", "quadratic", "cubic"]:   #插值方式
        # "nearest","zero"为阶梯插值
# slinear 线性插值
        # "quadratic","cubic"为 2 阶、3 阶 B 样条曲线插值
        f = interpolate.interp1d(x, y, kind = kind)
        # 'slinear', 'quadratic' and 'cubic' refer to a spline interpolation of first, second or third order)
        ynew = f(xnew)
        pl.plot(xnew, ynew, label = str(kind))
    pl.legend(loc = "lower right")
    pl.show( )
def doubleD_insert( ):
    # -* - coding: utf-8 -* -
    """
演示二维插值。
```

```python
"""
import numpy as np
from scipy import interpolate
import pylab as pl
import matplotlib as mpl
def func(x, y):
    return (x + y) *np.exp(-5.0 *(x **2 + y **2))
# X-Y 轴分为 15*15 的网格
y, x = np.mgrid[-1:1:15j, -1:1:15j]
fvals = func(x, y)    #计算每个网格点上的函数值 15*15 的值
print(len(fvals[0]))
#三次样条二维插值
newfunc = interpolate.interp2d(x, y, fvals, kind = 'quintic')
#计算 100* 100 的网格上的插值
xnew = np.linspace(-1, 1, 100)    # x
ynew = np.linspace(-1, 1, 100)    # y
fnew = newfunc(xnew, ynew)    #仅仅是 y 值 100*100 的值
#绘图
#为了更明显地比较插值前后的区别,使用关键字参数 interpolation = 'nearest'
#关闭 imshow() 内置的插值运算。
pl.subplot(121)
im1 = pl.imshow(fvals, extent = [-1, 1, -1, 1], cmap = mpl.cm.hot, interpolation = 'nearest', origin = "lower")    # pl.cm.jet
# extent = [-1,1,-1,1]为 x,y 范围 favals 为
pl.colorbar(im1)
pl.subplot(122)
im2 = pl.imshow(fnew, extent = [-1, 1, -1, 1], cmap = mpl.cm.hot, interpolation = 'nearest', origin = "lower")
pl.colorbar(im2)
pl.show()
if __name__ == "__main__":
    # singleD_insert()
    x = np.linspace(0, 10, 11)
    print(type(x))
```

第 10 节　数据概率分布验证实验

1. 实验目的

通过编程进一步掌握数据概率分布验证的原理和方法。其中,数据概率分布验证的基础理论与计算方法详见第 7 章第 2 节。

2. 实验环境

(1) Windows10 专业版。
(2) python3.7 + numpy 方法库 + pandas 方法库 + scipy 方法库。

3. 实验内容及步骤

(1) 采用以下数据开展实验。在某高速公路收费站以 60s 的间隔对一个方向车流车辆的到达数作连续观测,得到 120 个观测值,列于表 8-1(以表左上角按列从上到下为时序)。试求其统计分布,并检验之。

表 8-1　某高速公路收费站以 60s 为间隔观测的到达车辆数据

6	3	7	3	4	5	6	4
3	4	3	4	2	5	5	2
8	4	3	1	5	3	8	2
3	2	6	2	5	4	5	8
2	8	4	4	5	6	5	3
4	3	2	3	5	4	6	5
1	6	3	5	5	3	4	1
3	7	3	2	2	5	6	2
5	6	5	5	5	4	4	2
2	3	5	6	4	3	1	1
3	5	3	3	1	2	3	2
4	1	1	1	6	4	3	4
5	2	7	2	5	3	3	2
6	4	1	1	5	2	1	4
4	4	4	1	2	3	3	5

(2) 利用 pandas 库、numpy 库计算表 8-1 中样本数据的均值、方差以及各到达车辆数的频数:

```
import pandas as pd
import numpy as np
data = [6,3,8,3,2,4,1,3,5,2,3,4,5,6,4,3,4,4,2,8,3,6,7,6,3,5,1,2,4,4,
```

7,3,3,6,4,2,3,3,5,5,3,1,7,1,4,3,4,1,2,4,3,5,2,5,6,3,1,2,1,1,
4,2,5,5,5,5,5,2,5,4,1,6,5,5,2,5,5,3,4,6,4,3,5,4,3,2,4,3,2,3,
6,5,8,5,5,6,4,6,4,1,3,3,3,1,3,4,2,2,8,3,5,1,2,2,1,2,4,2,4,5]

```
#计算各到达车辆数的频数
freq = pd.value_counts(data).sort_index()
print('样本均值为:', np.mean(data))
# numpy 中的 var 函数,默认是总体方差(计算时除以样本数 N),若需要得到样本方差
(计算时除以 N - 1),需要跟参数 ddof = 1
print('样本方差为:', np.var(data,ddof = 1))
print('各到达车辆数的频数为:\n',freq)
```

输出结果如下:

样本均值为:3.7333333333333334
样本方差为:3.0879551820728293
各到达车辆数的频数为:

    1   13
    2   19
    3   25
    4   22
    5   23
    6   11
    7   3
    8   4

由结果可得,样本均值 $m = 3.73$,样本方差 $S^2 = 3.09$,观测数据出现方差显著小于均值的情况,方差与均值比 $S^2/m = 0.83$,接近1。因此,使用泊松分布拟合样本数据。

(3)建立原假设:假设车辆到达数据服从分布参 $m = 3.73$ 的泊松分布,即

$$P(a) = \frac{3.73^a e^{-3.73}}{a!}, a = 0,1,2 \tag{8-1}$$

利用原假设中的分布公式 8-1 计算每个车辆到达数的出现概率再乘以样本数得到理论频数,并将小于 5 的实际频数和理论频数分别合并,结果如表 8-2 所示。

到达数与相应事件出现理论频数   表 8-2

到达数	计算得理论频数 $P(a_j)$	实际频数合并	理论频数合并
1	11	13	11
2	20	19	20
3	25	25	25

续上表

到 达 数	计算得理论频数 $P(a_j)$	实际频数合并	理论频数合并
4	23	22	23
5	17	23	17
6	11	11	11
7	6		
8	3	7	9

(4)得到合并小于 5 的实际频数和理论频数后,利用 scipy.stats 库对假设进行卡方检验。

```
from scipy.stats import chisquare
list_observed = [13,19,25,22,23,11,7]#输入将小于5 的实际频数合并的后的结果
list_expected = [11,20,25,23,17,11,9]#输入将小于5 的理论频数合并的后的结果
#计算卡方值
print(chisquare(f_obs = list_observed, f_exp = list_expected, ddof = 1))   #k - 1 - ddof 为自由度
p = chisquare(f_obs = list_observed, f_exp = list_expected, ddof = 1)[1]
#判断假设是否成立,取95%的置信水平
if p > 0.05 or p == "nan":
    print("卡方检验结果:取95%的置信水平,由于 p 值为",p,",大于0.05,故接受原假设")
else:
    print("卡方检验结果:取95%的置信水平,由于 p 值为",p,",小于0.05,故拒绝原假设")
```

输出结果如下:

Power_divergenceResult(statistic = 3.019206127773903, pvalue = 0.6970246590092811)

卡方检验结果:取 95%的置信水平,由于 p 值为 0.6970246590092811,大于 0.05,故接受原假设

由结果可得,渐进显著性为 0.697,大于显著性水平 0.05,接受原假设,认为车辆到达数据服从分布参 $m = 3.73$ 的泊松分布。

第 11 节　相关性分析实验

1.实验目的

(1)掌握相关性分析的原理和方法。

(2)进一步熟悉 Python 的各种操作。

关于相关性分析的基础理论与计算方法详见第 7 章第 3 节。

2.实验环境

(1)Windows10 专业版。

(2)python3.7 + numpy 方法库 + scipy 方法库 + pandas 方法库。

3.实验内容

(1)创建 4 个数组(即 4 个变量),每个数组内含有 10 个数据,并基于四个数组的值绘制折线图。4 个数组分别为:

A = [0.9708, 0.6429, 1, 0.8333, 0.8841, 0.5867, 0.9352, 0.8000, 0.9359, 0.9405],

B = [0.9708, 0.6558, 1, 0.8095, 0.8913, 0.5950, 0.9352, 0.8000, 0.9359, 0.9419],

C = [0.9657, 0.6688, 0.9855, 0.7881, 0.8667, 0.5952, 0.9361, 0.7848, 0.9244, 0.9221],

D = [0.9664, 0.6701, 0.9884, 0.7929, 0.8790, 0.6072, 0.9352, 0.7920, 0.9170, 0.9254]。

(2)计算相关系数,检验两两变量之间是否存在相关关系。

(3)选定变量 D 为控制变量,分别计算 A、B 与 C 的偏相关系数,进一步研究控制变量的在相关性分析中起到的作用。

4.实验步骤

利用 Python 创建数组后绘制折线图(图 8-22),并实现相关性分析和偏相关分析,具体代码如下:

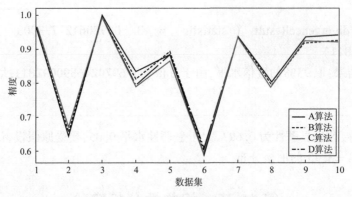

图 8-22 基于四组数据绘制的折线图

```
import numpy as np
import matplotlib.pyplot as plt
```

```python
import pandas as pd
from scipy import stats
plt.rcParams['font.sans-serif'] = ['Fangsong']#如果要显示中文字体,则在此处设为:SimHei
plt.rcParams['axes.unicode_minus'] = False#显示负号
x = np.array([3,5,7,9,11,13,15,17,19,21])
A = np.array([0.9708, 0.6429, 1, 0.8333, 0.8841, 0.5867, 0.9352, 0.8000, 0.9359, 0.9405])
B = np.array([0.9708, 0.6558, 1, 0.8095, 0.8913, 0.5950, 0.9352, 0.8000, 0.9359, 0.9419])
C = np.array([0.9657, 0.6688, 0.9855, 0.7881, 0.8667, 0.5952, 0.9361, 0.7848, 0.9244, 0.9221])
D = np.array([0.9664, 0.6701, 0.9884, 0.7929, 0.8790, 0.6072, 0.9352, 0.7920, 0.9170, 0.9254])
#label 在图示(legend)中显示。若为数学公式,则最好在字符串前后添加" $ "符号
plt.figure(figsize = (10,5))
ax = plt.gca()
plt.plot(x,A,color = "black",label = "A 算法",linewidth = 1.5)
plt.plot(x,B,"k--",label = "B 算法",linewidth = 1.5)
plt.plot(x,C,color = "red",label = "C 算法",linewidth = 1.5)
plt.plot(x,D,"r--",label = "D 算法",linewidth = 1.5)
group_labels = ['1','2','3','4','5',' 6','7','8','9','10'] #x 轴刻度的标识
plt.xticks(x,group_labels,fontsize = 12,fontweight = 'bold') #默认字体大小为 10
plt.yticks(fontsize = 12,fontweight = 'bold')
plt.xlabel("数据集",fontsize = 13,fontweight = 'bold')
plt.ylabel("精度",fontsize = 13,fontweight = 'bold')
plt.xlim(3,21) #设置 x 轴的范围
#显示各曲线的图例
plt.legend(loc = 0, numpoints = 1)
leg = plt.gca().get_legend()
ltext = leg.get_texts()
plt.setp(ltext, fontsize = 12,fontweight = 'bold') #设置图例字体的大小和粗细
plt.show()
xb = np.vstack((A,B,C,D))     #vstack 是使得列方向上叠加
test = pd.DataFrame(xb)
print('数组矩阵为:')
print(test)
#简单相关系数计算
print('各变量之间的简单相关系数为:')
print(np.corrcoef(xb))
#偏相关系数计算
# python 中无模块可计算偏相关系数,自定义一个偏相关系数函数
```

```
def partial_corr(x, y, partial = []):
    # x,y 分别为考察相关关系的变量,partial 为控制变量
    xy, xyp = stats.pearsonr(x, y)
    xp, xpp = stats.pearsonr(x, partial)
    yp, ypp = stats.pearsonr(y, partial)
    n = len(x)
    df = n - 3
    r = (xy - xp * yp) / (np.sqrt(1 - xp * xp) * np.sqrt(1 - yp * yp))
    if abs(r) = = 1.0:
        prob = 0.0
    else:
        t = (r * np.sqrt(df)) / np.sqrt(1 - r * r)
        prob = (1 - stats.t.cdf(abs(t), df)) * * 2
    return r, prob
pcorrelation = []
#选定数组 D 为控制变量,计算偏相关系数
for i in test[[0, 1]].columns:
    pcorrelation.append(partial_corr(test[i], test[2], partial = test[3]))
print('偏相关系数为:')
print(pcorrelation)
```

第 12 节　一元线性回归分析实验

1. 实验目的

通过编程理解一元线性回归分析的原理和方法。其中,关于一元线性回归的基础理论与计算方法详见第 7 章第 4 节。

2. 实验环境

（1）Windows10 专业版。
（2）python3.7 + numpy 方法库。

3. 实验内容及步骤

分析性给定的 X、Y 数组,检验是否在误差允许范围内具有线性关系。如果具有线性关系,则根据公式:

$$y_t = ax_t + b \tag{8-2}$$

$$a = \frac{n\sum x_i y_i - \sum x_i \sum y_i}{n\sum x_i^2 - (\sum x_i)^2} \tag{8-3}$$

$$b = \frac{\sum y_i}{n} - a\frac{\sum x_i}{n} \tag{8-4}$$

求得 a、b 的值。

```python
import numpy as np
A = 0
B = 0
xlist = [1, 2, 3, 4, 5, 6, 7, 8, 9, 10]
ylist = [2, 3, 4, 5, 6, 7, 8, 9, 10, 11]
def get_a( ):
    xy_muti_sum = sum(np.multiply(np.array(xlist), np.array(ylist)))
    xy_sum_muti = sum(xlist) * sum(ylist)
    x_sqr_sum = sum(np.array(xlist) * * 2)
    x_sum_sqr = sum(xlist) * * 2
    n = len(xlist)
    return (n * xy_muti_sum - xy_sum_muti) / (n * x_sqr_sum - x_sum_sqr)
def get_b(a):
    y_sum = sum(ylist)
    x_sum = sum(xlist)
    n = len(xlist)
    return y_sum / n - a * x_sum / n
def get_yt(xt):
    return A * xt + B
if __name__ == "__main__":
    A = get_a( )
    B = get_b(A)
    xt = 12
    yt = get_yt(xt)
```

第 13 节　多元线性回归分析实验

1.实验目的

通过 python 编程,初步接触机器学习模块 sklearn,并熟练使用其中的线性回归分析方法。其中,多元线性回归分析方法的计算原理详见第 7 章第 4 节。

2.实验环境

(1) Windows10 专业版。

(2) python3.7 + sklearn 方法库,注意在安装 sklearn 之前要先安装 numpy 和 SciPy 方法库和 mkl 方法库,头文件引入如下:

```python
import numpy as np
from sklearn.linear_model import LinearRegression
from sklearn.model_selection import train_test_split
```

3.实验内容及步骤

(1) 定义需要进行多元回归分析的数据集 X 和 Y,其中 X 和 Y 的类型都需要为 nd.array。
(2) 使用 sklearn 中的 LinearRegeression 模块对数据进行多元线性回归分析。

```python
import numpy as np
from sklearn.linear_model import LinearRegression
from sklearn.model_selection import train_test_split
X = np.array([[1, 2, 3, 4], [5, 6, 7, 8], [9, 10, 11, 12], [13, 14, 15, 16], [17, 18, 19, 20], [21, 22, 23, 24]])
y = np.array([sum(x) for x in X])
#多元线性回归分析,其中 X 和 Y 分别为自变量数据集和因变量数据集
def muti_linear_regre(X, Y):
    X_train, X_test, y_train, y_test = train_test_split(X, Y, test_size = 2, random_state = 1)
    reg = LinearRegression()
    reg.fit(X_train, y_train)
    print(reg.predict(X_test))   #利用训练的模型进行预测/检验
if __name__ == "__main__":
    muti_linear_regre(X, y)
```

第 14 节 交通状态分类实验一(Bayesian)

1.实验目的

(1) 掌握贝叶斯方法在交通领域的应用。

(2) 利用 python 实现贝叶斯方法。

关于贝叶斯方法的计算原理详见第 7 章第 5 节。

2. 实验环境

(1) Windows10 专业版。

(2) python3.7。

3. 实验内容

(1) 用 python 实现贝叶斯分类器。

(2) 使用贝叶斯分类器来对测试数据集进行分类。

(3) 使用未知类别的数据集,测试贝叶斯分类器的预测能力。

4. 实验步骤

本节主要介绍如何使用 Python 来实现贝叶斯分类器,数据集如表 8-3 所示。

用于贝叶斯分类的数据集　　　　　　　　　　　　表 8-3

星期	路段1拥堵	路段1不拥堵	路段2拥堵	路段2不拥堵	路段3拥堵	路段3不拥堵	总数
周六	443	57	220	280	95	405	500
周日	205	45	83	167	21	229	250
工作日	227	73	281	19	70	230	300
总数	875	175	584	466	186	864	1050

(1) 建立一个 bayes_classfier.py 的文件,写入下面的代码:

bayes 分类器源代码

datasets = {'saturday': {'road1_crowded': 443, 'road1_notcrowded': 57, 'road2_crowded': 220, 'road2_notcrowded': 280, 'road3_crowded': 95, 'road3_notcrowded': 405},

　　　　　　'sunday': {'road1_crowded': 205, 'road1_notcrowded': 45, 'road2_crowded': 83, 'road2_notcrowded': 167, 'road3_crowded': 21, 'road3_notcrowded': 229},

　　　　　　'weekday': {'road1_crowded': 277, 'road1_notcrowded': 73, 'road2_crowded': 281, 'road2_notcrowded': 19, 'road3_crowded': 70, 'road3_notcrowded': 230},

　　　　　　}

def count_total(data):

　　'''计算各个星期的总数

　　return {'saturdays':500 ...}'''

　　count = {}

　　total = 0

　　for fruit in data:

```python
        #因为各个星期的路段2要么拥堵要么不拥堵
        #所有可以使用'road2_crowded'和'road2_notcrowded'这两种特征的星期数目
统计出各种星期的总数
            count[days] = data[days]['road2_crowded']
            count[days] += data[days]['road2_notcrowded']
            total = + count[days]
        return count, total
    def cal_base_rates(data):
        '''计算各个星期的先验概率(priori probabilities)
        return {'saturday':0.5...}'''
        categories, total = count_total(data)
        base_rates = {}
        for label in categories:
            priori_prob = categories[label]/total
            base_rates[label] = priori_prob
        return base_rates
    def likelihood_prob(data):
        '''计算各个特征值在已知星期下的概率(likelihood probabilities)
        {'saturday':{'road1_crowded:0.8'...}...}'''
        count, _ = count_total(data)
        likelihood = {}
        for fruit in data:
            #创建一个新字典,临时存储各个特征的概率
            attr_prob = {}
            for attr in datasets[days]:
                #计算各个特征在已知某种星期下的概率
                attr_prob[attr] = data[days][attr]/count[days]
                #把某种星期的各个特征的概率放入到likelihood这个字典中
                likelihood[days] = attr_prob
        return likelihood
    def evidence_prob(data):
        '''虽然各个证据(特征)的概率的概率对分类结果没有影响
主要目的是说明一些基本的概念
        return {'road1_crowded':'50%'}'''
        #星期的所有特征
        attrs = list(data['saturday'].keys())
        count, total = count_total(data)
```

```
        evidence_prob = {}
        #计算各种特征的概率
        for attr in attrs:
            attr_total = 0
            for fruit in data:
                attr_total += data[days][attr]
            evidence_prob[attr] = attr_total/total
        return evidence_prob
class naive_bayes_classifier:
    #初始化贝叶斯分类器
    def __init__(self, data = datasets):
        self._data = datasets
        self._labels = [key for key in self._data.keys()]
        self._priori_prob = cal_base_rates(self._data)
        self._likelihood_prob = likelihood_prob(self._data)
        self._evidence_prob = evidence_prob(self._data)
        def get_label(self, length, road2_crowdedness, color):
            #获取某一组特征值的类别
            self._attrs = [length, road2_crowdedness, color]
            res = {}
            for label in self._labels:
                prob = self._priori_prob[label]
                for attr in self._attrs:
                    prob *= self._likelihood_prob[label][attr]/self._evidence_prob[attr]
                res[label] = prob
            return res
```

(2)建立一个generate_attires.py的文件,写入下面的代码,测试贝叶斯分类器的预测能力(测试数据集要随机选取):

```
import random
def random_attr(pair):
    #生成0或1的随机数
    return pair[random.randint(0, 1)]
def gen_attrs():
    #特征值的取值集合
    sets = [('road1_crowded', 'road1_notcrowded'), ('road2_crowded', 'road2_notcrowded'), ('road3_crowded', 'road3_notcrowded')]
```

```
        test_datasets = []
        for i in range(20):
            #使用map函数来生成一组特征值
            test_datasets.append(list(map(random_attr, sets)))
    return test_datasets
```

(3)使用贝叶斯分类器来对测试数据集进行分类。使用文本编辑器,建立一个classification.py的文件,写入下面的代码:

```
import operator
import bayes_classifier
import generate_attires
def main():
    #生成测试数据集
    test_datasets = generate_attires.gen_attrs()
    #建立分类器
    classfier = bayes_classifier.naive_bayes_classifier()
    for data in test_datasets:
        print('特征值:', end = '\t')
        print(data)
        print('预测结果:', end = '\t')
        res = classfier.get_label(* data)
        print(res)
        print('星期类别:', end = '\t')
        #对后验概率排序,输出概率最大的标签
        print(sorted(res.items(), key = operator.itemgetter(1), reverse = True)[0][0])
    #导入该模块,并自动运行main函数
if __name__ == '__main__':
    main()
```

(4)输出结果如下:

特征值: ['road1_crowded', 'road2_notcrowded', 'road3_crowded']
预测结果:　　　{'saturday': 0.05291115842410319, 'sunday': 0.012912535406789874, 'weekday': 0.004595056083357344}
星期类别:　　　saturday
特征值: ['road1_crowded', 'road2_crowded', 'road3_crowded']

预测结果：　　{'saturday': 0.03317301835640324, 'sunday': 0.0051208990696396785, 'weekday': 0.05422712814449447}

　　星期类别：　　weekday

　　特征值: ['road1_crowded', 'road2_crowded', 'road3_crowded']

　　预测结果：　　{'saturday': 0.03317301835640324, 'sunday': 0.0051208990696396785, 'weekday': 0.05422712814449447}

　　星期类别：　　weekday

　　特征值: ['road1_notcrowded', 'road2_crowded', 'road3_crowded']

　　预测结果：　　{'saturday': 0.022561075689666057, 'sunday': 0.005941670349094122, 'weekday': 0.07553763440860214}

　　星期类别：　　weekday

　　特征值: ['road1_crowded', 'road2_crowded', 'road3_crowded']

　　预测结果：　　{'saturday': 0.03317301835640324, 'sunday': 0.0051208990696396785, 'weekday': 0.05422712814449447}

　　星期类别：　　weekday

　　特征值: ['road1_crowded', 'road2_notcrowded', 'road3_notcrowded']

　　预测结果：　　{'saturday': 0.04855991184317366, 'sunday': 0.030312860070370803, 'weekday': 0.0032502728049938357}

　　星期类别：　　saturday

　　特征值: ['road1_crowded', 'road2_crowded', 'road3_crowded']

　　预测结果：　　{'saturday': 0.03317301835640324, 'sunday': 0.0051208990696396785, 'weekday': 0.05422712814449447}

　　星期类别：　　weekday

　　特征值: ['road1_crowded', 'road2_crowded', 'road3_crowded']

　　预测结果：　　{'saturday': 0.03317301835640324, 'sunday': 0.0051208990696396785, 'weekday': 0.05422712814449447}

　　星期类别：　　weekday

　　特征值: ['road1_crowded', 'road2_notcrowded', 'road3_notcrowded']

　　预测结果：　　{'saturday': 0.04855991184317366, 'sunday': 0.030312860070370803, 'weekday': 0.0032502728049938357}

　　星期类别：　　saturday

　　特征值: ['road1_crowded', 'road2_notcrowded', 'road3_crowded']

　　预测结果：　　{'saturday': 0.05291115842410319, 'sunday': 0.012912535406789874, 'weekday': 0.004595056083357344}

　　星期类别：　　saturday

　　特征值: ['road1_crowded', 'road2_crowded', 'road3_notcrowded']

预测结果: {'saturday': 0.03044497408367271, 'sunday': 0.012021581513019868, 'weekday': 0.038357085681571985}

星期类别: weekday

特征值: ['road1_notcrowded', 'road2_notcrowded', 'road3_crowded']

预测结果: {'saturday': 0.03598504776408695, 'sunday': 0.014982140384881631, 'weekday': 0.006400849139323457}

星期类别: saturday

特征值: ['road1_crowded', 'road2_crowded', 'road3_crowded']

预测结果: {'saturday': 0.03317301835640324, 'sunday': 0.0051208990696396785, 'weekday': 0.05422712814449447}

星期类别: weekday

特征值: ['road1_notcrowded', 'road2_crowded', 'road3_crowded']

预测结果: {'saturday': 0.022561075689666057, 'sunday': 0.005941670349094122, 'weekday': 0.07553763440860214}

星期类别: weekday

特征值: ['road1_crowded', 'road2_notcrowded', 'road3_notcrowded']

预测结果: {'saturday': 0.04855991184317366, 'sunday': 0.030312860070370803, 'weekday': 0.0032502728049938357}

星期类别: saturday

特征值: ['road1_crowded', 'road2_notcrowded', 'road3_notcrowded']

预测结果: {'saturday': 0.04855991184317366, 'sunday': 0.030312860070370803, 'weekday': 0.0032502728049938357}

星期类别: saturday

特征值: ['road1_notcrowded', 'road2_notcrowded', 'road3_crowded']

预测结果: {'saturday': 0.03598504776408695, 'sunday': 0.014982140384881631, 'weekday': 0.006400849139323457}

星期类别: saturday

特征值: ['road1_crowded', 'road2_crowded', 'road3_notcrowded']

预测结果: {'saturday': 0.03044497408367271, 'sunday': 0.012021581513019868, 'weekday': 0.038357085681571985}

星期类别: weekday

特征值: ['road1_notcrowded', 'road2_notcrowded', 'road3_crowded']

预测结果: {'saturday': 0.03598504776408695, 'sunday': 0.014982140384881631, 'weekday': 0.006400849139323457}

星期类别: saturday

特征值: ['road1_crowded', 'road2_crowded', 'road3_notcrowded']

预测结果:　　　{'saturday': 0.03044497408367271, 'sunday': 0.012021581513019868, 'weekday': 0.038357085681571985}

星期类别:　　　weekday

实验结果如图 8-23 所示。

Group	Road1	Road2	Road3	Classify
1	crowded	crowded	crowded	Weekday
2	not_crowded	crowded	crowded	Weekday
3	crowded	not_crowded	crowded	Saturday
4	crowded	crowded	not_crowded	Weekday
5	not_crowded	not_crowded	crowded	Saturday
6	not_crowded	crowded	not_crowded	Weekday
7	crowded	not_crowded	not_crowded	Saturday
8	not_crowded	not_crowded	not_crowded	Sunday

图 8-23　贝叶斯分类器实验结果

第 15 节　交通状态分类实验二(随机森林)

1.实验目的

(1)掌握随机森林算法在交通领域的应用。
(2)通过调用 python 库快速应用随机森林算法。
随机森林的原理与计算步骤请见第 7 章第 6 节。

2.实验环境

(1)Windows10 专业版。
(2)python3.7 + numpy 方法库 + sklearn 方法库。

3.实验内容

(1)通过路段上不同车型的数量来对拥堵状态进行分类。
(2)随机生成需要用到的数据集。
(3)调用 sklearn 部署随机森林算法。

4.实验步骤

首先需要生成拥堵状态的数据集,代码如下:

```
import random
import numpy as np
# 车辆折算系数,用于换算为标准车辆来对拥堵状态进行标定
```

```python
conversion_factor = {"van_small": 1, "van_middle": 1.5, "van_big": 3, "van_mega": 4, "coach_small": 1, "coach_big": 1.5}
# 车型最大允许数量,即数据集中每种车型最多允许多少辆
veh_type_max_count = {"van_small": 50, "van_middle": 30, "van_big": 10, "van_mega": 5, "coach_small": 80, "coach_big": 50}
def generate_dataset(count):
    """
    生成数据集
    :param count: 数据集大小
    :return: 数据集
    """
    data = []  # 用于存放生成的数据
    for i in range(count):
        row = []
        standard_count = 0   # 标准车辆数
        for veh_type in conversion_factor.keys():
            veh_type_count = random.randint(0, veh_type_max_count[veh_type])
            row.append(veh_type_count)
            standard_count += conversion_factor[veh_type] * veh_type_count
        row.append(standard_count)
        data.append(row)
    data = np.array(data)
    max_count = data[:, -1].max()  # 数据集中最大的标准车辆数
    min_count = data[:, -1].min()  # 最小的标准车辆数
    # 按最大最小均分为四个区间、流畅、轻度拥堵、中度拥堵、重度拥堵
    span = int((max_count-min_count)/4 + 1)   # 向上取整,保证最大值能被包含进区间
    return_data = None   # 按照不同车型数量生成的拥堵状态数据集
    for i in range(4):
        temp = data[(data[:, -1] >= min_count + i*span) & (data[:, -1] < min_count + (i+1)*span)]
        temp[:, -1] = i+1   # 标定拥堵状态
        if i == 0:
            return_data = temp
        else:
            return_data = np.concatenate((return_data, temp), axis=0)
    np.random.shuffle(return_data)   # 打乱数据集
    return return_data
```

接下来通过调用sklearn.ensemble中的RandomForestClassifier部署随机森林算法,代码如下:

```
#接上面的代码
from sklearn.ensemble import RandomForestClassifier
dataset = generate_dataset(1000)    #生成数据集,大小为1000
train_set = dataset[:950, :]    #划分训练集数据
test_set = dataset[950:, :]    #测试集
train_x = train_set[:, :-1]    #训练集中的输入数据
train_y = train_set[:, -1].ravel( )    #训练集中的输出
test_x = test_set[:, :-1]    #测试集输入
test_y = test_set[:, -1].ravel( )    #测试集输出
#三个参数分别为,决策树个数、结点分裂指标、树的最大深度
random_forest = RandomForestClassifier(n_estimators = 30, criterion = 'entropy', max_depth = 6)
random_forest.fit(train_x, train_y)    #模型拟合
y_hat = random_forest.predict(test_x)    #将拟合好的模型用于分类测试数据
c = np.count_nonzero(y_hat == test_y)
print("分类正确数目: ", c, end = '\n')
print("准确率: %.2f%%" % (100 * float(c) / float(len(test_y))))
#输出结果(因为随机缘故,所以结果可能略有不同)
#分类正确数目: 40
#准确率: 80.00%
```

第16节　交通量时间序列预测实验(一:MLP)

1. 实验目的

(1)掌握多层感知机(MLP)在交通领域的应用。
(2)学习通过调用tensorflow快速部署应用神经网络[4]。
多层感知机(MLP)的基本原理详见第7章第7节。

2. 实验环境

(1)Windows10专业版。
(2)python3.7 + numpy方法库 + tensorflow2.0。
(3)python3.7 + matplotlib(用于画图,可不用)。

3.实验内容

(1)通过历史交通量对下一时刻的交通量进行预测。
(2)通过 tensorflow 快速部署神经网络模型。

4.实验步骤

首先对数据集进行简单介绍,数据集来自广东省高速公路某个收费站的收费流水数据,共采用了 4 天的数据(2017 年 9 月 1 日—2017 年 9 月 4 日),以 5 分钟为间隔统计出口交通量。数据集样例如表 8-4 所示。

高速公路收费流水数据的数据集   表 8-4

OUTOPTIME	VEH_COUNT
2017/9/1 0:00	158
2017/9/1 0:05	124
2017/9/1 0:10	172
2017/9/1 0:15	147

OUTOPTIME 为出口时间,VEH_COUNT 为统计交通量。接下来需要对数据集进行处理,方便进行训练,代码如下:

```python
import numpy as np
def generate_dataset(input_size):
    # input_size 表示用前多少个点预测下一个点
    data = np.loadtxt("201709.csv", skiprows=1, usecols=[1], delimiter=',')    # 读取数据
    # 前三天作为训练数据,第四天作为测试数据
    train_data = data[:288*3]
    test_data = data[-288:]
    train_dataset = []
    for i in range(len(train_data)-input_size):
        train_dataset.append(list(train_data[i:i + input_size]) + [train_data[i + input_size]])
    test_dataset = []
    for i in range(len(test_data)-input_size):
        test_dataset.append(list(test_data[i:i + input_size]) + [test_data[i + input_size]])
    return np.array(train_dataset), np.array(test_dataset)
```

然后,调用 tensorflow 快速部署 MLP 模型,并进行训练和测试。代码如下:

```python
# 接上面的代码
import os
import tensorflow as tf
os.environ["CUDA_VISIBLE_DEVICES"] = " "
#如果安装 GPU 版本,可通过该语句隐藏 GPU 来调用 CPU 进行训练
input_size = 12   # 用前 12 个点预测后一个
train_set, test_set = generate_dataset(input_size)
train_x = train_set[:, :-1]
max_x = train_x.max()   # 用于将数据标准化到[0, 1]区间
train_y = train_set[:, -1:]
inputs = tf.keras.Input(shape = (input_size, ))  # 定义输入层
h1 = tf.keras.layers.Dense(18, activation = 'relu')(inputs)  # 第一层隐层,大小为 18
h2 = tf.keras.layers.Dense(9, activation = 'relu')(h1)  # 第二层隐层,大小为 9
outputs = tf.keras.layers.Dense(1)(h2)  # 输出层
model = tf.keras.Model(inputs = inputs, outputs = outputs)
# model.summary()  # 用于打印网络结构
model.compile(optimizer = tf.keras.optimizers.SGD(0.05), loss = tf.keras.losses.mean_squared_error)
# 模型编译,采用随机梯度下降算法,学习率为 0.05,误差函数为均方差
model.fit(train_x/max_x, train_y/max_x, batch_size = 64, epochs = 20, verbose = 2)
# 模型训练,训练 20 轮,每轮 64 个样本
test_x = test_set[:, :-1]
test_y = test_set[:, -1:]
y_hat = model.predict(test_x/max_x)
print("绝对百分比误差:", np.average(abs(y_hat* max_x-test_y)/test_y))
# 输出结果(因随机,结果可能略有不同)
# 绝对百分比误差: 0.13764982260627026
# 画图部分代码
import matplotlib.pyplot as plt
plt.plot(y_hat.ravel()* max_x, color = 'r', label = 'predicted')
plt.plot(test_y.ravel(), color = 'k', label = 'actual')
plt.legend()
plt.show()
```

实验结果如图 8-24 所示。

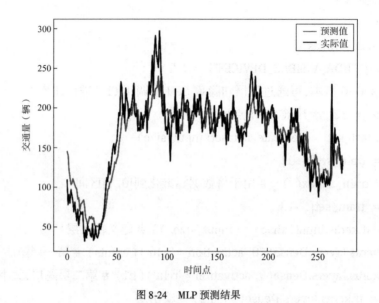

图 8-24　MLP 预测结果

第 17 节　交通量时间序列预测实验(二:RNNs、LSTMs)

1.实验目的

(1)掌握循环神经网络在交通领域的应用。
(2)学习通过调用 tensorflow 快速部署应用神经网络。
循环神经网络(RNNs、LSTMs)的原理与计算方法请见第 7 章第 7 节。

2.实验环境

(1)Windows10 专业版。
(2)python3.7 + numpy 方法库 + tensorflow2.0。
(3)python3.7 + matplotlib(用于画图,可不用)。

3.实验内容

(1)基于历史交通量预测下一时刻的交通量。
(2)通过 tensorflow 快速部署循环神经网络模型。

4.实验步骤

该实验依然采用前一节所用到的数据。首先对数据进行处理,生成用于训练及测试的数据集。为了方便应用于循环神经网络,对数据采用简单折叠的方式来生成数据集,代码如下:

```python
import numpy as np
import os
def generate_dataset(time_step, input_size):
# time_step 表示循环神经网络在一次前向传播过程中循环多少次
#input_size 为每次循环的输入大小
    data = np.loadtxt("201709.csv", skiprows = 1, usecols = [1], delimiter = ',')
    # 前三天作为训练数据,第四天作为测试数据
    train_data = data[:288* 3]
    test_data = data[-288:]
    train_dataset = []    # 训练集
    for i in range(len(train_data)-input_size):
        all_step = []
        for j in range(time_step):
# 每次向后推一位来构建下一个时间步
            all_step.append(list(train_data[i:i + input_size]) + [train_data[i + input_size]])
        train_dataset.append(all_step)
    test_dataset = []    # 测试集
    for i in range(len(test_data)-input_size):
        all_step = []
        for j in range(time_step):
            all_step.append(list(test_data[i:i + input_size]) + [test_data[i + input_size]])
        test_dataset.append(all_step)
    return np.array(train_dataset), np.array(test_dataset)
```

因为标准 RNN 和 LSTMs 输入数据的方式一致,所以该实验对两种方法进行对比。代码如下:

```python
# 接上
import tensorflow as tf
import os
os.environ["CUDA_VISIBLE_DEVICES"] = " "
input_size = 6
```

```python
time_step = 6
train_set, test_set = generate_dataset(time_step, input_size)
train_x = train_set[:, :, :-1]
max_x = train_x.max()   # 用于数据标准化
train_y = train_set[:, -1, -1:]
# LSTMs 模型
inputs = tf.keras.Input(shape = (time_step, input_size))
h_lstm = tf.keras.layers.LSTM(12, activation = 'relu')(inputs) # 定义 LSTM 单元
outputs_lstm = tf.keras.layers.Dense(1)(h_lstm)
model_lstm = tf.keras.Model(inputs = inputs, outputs = outputs_lstm)
model_lstm.compile(optimizer = tf.keras.optimizers.SGD(0.05), loss = tf.keras.losses.mean_squared_error)
model_lstm.fit(train_x/max_x, train_y/max_x, batch_size = 64, epochs = 20, verbose = 0)
# 简单 RNN 模型
h_rnn = tf.keras.layers.SimpleRNN(12, activation = 'relu')(inputs)   # 定义 RNN 单元
outputs_rnn = tf.keras.layers.Dense(1)(h_rnn)
model_rnn = tf.keras.Model(inputs = inputs, outputs = outputs_rnn)
model_rnn.compile(optimizer = tf.keras.optimizers.SGD(0.05), loss = tf.keras.losses.mean_squared_error)
model_rnn.fit(train_x/max_x, train_y/max_x, batch_size = 64, epochs = 10, verbose = 0)

test_x = test_set[:, :, :-1]
test_y = test_set[:, -1, -1:]
y_hat_lstm = model_lstm.predict(test_x/max_x)
print("LSTM 百分比误差:", np.average(abs(y_hat_lstm* max_x-test_y)/test_y))
y_hat_rnn = model_rnn.predict(test_x/max_x)
print("RNN 百分比误差:", np.average(abs(y_hat_rnn * max_x - test_y) / test_y))
# 输出结果
# LSTM 百分比误差: 0.11006085374080127
# RNN 百分比误差: 0.11438600168159345# 画图代码
import matplotlib.pyplot as plt
plt.plot(y_hat_lstm* max_x, 'r--', label = 'lstm')
plt.plot(y_hat_rnn* max_x, 'b--', label = 'simple_rnn')
plt.plot(test_y, 'k', label = 'actual value')
plt.legend()
plt.show()
```

实验结果如图 8-25 所示。

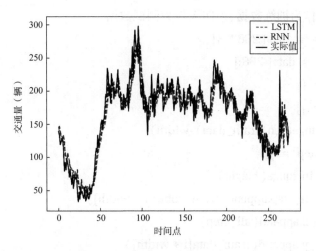

图 8-25 LSTM 和 RNN 的预测结果

第 18 节 交通量时间序列预测实验(三:CNN)

1.实验目的

(1)掌握卷积神经网络在交通领域的应用。
(2)学习通过调用 tensorflow 快速部署应用神经网络。
卷积神经网络(CNN)的计算原理请见第 7 章第 7 节。

2.实验环境

(1)Windows10 专业版。
(2)python3.7 + numpy 方法库 + tensorflow2.0。
(3)python3.7 + matplotlib(用于画图,可不用)。

3.实验内容

(1)通过历史交通量对下一时刻的交通量进行预测。
(2)通过 tensorflow 快速部署卷积神经网络模型。

4.实验步骤

首先,对数据进行处理。数据跟前两节相同,处理方式跟循环神经网络略有不同,代码如下:

```
import numpy as np
def generate_dataset( width, height):
    data = np.loadtxt( "201709.csv", skiprows = 1, usecols = [1], delimiter = ',')
```

```python
    # 前三天作为训练数据,第四天作为测试数据
    train_data = data[:288* 3]
    test_data = data[-288:]
    train_x = []
    train_y = []
    for i in range(len(train_data)-width):
        all_step = []
        for j in range(height):
            all_step.append(train_data[i:i + width])
        train_x.append(all_step)
        train_y.append(train_data[i + width])
    test_x = []
    test_y = []
    for i in range(len(test_data)-width):
        all_step = []
        for j in range(height):
            all_step.append(test_data[i:i + width])
        test_x.append(all_step)
        test_y.append(test_data[i + width])
    # CNN 输入有三个维度,本实验设置最后一个维度为 1
    train_x = np.array(train_x).reshape([-1, width, height, 1])
    test_x = np.array(test_x).reshape([-1, width, height, 1])
    return train_x, np.array(train_y), test_x, np.array(test_y)
```

然后部署 CNN 模型进行训练和预测,代码如下:

```python
import tensorflow as tf
import os
os.environ["CUDA_VISIBLE_DEVICES"] = " "
width = 6   # 将数据转变为 6*6 的图片形式
height = 6
train_x, train_y, test_x, test_y = generate_dataset(width, height)
max_x = train_x.max()
inputs = tf.keras.Input(shape = (width, height, 1))  # 数据输入
# 第一层卷积,padding = 'same' 保证不改变图片宽高
```

```
h1_conv = tf.keras.layers.Conv2D(12, 2, activation = 'relu', padding = 'same')(inputs)
# 第一层池化
h1_pool = tf.keras.layers.MaxPooling2D(2)(h1_conv)
# 第二层卷积
h2_conv = tf.keras.layers.Conv2D(24, 2, activation = 'relu', padding = 'same')(h1_pool)
# 第二层池化
h2_pool = tf.keras.layers.MaxPooling2D(2)(h2_conv)
pool_shape = h2_pool.shape
# 将数据展开成一维用于全连接层
full_layer = tf.reshape(h2_pool, [-1, pool_shape[1]* pool_shape[2]* pool_shape[3]])
outputs = tf.keras.layers.Dense(1)(full_layer) # 输出
model = tf.keras.Model(inputs = inputs, outputs = outputs)
model.compile(optimizer = tf.keras.optimizers.SGD(0.05), loss = tf.keras.losses.mean_squared_error)
model.fit(train_x/max_x, train_y/max_x, batch_size = 64, epochs = 20, verbose = 0)
y_hat = model.predict(test_x/max_x)
print("绝对百分比误差:", np.average(abs(y_hat.ravel()* max_x-test_y)/test_y))
# 输出结果
# 绝对百分比误差: 0.11734348346192289
import matplotlib.pyplot as plt
plt.plot(y_hat* max_x, 'r--', label = 'CNN')
plt.plot(test_y, 'k', label = 'actual value')
plt.legend()
plt.show()
```

实验结果如图 8-26 所示。

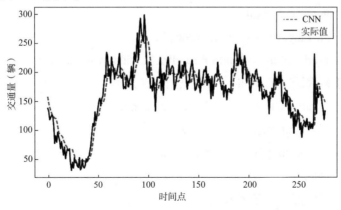

图 8-26　CNN 的预测结果

第19节 基于 GPU 并行计算的多 OD 最短路计算实验

1. 实验目的

(1) 掌握最短路算法在交通领域的应用。
(2) 了解并行计算对于缩减计算时间的优势。
(3) 学习 CUDA 实现 GPU 并行计算[5]。

关于时间复杂度和并行计算的基本原理详见第 2 章第 2 节。

2. 实验环境

(1) Windows10 专业版。
(2) cuda10 + python3.7 + numpy + pycuda。
(3) 英伟达 GTX1060 显卡。

3. 实验内容

(1) 随机生成路网的邻接矩阵。
(2) 编写用于 cuda 计算的最短路算法的核函数。
(3) 输出任意 OD 间的最短路径。

4. 实验步骤

首先随机生成路网,代码如下:

```
import random
#初始化大小为 length* length 的邻接矩阵
def create_graph(length, distance_max):
    graph = np.zeros([length, length], dtype = np.int32)
    for i in range(len(graph)):
        for j in range(i + 1, len(graph)):
            rand_value = random.randint(1, distance_max)
# 随机值小于最大距离的 40%认为两点间存在道路
            if rand_value < 0.4 * distance_max:
                graph[i][j] = rand_value
                graph[j][i] = rand_value
            else:
# 否则将两点间权值设为非常大
```

```
            graph[i][j] = distance_max* 100
            graph[j][i] = distance_max* 100
    return graph
```

然后用于计算最短路的核函数代码以及如何使用核函数。代码如下。

```
import pycuda.autoinit
import pycuda.driver as drv
import numpy as np
import random
from pycuda.compiler import SourceModule
class GpuDijkstra:
    def __init__(self):
#核函数的cuda代码
        self.text_function = """
        __global__ void dijkstra(int pre_path{array_size}, int adjacent_matrix{array_size})
        {{
//pre_path 为存访路径的二维数组，adjacent_matrix 为邻接矩阵
            const int source = blockIdx.x * blockDim.x * blockDim.y + threadIdx.y * blockDim.x + threadIdx.x;
            if( source > = {length})
            {{
                return;    //线程ID超出节点个数则不需要计算
            }}
            int i;
            int final[{length}];    //final[i] =1 表示已经求得顶点 source 到 i 的最短路径
            for( i = 0;i < {length};i + + )
            {{
                final[i] = 0;   //全部初始化为未找到
            }}
            int distance[{length}];
            for( i = 0;i < {length};i + + )
            {{
                distance[i] = 0;   //路径距离初始化
            }}
            for( i = 0;i < {length};i + + )
```

```
        {{
                pre_path[source][i] = source;    //将到达 i 的所有前置节点初始化为 source
        }}
        final[source] = 1;    //自身不需要求求路径
        for( i = 0;i < {length};i + + )
        {{
            distance[i] = adjacent_matrix[source][i];    //先将 source 与其他点的距离初始化为邻接矩阵的权重
        }}
        for( i = 0;i < {length};i + + )
        {{
            int min_distance = 100000;
            int k = 0;
            int j;
            for( j = 0;j < {length};j + + )
            {{
                if( final[j]! = 1&&distance[j] < min_distance)
                {{
                    min_distance = distance[j];    //先找到由 source 出发的最近的节点 j 并赋值给 k
                    k = j;
                }}
            }}
            final[k] = 1;
            for( j = 0;j < {length};j + + )
            {{
                if( final[j]! = 1&&( distance[k] + adjacent_matrix[k][j] < distance[j]))
                {{
                    distance[j] = distance[k] + adjacent_matrix[k][j];    //如果经由 k 到达 j 比现有路径短则更新
                    pre_path[source][j] = k;    //将到达 j 的前置节点设为 k
                }}
            }}
        }}
    }}
```

```
"""
# 根据邻接矩阵 graph 计算所有节点间的最短路
def calc(self, graph):
    length = len(graph)
    mod = SourceModule(
        self.text_function.format(
            array_size = "[{0}][{0}]".format(length),
            length = length))
    multiply_them = mod.get_function("dijkstra")
    dev = drv.Device(0)
    block_size = dev.get_attributes()[
        pycuda._driver.device_attribute.MAX_THREADS_PER_BLOCK]
    pre_path = np.array(
        [[0 for _ in range(length)] for _ in range(length)],
        dtype = np.int32)
    multiply_them(drv.Out(pre_path), drv.In(graph),
        block = (block_size, 1, 1), grid = (10, 1))
    return pre_path
```

最后是 GPU 计算结果的实验过程代码：

```
count = 1000    #设置节点个数
gpu = GpuDijkstra()
graph = create_graph(count, 100)    # 构建邻接矩阵
import time
start = time.time()
pre_path = gpu.calc(graph)
print("gpu calc: {}".format(time.time()-start))
# 输出
# gpu calc: 1.8077847957611084（根据显卡和机器不同可能花费时间有差别）
source = 2 # 打印由节点 2 出发到达其他点的路径
pre_pa = pre_path[source]
for i in range(len(pre_pa)):
    if i == source:
        continue
    path = []
    index = i
```

```
while index ! = source:
    path.append(index)
    index = pre_pa[index]
path.append(source)
distance = 0
for j in range(len(path)-1, -1, -1):
    if j = = 0:
        print(path[j], end = ", 距离为")
        break
    print(path[j], '- >', end = " ")
    distance + = graph[path[j]][path[j-1]]
print(distance)
```

该实验中,对于多节点(本实验中为 1000)交通网络求取所有 OD 间的最短路径问题,与单线程 CPU 计算相比,GPU 并行计算可显著地减少计算时间。

第 20 节　基于 Hadoop + Hive 的分布式数据库搭建实验

1. 实验目的

Hive 是基于 Hadoop 的一个数据仓库工具,可以将结构化的数据文件映射为一张数据库表,并提供完整的 SQL 查询功能,可以将 SQL 语句转换为 MapReduce 任务进行运行。

本实验希望通过对于 Hadoop 架构和 Hive 工具的实际搭建和使用[6],帮助同学们快速地理解分布式数据库的使用方式,理解大数据的管理需求和技术方法,并掌握 Linux 操作系统的基础知识。如图 8-27、图 8-28 所示。

关于 Hadoop 的相关概念理论,详见第 3 章第 7 节——Hadoop 简介。

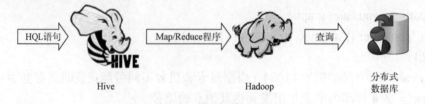

图 8-27　Hive 指令的起作用方式

2. 实验环境

(1) Linux 内核 Centos 7.8 服务器 *2(可以尝试在自己电脑上安装两台 Centos 虚拟机)。
(2) Hadoop 安装文件:Hadoop 版本 3.1.4。
(3) Hive 安装文件:Apache -Hive 版本 3.1.2。

3. 实验内容

(1) 设置服务器之间免密登录

①新建账户。

在两台机器上分别设置使用 Hadoop 服务的用户账户,用户名需要保持一致,都设置为 hadoop,密码设置为 hadoop123qwe,如果提示密码含有用户名,可以选择重新设置另一个新的密码或者再次输入本密码仍可生效:

useradd hadoop
passwd hadoop
hadoop123qwe

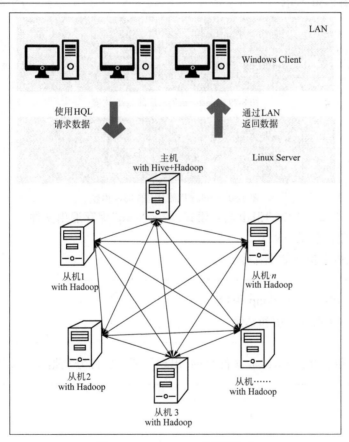

图 8-28 Hive + Hadoop 的机器构成

输入 ifconfig 查看主机的 ip 地址,本次试验所用到的主机地址分别为:

202.38.228.224
202.38.228.94

分别修改两台主机的 host 文件，加入 ip 映射（需要切换到 root 用户）：

su root
vim /etc/hosts

输入 i，切换到插入模式，分别添加 master 和 worker0 到对应机器的 127.0.0.1 和::1 对应的机器名中，并增加以下两行到文件尾部：

202.38.228.224 master
202.38.228.94 worker0

如图 8-29、图 8-30 所示。

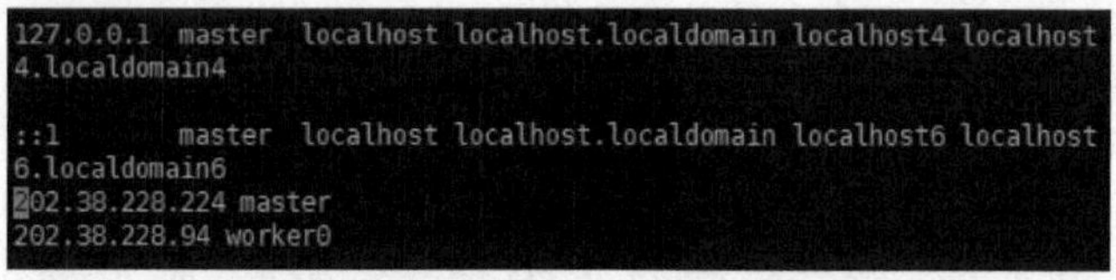

图 8-29　master 机器对应的 hosts 内容

图 8-30　worker 机器对应的 hosts 内容

输入"ctrl + ["或者"Esc"退出插入模式，输入":wq"保存退出文件。
②设置 ssh 免密登录节点。
在 master 主机上执行如下命令：

su hadoop　　#切换到 hadoop 用户
ssh-keygen　　#生成公钥和私钥

一直回车即可，此时查看.ssh 文件夹内，出现了两个文件分别是 id_rsa 和 id_rsa.pub：

cd ~/.ssh
ll

其中 id_rsa 是私钥，id_rsa.pub 是公钥，需要把公钥传递到节点 worker 上：

scp id_rsa.pub hadoop@worker0:~/.ssh/id_rsa_master.pub

传递完成，之后进入 worker 机器：

```
su hadoop
cd ~/.ssh
```

```
cat id_rsa_master.pub > > authorized_keys
```

此时回到主机 master 上,使用命令:

```
ssh worker0
```

就可以免密登录 worker 机器(图 8-31)。

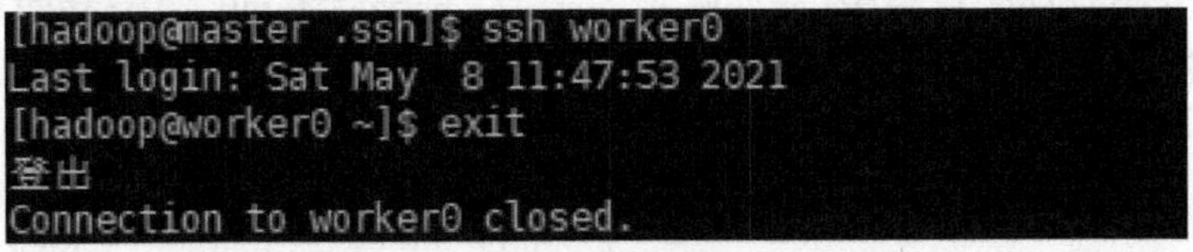

图 8-31　master 机器免密登录与登出 worker 机器

(2)安装 Java 环境

两台主机重复如下操作:

①安装 Java。

```
yum install java-1.8.0-openjdk*
```

安装了 Java8。

②配置环境。

首先需要进入到 Java 文件包所在地址:

```
cd /usr/lib/jvm
ll
```

使用 ll 命令查看其中的 Java 文件名称,本例中的 Java 文件名为:
java-1.8.0-openjdk-1.8.0.292.b10-1.el7_9.x86_64 切换到 root 用户,更改/etc/profile 文件:

```
vim /etc/profile    #　之后的修改都是使用 vim 命令
```

在文件尾部加入:

```
export JAVA_HOME = /usr/lib/jvm/ java-1.8.0-openjdk-1.8.0.292.b10-1.el7_9.x86_64/
export JRE_HOME = $ JAVA_HOME/jre
```

```
export PATH = $ PATH:$ JAVA_HOME/bin
export CLASSPATH = .:$ JAVA_HOME/lib/dt.jar:$ JAVA_HOME/lib/tools.jar
```

之后保存退出文件。
为了使修改后的文件生效,需要使用 source 命令:

```
source /etc/profile
```

(3)安装 Hadoop
①下载 Hadoop。
为方便读者操作,本小节中的所有操作均在 root 用户下完成。
将 Hadoop 安装到/opt 目录中,需要解释的是"/"是整台 Linux 服务器的根目录,/opt 是位于根目录中的 opt 文件夹。

```
cd /opt
wget http://mirror.bit.edu.cn/apache/hadoop/common/hadoop-3.1.4/hadoop-3.1.4.tar.gz
```

将压缩包文件解压:

```
tar -zxvf hadoop-3.1.4.tar.gz
```

将其重命名为 hadoop:

```
mv hadoop-3.1.4 hadoop
```

②修改配置文件。
Linux 是一个开放自由的系统,因此一般情况下不会自动配置文件,需要我们手动更改,本次需要更改的文件共有 6 个,分别是:hadoop-env.sh、core-site.xml、hdfs-site.xml、yarn-site.xml、mapred-site.xml、workers。
将当前目录设置到/opt/hadoop/etc/hadoop:

```
cd /opt/hadoop/etc/hadoop
```

修改 hadoop-env.sh:

```
vim hadoop-env.sh
```

在文件中添加如下配置:

export JAVA_HOME = /usr/lib/jvm/java-1.8.0-openjdk-1.8.0.292.b10-1.el7_9.x86_64/
export HDFS_NAMENODE_USER = "hadoop"
export HDFS_DATANODE_USER = "hadoop"
export HDFS_SECONDARYNAMENODE_USER = "hadoop"
export YARN_RESOURCEMANAGER_USER = "hadoop"
export YARN_NODEMANAGER_USER = "hadoop"

修改 core-site.xml：

vim core-site.xml

在 < configuration > < /configuration > 中间插入：

< property >
　　< name > fs.defaultFS < /name >
　　< value > hdfs://master:9000 < /value >
< /property >
< property >
　　< name > hadoop.tmp.dir < /name >
　　< value > /opt/hadoop/hadoopdata < /value >
< /property >
< property >
　　< name > hadoop.proxyuser.hadoop.hosts < /name >
　　< value > *　< /value >
< /property >
< property >
　　< name > hadoop.proxyuser.hadoop.groups < /name >
< value > hadoop < /value >
< /property >

之后在/opt/hadoop 中新建 hadoopdata 文件。
修改 hdfs-site.xml：

vim hdfs-site.xml

在 < configuration > < /configuration > 中间插入：

```
<!-- Configurations for NameNode: -->
    <property>
        <name>dfs.namenode.name.dir</name>
        <value>/opt/hadoop/hdfs/name/</value>
    </property>
    <property>
        <name>dfs.blocksize</name>
        <value>268435456</value>
    </property>
    <property>
        <name>dfs.namenode.handler.count</name>
        <value>100</value>
    </property>
<!-- Configurations for DataNode: -->
    <property>
        <name>dfs.datanode.data.dir</name>
        <value>/opt/hadoop/hdfs/data/</value>
    </property>
    <property>
        <name>dfs.replication</name>
        <value>3</value>
    </property>
```

修改 yarn-site.xml：

```
vim yarn-site.xml
```

在 <configuration></configuration> 中间插入：

```
<property>
        <name>yarn.resourcemanager.hostname</name>
        <value>master</value>
</property>
<property>
        <name>yarn.nodemanager.aux-services</name>
        <value>mapreduce_shuffle</value>
</property>
```

修改 mapred-site.xml：

vim mapred-site.xml

在 < configuration > </configuration > 中间插入：

  < property >
    < name > mapreduce.framework.name < /name >
    < value > yarn < /value >
  < /property >
  < property >
    < name > mapreduce.jobhistory.address < /name >
    < value > master:10020 < /value >
  < /property >
  < property >
    < name > mapreduce.jobhistory.webapp.address < /name >
    < value > master:19888 < /value >
< /property >

修改 workers 文件：

vim workers

删除其中的 localhost，添加：

worker0

③设置环境变量：

vim /etc/profile

添加 Hadoop 的环境位置：

export PATH = $PATH:/opt/hadoop/bin:/opt/hadoop/sbin

使用 source 命令使 profile 生效：

source /etc/profile

（4）拷贝 Hadoop

如果配置了 Hadoop 集群，设置了多个从属机器，就需要将配置完成主机器的 Hadoop 文件夹复制到从属机器的相同文件夹中：

cd /opt
scp -r hadoop worker0:/opt

每台机器的 Java 环境和 Hadoop 环境需要手动设置。

（5）启动 Hadoop 集群

①格式化 HDFS。

为方便起见，需要将 hadoop 文件夹的所有权限赋予所有用户，需要注意的是，脚本中的 hadoop 指的是 hadoop 文件夹而非 hadoop 用户：

chmod -R 777 hadoop

hadoop 主程序

只需要在 master 上运行，首次运行需要格式化：

hdfs namenode -format wmqhadoop

②启动 Hadoop，需要注意的是其中的 hadoop：hadoop hadoop 分别指的是用户名、用户名所属群组和 hadoop 文件夹：

cd /opt
chown -R hadoop:hadoop hadoop start-dfs.sh

③启动 Yarn：

start-yarn.sh

④查看进程。

在 master 上执行：

jps

此时应有四项进程：

26817 NameNode
29159 Jps
27259 SecondaryNameNode
28702 ResourceManager

端口号可能会有所不同。
(6) 重启 Hadoop
① 开启或关闭所有服务。
后续开启或者关闭,用下面命令即可:

#停止所有服务

stop-all.sh
#开启所有服务
start-all.sh
如果安装时候有问题,重复如下命令:
stop-all.sh   #关闭
cd /opt/hadoop/hdfs/
rm -r name   #删除 HDFS 中原有的所有数据,其他节点为 data 目录
hdfs namenode -format   #重新格式化名称节点
start-all.sh   #启动

② 查看 Hadoop 集群的状态。
用该命令可以快速定位出哪些节点出问题了,HDFS 的容量以及使用了多少,以及每个节点的硬盘使用情况。

su - hadoop
hadoop dfsadmin -report

Hadoop 默认监听的为 9870 端口,为了该端口可以远程访问,需要在防火墙中开启端口,输入命令:

firewall-cmd --zone = public --add-port = 9870/tcp --permanent
firewall-cmd --reload

之后在同一局域网的电脑浏览器中打开网址 http://202.38.228.224:9870/,可以看到如图 8-32 的页面,证明启动成功:

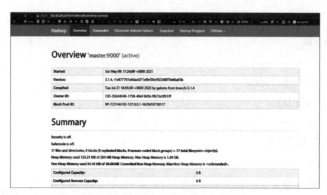

图 8-32　浏览器打开 hadoop 页面

（7）安装并配置 MySQL

Hive 的展示结构依赖于 MySQL，因此在安装 Hive 之前需要先安装 MySQL。下载 MySQL 官方的 yum repository，输入命令：

wget -i -c http://dev.mysql.com/get/mysql57-community-release-el7-10.noarch.rpm

待下载完成之后，安装 MySQL，输入命令：

yum -y install mysql-community-server

可能会耗费一些时间，待安装完成之后修改 MySQL 的密码，输入命令：

grep "password" /var/log/mysqld.log

查看默认生成的 MySQL 密码，可以看到如下所示：
[Note] A temporary password is generated for root@localhost：b.xtFJ;sL38i
表示默认密码为 b.xtFJ;sL38i，利用该密码进入数据库，输入命令：

mysql -uroot -p

而后输入该密码，进入 MySQL 之后修改密码，这里我们取 mysql123456，输入命令：

ALTER USER 'root'@'localhost' IDENTIFIED BY ' mysql123456';

为方便后续使用还要开启 MySQL 的远程访问，首先赋予 root 用户远程访问权限，输入命令：

grant all privileges on *.* to 'root'@'%' identified by ' mysql123456' with grant option;
flush privileges;

输入命令 exit 退出 MySQL。
之后开启机器 3306 端口,允许远程连接,输入命令:

firewall-cmd --zone = public --add-port = 3306/tcp--permanent
firewall-cmd --reload

至此 MySQL 的安装与配置已经完成,接下来为 Hive 新建一个专用数据库,进入 MySQL 数据库,输入命令:

mysql -uroot -p

而后输入修改后的密码,这里是 mysql123456.
创建数据库:

create database hive;

进入 MySQL 的名为 mysql 的基础数据库创建用户,输入命令:

use mysql;

进入之后输入命令:

create user 'hadoop'@'%' identified by 'Hive@2021';

之后切换到 Hive 数据库,输入命令:

use hive;
grant all on hive.* to 'hadoop'@'%' identified by 'Hive@2021';
flush privileges;

(8)安装 Hive
①下载 Hive3.1.2:

cd /opt
wget http://apache.mirror.iphh.net/hive/hive-3.1.2/apache-hive-3.1.2-bin.tar.gz   #下载文件包
tar -zxvf apache-hive-3.1.2-bin.tar.gz   #解压文件
mv apache-hive-3.1.2 hive   #修改文件名 hive

②设置 Hive 环境变量：

vim /etc/profile

加入 Hive 环境变量：

export PATH = $ PATH:/opt/hive/bin

使用 source 使 profile 生效：

source /etc/profile

③下载 JDBC。
Hive 基于 Java 开发，因此需要基于 JDBC 连接 MySQL。

cd /opt
wget http://mirrors.163.com/mysql/Downloads/Connector-J/mysql-connector-java-5.1.49.tar.gz   # 下载 MySQL 的 JDBC 驱动
tar -zxvf mysql-connector-java-5.1.49.tar.gz
cp mysql-connector-java-5.1.49/mysql-connector-java-5.1.49-bin.jar /opt/hive/lib/

④修改 Hive 配置文件
首先需要启动 Hadoop，输入命令：

start-all.sh

等待 10 秒钟，Hadoop 的所有服务会自动启动，而后新建文件夹：

mkdir /opt/hive/warehouse
hadoop fs -mkdir -p /opt/hive/warehouse
hadoop fs -chmod 777 /opt/hive/warehouse
hadoop fs -ls /opt/hive/

复制和修改配置文件：

cd /opt/hive/conf/
cp hive-exec-log4j2.properties.template hive-exec-log4j2.properties

cp hive-log4j2. properties. template hive-log4j2. properties
cp hive-default. xml. template hive-default. xml
cp hive-default. xml. template hive-site. xml
cp hive-env. sh. template hive-env. sh

修改 hive-env. sh，输入命令：

vim hive-env.sh

添加 HADOOP_HOME 作为环境索引：

HADOOP_HOME = /opt/hadoop
export HIVE_CONF_DIR = /opt/hive/conf
export HIVE_AUX_JARS_PATH = /opt/hive/lib

修改 hive-site. xml 文件。
输入命令：

vim hive-site.xml

在 < configuration > </ configuration > 中插入，注意一定要在靠近 </configuration > 的地方插入，因为在文件中同时也存在着默认的配置，如果使用者插入的位置过于靠前，会被后方同名的配置覆盖设置，导致初始化出错，当然使用者也可直接修改文件中的同名配置：

< property >
　　< name > javax.jdo.option.ConnectionURL < /name >
< value > jdbc: mysql://master: 3306/hive? allowMultiQueries = true& useSSL = false&verifyServerCertificate = false < /value >
< /property >
< property >
　　< name > javax.jdo.option.ConnectionDriverName < /name >
　　< value > com.mysql.jdbc.Driver < /value >
< /property >
< property >
　　< name > javax.jdo.option.ConnectionUserName < /name >
　　< value > hadoop < /value >
< /property >

```xml
< property >
    < name > javax.jdo.option.ConnectionPassword < /name >
    < value > Hive@2021 < /value >
< /property >
< property >
    < name > datanucleus.readOnlyDatastore < /name >
    < value > false < /value >
< /property >
< property >
    < name > datanucleus.fixedDatastore < /name >
    < value > false < /value >
< /property >
< property >
    < name > datanucleus.autoCreateSchema < /name >
    < value > true < /value >
< /property >
< property >
    < name > datanucleus.autoCreateTables < /name >
    < value > true < /value >
< /property >
< property >
    < name > datanucleus.autoCreateColumns < /name >
    < value > true < /value >
< /property >
```

在 hive-site.xml 中找到 name 为 hive.exec.scratchdir、hive.exec.local.scratchdir、hive.downloaded.resources.dir 的配置项,修改为如下形式:

```xml
< property >
    < name > hive.exec.scratchdir < /name >
    < value > /tmp/hive < /value >
< /property >
< property >
    < name > hive.exec.local.scratchdir < /name >
    < value > /tmp/hive/local < /value >
< /property >
< property >
```

< name > hive. downloaded. resources. dir </name >
< value >/tmp/hive/resources </value >
</property >

需要注意,在本版本中的 hive-site. xml 本身存在一个错误字符,需要使用者手动修改,在本例中为字符"#8",需要删除。

(9)启动 Hive

在启动之间为防止运行出错,需要将 Hadoop 和 Hice 中的 guava 统一为同一个版本,输入命令:

cp /opt/hadoop/share/hadoop/common/lib/guava-27.0-jre.jar /opt/hive/lib/

而后删除 Hive 中原有的低版本 guava,输入命令:

rm guava-19.0.jar

提示是否删除普通文件"guava-19.0. jar",输入 y 表示 yes(图 8-33)。

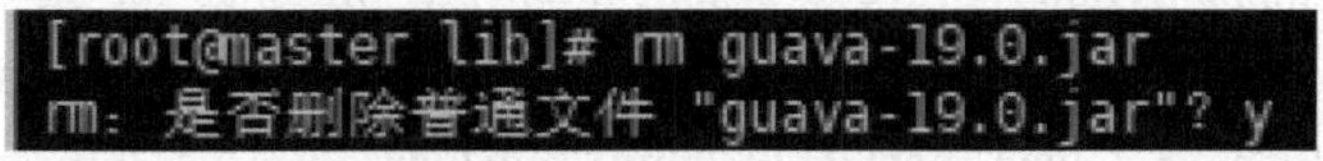

图 8-33　删除低版本 guava

①初始化数据库

schematool   -initSchema -dbType mysql

输出结果:

SLF4J: Class path contains multiple SLF4J bindings.
SLF4J: Found binding in [jar:file:/opt/hive-3.1.1/lib/log4j-slf4j-impl-2.10.0.jar!/org/slf4j/impl/StaticLoggerBinder.class]
SLF4J: Found binding in [jar:file:/opt/hadoop-3.1.2/share/hadoop/common/lib/slf4j-log4j12-1.7.25.jar!/org/slf4j/impl/StaticLoggerBinder.class]
SLF4J: See http://www.slf4j.org/codes.html#multiple_bindings for an explanation.
SLF4J: Actual binding is of type [org.apache.logging.slf4j.Log4jLoggerFactory]
Metastore connection URL: jdbc:mysql://172.31.48.30:13306/hive? allowMultiQueries = true&useSSL = false&verifyServerCertificate = false
Metastore Connection Driver :   com.mysql.jdbc.Driver
Metastore connection User: hadoop

Starting metastore schema initialization to 3.1.0
Initialization script hive-schema-3.1.0.mysql.sql
Initialization script completed
schemaTool completed

②验证 Hive

hive

输出如下：

SLF4J: Class path contains multiple SLF4J bindings.
SLF4J: Found binding in [jar:file:/opt/hive-3.1.1/lib/log4j-slf4j-impl-2.10.0.jar!/org/slf4j/impl/StaticLoggerBinder.class]
SLF4J: Found binding in [jar:file:/opt/hadoop-3.1.2/share/hadoop/common/lib/slf4j-log4j12-1.7.25.jar!/org/slf4j/impl/StaticLoggerBinder.class]
SLF4J: See http://www.slf4j.org/codes.html#multiple_bindings for an explanation.
SLF4J: Actual binding is of type [org.apache.logging.slf4j.Log4jLoggerFactory]
which: no hbase in (/usr/local/sbin:/sbin:/bin:/usr/sbin:/usr/bin:/opt/aws/bin:/opt/aws/bin:/usr/lib/jvm/java-1.8.0-openjdk-1.8.0.201.b09-0.43.amzn1.x86_64//bin:/opt/aws/bin:/usr/lib/jvm/java-1.8.0-openjdk-1.8.0.201.b09-0.43.amzn1.x86_64/bin:/opt/aws/bin:/opt/hadoop-3.1.2/bin:/opt/hadoop-3.1.2/sbin:/opt/aws/bin:/usr/lib/jvm/java-1.8.0-openjdk-1.8.0.201.b09-0.43.amzn1.x86_64/bin:/opt/hadoop-3.1.2/bin:/opt/hadoop-3.1.2/sbin:/opt/aws/bin:/usr/lib/jvm/java-1.8.0-openjdk-1.8.0.201.b09-0.43.amzn1.x86_64/bin:/opt/hadoop-3.1.2/bin:/opt/hadoop-3.1.2/sbin:/opt/hive-3.1.1/bin)
SLF4J: Class path contains multiple SLF4J bindings.
SLF4J: Found binding in [jar:file:/opt/hive-3.1.1/lib/log4j-slf4j-impl-2.10.0.jar!/org/slf4j/impl/StaticLoggerBinder.class]
SLF4J: Found binding in [jar:file:/opt/hadoop-3.1.2/share/hadoop/common/lib/slf4j-log4j12-1.7.25.jar!/org/slf4j/impl/StaticLoggerBinder.class]
SLF4J: See http://www.slf4j.org/codes.html#multiple_bindings for an explanation.
SLF4J: Actual binding is of type [org.apache.logging.slf4j.Log4jLoggerFactory]
Hive Session ID = 3ef10f1f-826d-4a1b-87a8-c083c3ecac4a
Logging initialized using configuration in file:/opt/hive-3.1.1/conf/hive-log4j2.properties Async: true
Hive Session ID = a6521e70-9e95-4f04-b8ae-e1b8fc3949b4

Hive-on-MR is deprecated in Hive 2 and may not be available in the future versions. Consider using a different execution engine (i.e. spark, tez) or using Hive 1.X releases.
hive >

③使用 Hive

hive > show databases;
OK

default
Time taken: 1.522 seconds, Fetched: 1 row(s)
hive > quit;

④同时登入 MySQL 数据库中,可以看到 Hive 库已经生成了表结构。

mysql > use hive;
Database changed
mysql >
mysql > show tables;

结果会出现:

```
+ ------------------------------ +
|  Tables_in_hive                |
+ ------------------------------ +
|  AUX_TABLE                     |
|  BUCKETING_COLS                |
|  CDS                           |
|  COLUMNS_V2                    |
|  COMPACTION_QUEUE              |
|  COMPLETED_COMPACTIONS         |
|  COMPLETED_TXN_COMPONENTS      |
|  CTLGS                         |
|  DATABASE_PARAMS               |
|  DBS                           |
|  DB_PRIVS                      |
|  DELEGATION_TOKENS             |
```

```
| FUNCS                          |
| FUNC_RU                        |
| GLOBAL_PRIVS                   |
| HIVE_LOCKS                     |
| IDXS                           |
| INDEX_PARAMS                   |
| I_SCHEMA                       |
| KEY_CONSTRAINTS                |
| MASTER_KEYS                    |
| MATERIALIZATION_REBUILD_LOCKS  |
| METASTORE_DB_PROPERTIES        |
| MIN_HISTORY_LEVEL              |
| MV_CREATION_METADATA           |
| MV_TABLES_USED                 |
| NEXT_COMPACTION_QUEUE_ID       |
| NEXT_LOCK_ID                   |
| NEXT_TXN_ID                    |
| NEXT_WRITE_ID                  |
| NOTIFICATION_LOG               |
| NOTIFICATION_SEQUENCE          |
| NUCLEUS_TABLES                 |
| PARTITIONS                     |
| PARTITION_EVENTS               |
| PARTITION_KEYS                 |
| PARTITION_KEY_VALS             |
| PARTITION_PARAMS               |
| PART_COL_PRIVS                 |
| PART_COL_STATS                 |
| PART_PRIVS                     |
| REPL_TXN_MAP                   |
| ROLES                          |
| ROLE_MAP                       |
| RUNTIME_STATS                  |
| SCHEMA_VERSION                 |
| SDS                            |
| SD_PARAMS                      |
| SEQUENCE_TABLE                 |
```

```
| SERDES                    |   |
| SERDE_PARAMS              |   |
| SKEWED_COL_NAMES          |   |
| SKEWED_COL_VALUE_LOC_MAP  |   |
| SKEWED_STRING_LIST        |   |
| SKEWED_STRING_LIST_VALUES |   |
| SKEWED_VALUES             |   |
| SORT_COLS                 |   |
| TABLE_PARAMS              |   |
| TAB_COL_STATS             |   |
| TBLS                      |   |
| TBL_COL_PRIVS             |   |
| TBL_PRIVS                 |   |
| TXNS                      |   |
| TXN_COMPONENTS            |   |
| TXN_TO_WRITE_ID           |   |
| TYPES                     |   |
| TYPE_FIELDS               |   |
| VERSION                   |   |
| WM_MAPPING                |   |
| WM_POOL                   |   |
| WM_POOL_TO_TRIGGER        |   |
| WM_RESOURCEPLAN           |   |
| WM_TRIGGER                |   |
| WRITE_SET                 |   |
+-------------------------------+
74 rows in set (0.00 sec)
```

⑤启动 HiveServer2：

hiveserver2

启动 HiveServer2 是为了让机器的 Hive 能够被远程连接和使用，输出如下：

[1] 24421
SLF4J: Class path contains multiple SLF4J bindings.
SLF4J: Found binding in [jar:file:/opt/hive-3.1.1/lib/log4j-slf4j-impl-2.10.0.jar!/org/slf4j/impl/StaticLoggerBinder.class]

SLF4J: Found binding in [jar:file:/opt/hadoop-3.1.2/share/hadoop/common/lib/slf4j-log4j12-1.7.25.jar!/org/slf4j/impl/StaticLoggerBinder.class]

SLF4J: See http://www.slf4j.org/codes.html#multiple_bindings for an explanation.

SLF4J: Actual binding is of type [org.apache.logging.slf4j.Log4jLoggerFactory]

which: no hbase in (/usr/local/sbin:/sbin:/bin:/usr/sbin:/usr/bin:/opt/aws/bin:/opt/hadoop-3.1.2/bin:/opt/hadoop-3.1.2/sbin:/opt/aws/bin:/usr/lib/jvm/java-1.8.0-openjdk-1.8.0.201.b09-0.43.amzn1.x86_64/bin:/opt/hadoop-3.1.2/bin:/opt/hadoop-3.1.2/sbin:/opt/hive-3.1.1/bin)

2019-07-04 03:32:20: Starting HiveServer2

SLF4J: Class path contains multiple SLF4J bindings.

SLF4J: Found binding in [jar:file:/opt/hive-3.1.1/lib/log4j-slf4j-impl-2.10.0.jar!/org/slf4j/impl/StaticLoggerBinder.class]

SLF4J: Found binding in [jar:file:/opt/hadoop-3.1.2/share/hadoop/common/lib/slf4j-log4j12-1.7.25.jar!/org/slf4j/impl/StaticLoggerBinder.class]

SLF4J: See http://www.slf4j.org/codes.html#multiple_bindings for an explanation.

SLF4J: Actual binding is of type [org.apache.logging.slf4j.Log4jLoggerFactory]

Hive Session ID = df0355df-4cdd-46e6-bdf1-bbe4cce1664d

Hive Session ID = 69a16fff-0b5c-4d3d-b52c-ad211cf75d88

Hive Session ID = 418f287c-51e2-441b-8b0e-42e47125934b

Hive Session ID = 746caaef-2513-483e-a31e-08836418ab74

第一行的端口可能会有所不同。

当提示四个 Hive Session ID 说明启动完成。Jps 命令查看 RunJar 进程,也可以看到 10000 端口已启动(启动比较慢,需要等输出 4 个 Session ID 才可以启动好)。

14436 NameNode
24756 Jps
24421 RunJar
14823 SecondaryNameNode
15175 ResourceManager

HiveServer2 使用的是 10000 端口,因此此时查看 10000 端口,应当处于监听状态,使用命令:

netstat -tulnp | grep 10000

会出现端口与 RunJar 相同的 java 服务:

tcp   0   0 :::10000   :::*   ISTEN   22598/java

第 8 章 实　　验

此时 Hive 已经启动成功,也可以被远程访问,远程访问工具推荐使用 DataGrep,大家可以自行尝试,这里不做详细介绍,仅展示配置如图 8-34 所示,其中:

Name:可以按照数据库的性质命名,这里命名为 hive_224,指的是 ip 后缀为 224 的 Apache-Hive 服务;

Host:是安装 Hive 的 Linux 服务器的 ip,这里是 master 服务器,ip 为 202.38.228.224;

Port:指的是 Hive 远程服务的监听端口,Hive 的远程连接服务由 HiveServer2 代理,默认端口为 10000;

User:是服务器的授权用户,这里为用户 hadoop;

Password:是授权用户的密码,这里为 hadoop123qwe。

以上内容输入完毕之后,URL 会生成连接 Hive 服务的默认连接,点击 Test Connection,如果出现绿色对勾,说明连接建立成功,此时可以使用 HQL 语句查询和管理由 Hive 控制的 Hadoop 数据库,使用 HQL 语句的非关系型数据库的操作逻辑与关系型数据库类似。

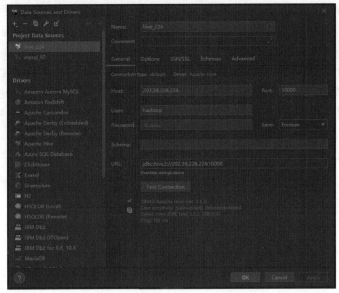

图 8-34　DataGrep 连接 hive 配置

(10)可能出现的错误以及解决方法

①不显示 namenode:

A. 先运行 stop-all.sh。

B. 查看 core-site.xml 下配置的 <name>hadoop.tmp.dir</name> 所指向的目录,将其删除,之后新建。

C. 删掉自己建的 HDFS 下 name 和 data 中的文件:

rm -fr hdfs/name/*

rm -fr hdfs/data/*

D. 重新建立 core-site.xml 下配置的 <name>hadoop.tmp.dir</name> 所指向的目录,

然后运行 hadoop namenode -format。

E. 运行 start-all.sh。

②启动过程中报错:

Exception in thread "main" java.lang.NoSuchMethodError: com.google.common.base.Preconditions.checkArgument(ZLjava/lang/String;Ljava/lang/Object;)

查看 hadoop/share/hadoop/common/lib 和 hive/lib 中的 guava 的 jar 包,统一为同一个高版本的 jar 包。

参 考 文 献

[1] FabioNelli,内利,杜春晓. Python 数据分析实战[M]. 北京:人民邮电出版社,2016.
[2] Mckinney W . Python for data analysis:data wrangling with Pandas, NumPy, and IPython [M]. O'Reilly Media, Inc. 2017.
[3] 茆诗松,王静龙,濮晓龙. 高等数理统计[M]. 北京:高等教育出版社,2006.
[4] 塔里克·拉希德. Python 神经网络编程[M]. 北京:人民邮电出版社,2018.
[5] 张舒,褚艳利. GPU 高性能运算之 CUDA[M]. 北京:中国水利水电出版社,2009.
[6] White T. Hadoop:The definitive guide [M]. O'Reilly Media, Inc. 2015.